JN087217

サステナビリティ・ガバナンス改革

Sustainability × Governance

Shigeru Uchigasaki / Yuko Kawamoto / Takahiro Shibuya

内ヶ崎茂　川本裕子　渋谷高弘

HRガバナンス・リーダーズ
代表取締役社長CEO

元 早稲田大学
ビジネススクール教授

日本経済新聞社
編集委員

日本経済新聞出版

神田秀樹 東京大学名誉教授

ガバナンス改革とサステナビリティ経営の羅針盤

パーパス・マテリアリティ経営・ESG/SDGs経営、そして人財・知財が企業価値を生み出す経営について、日本の企業経営への処方箋を具体的に指摘。

北川哲雄 青山学院大学名誉教授

本書で朧気ながら描かれているのは「シン・資本主義への道標」ではないか

「サステナビリティ・ガバナンスの徹底」は企業と投資家・ステークホルダーとの情報非対称性を解消させることになる。換言すれば「情報の非対称性の存在」は許されない時代となる。したがって企業のステークホルダー・エンゲージメントに隙があってはならない。さらに企業は自らの組織体と社会のサステナビリティを同心円化させることが必然となる。わが国のダブルコードの方向性は本書によって予見できる。

はじめに

「サステナビリティ・ガバナンスの未来に向けて」

What is Happening on Earth?

この文の解釈として、学生時代に覚えた疑問文の強意「on Earth」をあてはめると、「一体全体なにが起こっているのか」と読むことができる。一方で、文字通りの意味の「on Earth」をあてはめ、「地球上でなにが起こっているのか」と読むことも可能である。しかし、現在における我々の感覚からしてみれば、「地球上で、一体全体なにが起こっているのか」というのがしっくりくるのではなかろうか。

日本においても毎年のように、豪雨災害の増加や台風の強大化を目の当たりにし、直接間接を問わずその脅威を経験することが増えてきている。「数十年に一度の豪雨」が最早、毎年のように報告されている。また、北米大陸やヨーロッパにおいても、熱波や洪水の被害が相次いで報告されており、ケッペンの気候区分も徐々に変更を迫られるのではないかという感じさえする。このように体感としての気候変動の波に直面し、過去に経験したことのない変化が地球規模で起こりつつあることを「What is Happening on Earth?」として認識しているのが、現在における我々の立ち位置であるといえる。

我々人類は、自然の中でこれまで進化・発展を続けてきた。狩猟採集生活という自然に左右される生活から農業革命を経て、人口の安定化や国家・文化の基礎を築いた。その後、産業革命・科学革命で生産性の劇的な向上を経験し、物質的にもかなりの豊かさを手に入れることに成功してきた。そして、この人類の進化・発展と地球の温暖化・寒冷化は、密接に関係してきた。一般的には、温暖期に農産物の収量増加に伴い人口が増え、その増加した人民を統治するための仕組みを陶冶し、また寒冷期における農作物収量の減少に伴う、人民の不満の増大と外部からの侵略の激化を経験しつつ、栄枯盛衰を繰り返してきたのである。このように人類は、温暖期に繁栄を謳歌し、寒冷期に危機を耐え忍びながらイノベーションを生み出して乗り越えてきたともいうことができる。現代は、この意味からすると、温暖期におけるはじめての危機だということである。

産業革命・科学革命を通じて劇的な生産性の向上を遂げて以降、グローバルな気候変動を引き起こす原因を同時に作り出してきたのも我々人類である。たとえば、温室効果ガス濃度の増加については「人間活動によって引き起こされたことに疑う余地がない」と、2021年8月のIPCC第6次報告書において断言されたことは、記憶に新しい。このままでは地球の存続が危ぶまれる、それはひいては私たち人類の存続も危うくなることを示している。「サステナビリティ・ガバナンスの未来」を私たちが考えなければならない理由が、ここにある。我々の生存を脅かす気候変動の原因のひとつ、温室効果ガス濃度の増加が人間活動の結果であるならば、その人間活動である企業活動においても「サステナビリティ・ガバナンスの未来」を考慮することなくして、地球そして企業や個人の未来はないということになる。

では、サステナビリティをガバナンスするとは、どのようなことであろうか。サステナビリティ・ガバナンスの歴史を辿ると、2014年に国連環境計画・金融イニシアティブ（UNEP FI）が提唱したサステナビリティ課題をガバナンスする体制についての議論がその代表格となる。詳しくは第8章で述べているが、UNEP FI は、企業がサステナビリティ課題をコーポレートガバナンスに組み込む必要があると提唱し、“Integrated Governance – A new model of governance for sustainability ”というレポートにおいて、サステナビリティ・ガバナンスとは「サステナビリティ課題が企業のガバナンスに完全に統合されている状態であり、それらサステナビリティ課題を企業が認識し、その課題解決を通じて企業価値を長期的・持続的に創出することによって、様々なステークホルダー（利害関係者）への利益を保証するための統合ガバナンス体制」としている。

企業活動において「サステナビリティ・ガバナンスの未来」を考慮する際には、大きく2つの方法が考えられる。気候変動の大きな原因とされる、温室効果ガスを例に考えてみたい。ひとつは、企業活動によって排出される温室効果ガスを把握したうえでその減少に向け、排出量を管理・監督する仕組みを整備すること（基盤の領域）。もう一つは、それぞれの企業の得意分野におけるイノベーションによって、既に大気中や水中など地球環境に滞留している温室効果ガスを減少させること（社会課題の解決）であり、このイノベーション創出と、それから得られる利益をさらなるイノベーションの投資に回すというプロセスを管理・監督する仕組みを整備することである（持続的成長の領域)。UNEP FI も提唱しているように、企業におけるサステナビリティのガバナンスでは、これらを統合して監督していくことが重要になってくる。

本書では様々な事例などを通して、コーポレートガバナンスやサステナビリティ・ガバナンスの本質的な意義や、サステナブルな地球・社会を創造するため、企業がサステナビリティ・ガバナンスにどのようにして取り組めばよいのかについて述べている。

川本先生（前早稲田大学教授）には、コーポレートガバナンスの諸相と昨今のサステナビリティ議論へ至る経緯や、これからの取締役会が果たすべき役割などについて、第0章「なぜ今、コーポレートガバナンスとサステナビリティの議論なのか」、第1章「ガバナンス改革は未来への架け橋となるか」、第2章「コーポレートガバナンスの課題とは」、第3章「取締役会の改革が、ガバナンス改革の出発点」、第4章「社外取締役の役割と限界」、第5章「これからの日本の課題：サステナビリティ概念をどう経営に入れ込むか」という流れで述べていただき、サステナビリティ・ガバナンスにおける重要な課題について論を展開していただいている。

渋谷編集委員（日本経済新聞社）からは、プロローグとして「ガバナンス問題は会社の宿命（コーポレートガバナンスの歴史)」において、コーポレートガバナンスについて17世紀から遡って論を展開していただいている。株式会社の歴史からはじまり、国内外のコーポレートガバナンスの歴史の変遷を概観したのちに、現代のサステナビリティ議論の高まりにつながるストーリーである。また第12章においては、「サステナブル経営、日本の生命線は『知財ガバナンス』だ！」と題し、日本ならびに世界の経済動向と企業動向を見続けてきたお立場から、次世代にサステナブルに勝ち残る日本企業への提言として、論を展開していただいている。

第6章から第11章までを、サステナビリティ・ガバナンス領域に関する企業社会へのオピニオンや、企業向けにコンサルティングを提供する立場から、内ヶ﨑を代表者としてHRガバナンス・リーダーズの神山・水谷・中川が担当している。第6章「コーポレートガバナンス改革とサステナビリティ経営」、第7章「パーパスに根差したサステナビリティ経営の実現」、第8章「日本版サステナビリティ・ガバナンスの構築」、第9章「欧米企業のサステナビリティ・ガバナンスの取り組み事例」、第10章「サステナビリティ・ガバナンスの未来像」、第11章「人財・知財を統合する『インタンジブルズ・ガバナンス』構築への提言」という流れで、サステナビリティ・ガバナンスに関する歴史的な展開や、企業の存在意義（パーパス）を根幹に据えた経営の推進を踏まえた、日本企業の目指すべき強靭なサステナビリティ・ガバナンスの未来像を提言させていただいている。

こうした多様な観点からサステナビリティ、コーポレートガバナンス、そしてサステナビリティ・ガバナンスについて論じることは、大変意義深いものと考える。なぜならば、イノベーションは多様な視点・思考・価値観・哲学を組み合わせることではじめて創出されるからである。

本書のように、川本先生からはアカデミアと取締役会の「現場」の視点、渋谷編集委員からはメディアとジャーナリストの「現場」の視点、我々からはオピニオンリーダーとコンサルタントの「現場」の視点というように、異なる3つの視座からサステナビリティ・ガバナンスを論じることで、サステナビリティ・ガバナンスの未来を開拓するイノベーションを日本から生み出すために、『サステナビリティ・ガバナンス改革』というタイトルで本書を上梓させていただいた次第である。

サステナビリティに関する重要なアジェンダ（議題）は、気候変動だけではない。各人、各企業が地球のサステナビリティと自身のサステナビリティの両立を考えるとき、そこにサステナビリティ・ガバナンスの萌芽があり、この芽を育み、大きな果実を得るには現段階で何を為すべきかをバックキャストで考える、この書籍がその一助になれば幸いである。

最後に、川本先生におかれては6月の段階でご脱稿いただいていたにもかかわらず、私の遅筆のために、読者の方々に本書をお届けすることが遅くなってしまったことを、この場をお借りしてお詫び申し上げる。

2021年10月吉日

HRガバナンス・リーダーズ
代表取締役社長CEO　内ヶ崎 茂

CONTENTS 目次

第2章　コーポレートガバナンスの課題とは　59

第3章　取締役会の改革が、ガバナンス改革の出発点　69

第4章　社外取締役の役割と限界　81

 プロローグ

ガバナンス問題は会社の宿命（コーポレートガバナンスの歴史）

渋谷高弘

コーポレートガバナンスとは何か

「コーポレートガバナンス（企業統治）」という言葉が、日本のビジネス現場や一般メディアで使われるようになったのは、1990年代半ばではなかったかと思う。日本経済は1950年代半ばから1970年代にかけて高度成長を遂げ、1979年には米国の社会学者エズラ・ヴォーゲルが著書「ジャパン・アズ・ナンバーワン」で日本的経営を称賛した。1980年代に安定成長とバブル経済を謳歌（おうか）した日本経済は1990年代初頭にバブル崩壊を迎え、90年代後半の金融危機を経て、今日まで続く「失われた30年」に陥っていった。

コーポレートガバナンスの言葉が日本で一般化した90年代半ばというのは、日本的経営の限界が目立ち始めた時期でもある。山一証券や北海道拓殖銀行、日本長期信用銀行、日本債券信用銀行の破綻、第一勧業銀行や野村証券の総会屋問題、イトマン事件など大企業の数々の不祥事、日産自動車の経営危機などが表面化し、「日本企業に不祥事が頻発するのは、ガバナンスが欧米企業に比べて劣っているからだ」といった批判や、「ガバナンスを改革すれば日本企業の競争力を回復できる」という期待があったからだろう。

日本に先駆け、欧米はコーポレートガバナンスの議論に踏み込んだ。米国では1970年代から公的年金基金などの機関投資家が経営不振の大企業にCEO交代を促した。英国の金融街シティが中心となって設けた「キャドバリー委員会」の報告書（1992年）は、コーポレートガバナンスを「会社を指揮し、管理するシステム」と定義した。

ようやく日本は2010年代半ば、社外取締役の導入などガバナンス改革が進んだ。それを促した金融庁と東京証券取引所が策定したコーポレートガバナンス・コードは、コーポレートガバナンスを「会社が、株主をはじめ顧客・従業員・地域社会等の立場を踏まえた上で、透明・公正かつ迅速・果断な意思決定を行うための仕組み」と定義している。

近年、地球環境の保全や人権尊重といった人類普遍の価値観と、企業が調和する「サステナブル（持続可能な）経営」が国際的に注目されている。今日的に定義するならば、**コーポレートガバナンスとは「会社が、不正や不祥事を起こしたりせず、株主らの利害関係者、環境、社会と調和しながら、効率的に価**

値を生み出す（稼ぐ）仕組み」といえる。ただ、これらを同時並行的に満たしていくことは、実は会社にとって構造的に難しい。

例えば、先に挙げた1990年代以降に表面化した日本企業の不祥事をはじめとして、会社はしばしば社会的、法的な問題を引き起こす。代表は1950年代から1960年代に深刻になった公害だ。公害は、企業が工場や自動車などでまき散らす汚水やばい煙などが原因となり、河川や海、大気が汚染され、人々の健康に被害を及ぼすもので、高度成長期に顕著になった。しかし栃木県と群馬県の渡良瀬川周辺で起きた足尾銅山鉱毒事件のように、公害は日本に資本主義が導入され、会社の活動が始まった明治時代初期から起きていた。

なぜ会社は不祥事を起こすのか。公害の場合は分かりやすい。稼ぎたいからだ。高度成長期であれば工場や自動車をたくさん動かし、製品を増産したいからだ。会社は公害を垂れ流したいわけではないが、法的な規制や罰則がなければ、利益を減らしてまで汚染防止対策をとることはしない。「蟹工船」「女工哀史」で語り継がれる、大正や昭和初期の労働者に対する過酷な取り扱いも同じ構図だ。会社は、法的な規制や罰則がなければ、利益を減らしてまで労働者に休憩や福利厚生を与えることはしない。

コーポレートガバナンス問題は、株式会社というシステムが地球上に生まれた時から、本質として内包されていた。そもそも株式会社は国家や社会に富をもたらすため、個人事業や合名会社（パートナーシップ）では取り組みにくい、ハイリスク・ハイリターンな事業に挑むために生まれた。

17世紀初期にオランダで作られた東インド会社が最初の株式会社とされる。大航海時代、国家や商人に利益をもたらすのは、7つの海を越えて遠隔地と行う貿易だった。当時の海外貿易は、いうまでもなく帆船によって行われ、利益は膨大だったが、危険も大きかった。物品を積んだ帆船が航海中に暴風雨などに遭って沈没してしまえば、貿易事業に投じた資金も人材もすべて失われてしまう。

このハイリスク・ハイリターンな事業に単独で取り組むのは、国王や大商人にとっても負担が大きかった。そこでまず、当時の貿易会社は航海の度に出資を募り、航海が終わったら会社を清算し、事業を終了させる方式を採用した。現在の映画やアニメの「製作委員会」のようなスタイルだ。

それをオランダ東インド会社は、航海ごとではなく継続的に貿易事業を営むようにした。航海中のトラブルというリスクを出資者全員で分担し、利益が出れば出資者に配当し、会社にも富を蓄えて次の事業に取り組めるようにした。株式会社は「効率的に資金を集め、効率的に稼ぐ」という面では優れた機能をもつ。人類最大の発明のひとつといっていいだろう。

株式会社誕生と共に生じたガバナンス問題（17世紀〜）

株式会社の条件とは何だろうか。会計学者の中野常男神戸大学名誉教授は、①出資者全員が有限責任である（会社が倒産しても、出資分を失うだけで済む）、②取締役会などの「会社機関」が存在する、③株式（出資持ち分）を自由に譲渡できる、④決まった資本金があり会社が続く――の4点を挙げる。

これらの特徴を、ともかく備えていたのがオランダ東インド会社だった。オランダ東インド会社には「取締役会」があり、少数の経営者と多数の株主がいた。経営者と株主は、海外貿易という事業にリスクを分散して取り組んだ。

初期の株式会社、あるいは現代でも小規模な会社は、資金を出した創業者イコール経営者であり、会社の「所有」と「経営」は一致している。しかし株式会社は稼ぐため、必然的に大きくなっていく。事業を大きくする時には、経営者は新たに資金を集めなければならなくなる。株式会社は株を発行して資金を比較的容易に調達できるが、増えた株主は直接経営に参加することは難しくなり、社長をはじめとする経営者に会社の運営を託すことになる。これが「所有」と「経営」の分離だ。

株式会社で「所有」と「経営」が分離すると、副作用が発生する。経済学の「プリンシパル・エージェント理論（エージェント理論）」といわれる問題だ。所有と経営が分離した株式会社では、株主は経営者に経営を任せる。つまり株主は依頼者（プリンシパル）であり、経営者は代理人（エージェント）だ。

両者は事業を通じて富を得るという大筋では合意しているものの、その利害は常に一致するとは限らない。加えて経営者は業務を通じて会社の内情をよく知るのに対して、資金を出すだけの株主は会社の実情を知らない。その結果、経営者が株主の利益を軽視・無視し、自らの利益を追求するモラルハザード

(倫理の欠如）が発生する可能性がある。

株主は効率よく会社の利益を増やしてもらい、多くの配当を得たいと願う。ところが経営者は自己の名声を求め、利益を無視した過剰な投資をしたり、ぜいたくなオフィスを構えたりするかもしれない。経営者が絶大な権限を握ると、会社の意思が独断で決まり、誤った判断の修正や責任追及もできなくなる。最悪の場合、私腹を肥やす経営が行われ、不祥事に発展する可能性もある。

後述するが、オランダ東インド会社でも経営者が株主をないがしろにする運営が行われていた。植民地支配や奴隷売買の先兵となるなど、今日からみれば非人道的な行いにも手を染めていた。

オランダ東インド会社が誕生した17世紀から、株式会社では、経営者が勝手な経営をしがちで不祥事も起こしがちだった。一方、株主も資金を提供して一獲千金を期待するものの、会社の実情には疎く、きちんと調べる動機や手段が乏しかった。つまり会社を運営する仕組み、コーポレートガバナンスは最初から、モラルハザードという問題をはらんでいたのだった。

このことを英国の経済学の大家であるアダム・スミスは、その著書「国富論」(1776年）の中で鋭く指摘していた。

「合本会社（株式会社）の事業は、常に取締役会によって運営される。確かに取締役会は、多くの点で株主総会の統制を受けることがあるけれど、株主の大部分は会社の業務について何かを知ろうなどと張り切ることはめったにない…会社の業務に頭を突っ込んで心を労したりはせず、取締役が適当だと考える配当をもらうことに甘んじている。このように、苦労も、一定額の以上の危険負担も完全に免れられるために、(無限責任制である）合名会社であったなら、その財産を賭ける気にならない大勢の人々が、合本会社（株式会社）の投資家(株主）にならなってもよい、という気を起こすのである。そこで通例、合本会社（株式会社）には、どんな合名会社が誇るよりも、はるかに巨大な資本が集まってくる…」

「(1720年に南海泡沫事件と呼ばれる株価急落を引き起こした）南海会社の営業資本は一時、3380万ポンドを超えたことがあった…ところが、こういう会社の取締役は、自分のカネというより、むしろ他人のカネの管理人であるわけだから、(無限責任を負う）合名会社の社員が自分自身のカネを見張る時にしばしば見せる、うの目たかの目で人のカネを見張るとは、とても期待できない。金満家の執事よろしく、些事に注意を払うと、かえってご主人の沽券（こけん）に関わるなどと考えがちで、いともあっさりと自分で自分の注意義務を免除してしまう。だからこういう会社の業務運営には、多かれ少なかれ怠慢と消費がつねにはびこること必定である…」

このように18世紀半ばにアダム・スミスが喝破した、株式会社が宿命的に背負うコーポレートガバナンス問題は、以後、ますます深刻になっていく。20世紀以降の先進諸国においては、富を生み出す株式会社の内外には、経営者、株主、従業員、消費者、取引先、債権者（銀行や売り掛け先など)、地域の住民やコミュニティーといった多くのステークホルダー（利害関係者）が現れ、様々な影響やあつれきが生じた。企業がグローバル化し、サービス提供先やサプライチェーン（調達先）が世界中に広がった今日、株式会社を取り巻く関係者間の利害調整は、コーポレートガバナンスの大きな課題といえる。

株主総会を持たなかったオランダ東インド会社（17世紀～18世紀）

すでに述べたように、初めての株式会社とされるオランダ東インド会社には、当初からガバナンス問題が起きていた。1602年に設立されたオランダ東インド会社、同社を追って17世紀半ばに成立した英国東インド会社のガバナンスの実態を紹介し、初期の株式会社が大航海時代に果たした国家や社会への貢献の影で、どんなガバナンス問題が起きていたのかを明らかにする。なお、本稿は主として中野常男・神戸大学大学院教授（当時）の論考「株式会社と企業統治：その歴史的考察」によるものである。

オランダ東インド会社は1602年3月20日、ネーデルラント連邦議会から21年を期限として付与された「特許状」に基づき設立された。当時の株式会社は許可制で、事業の独占権を与えられた。オランダ東インド会社は、①会社に出資する「取締役」の有限責任が特許状で規定され（出資者全員の有限責任）、②「取締役団（取締役会）」と、取締役の代表者で構成される「17人重役会」が設けられ（会社機関の存在）、③出資者の間で持ち分（株式）の譲渡が自由に許され（株式の自由譲渡性）、④それまでの貿易会社のように航海が終わっても解散せず、会社が永続する（会社の継続性）――という株式会社の条件を備えていた。一方で、同社には出資者によって構成する「社員総会（株主総会）」がなく、そのことが基本的なガバナンス問題をもたらした。

オランダ東インド会社の目的は東インド貿易の独占で、喜望峰からマゼラン海峡に至る地域との貿易独占権と、これら地域での国家主権（条約の締結権や軍事・警察・司法上の権利）の代行まで容認された。会社を運営する「取締役団」は、その定員、欠員補充の選任方法、報酬の形態、10年目ごとの一般的清算（決算）とその公開の義務、さらに、取締役の代表者から構成される会社の最高機関「17人重役会」の設置などが特許状で規定された。

なぜ取締役会に加え、17人重役会が設けられたのか。オランダ東インド会社は、アムステルダムやロッテルダムなど当時の大商人たちが権勢を振るっていた都市において、それぞれ立ち上がっていた従来の貿易会社（航海ごとに解散される）を母体に誕生した。このため取締役は以前の会社から天下り的に指名され、人数は70人以上もおり、原則として終身だった。取締役たちは「カーメル」と呼ばれる地域的な派閥に分かれていたのだ。ただ、彼らは「東インド貿易の独占」という共通の利益によって結ばれ、そのために全カーメルを拘束する規制によって、商船の艤装にあたって互いに援助したり、積み荷を販売する際の競争を禁じたり、利益の分配や損失の責任などを調整したりする必要があった。そこで、こうした規制を決める最高機関として17人重役会が設置されたのだった。

しかし先に述べたように、オランダ東インド会社には、すべての出資者で構成する株主総会がなかった。このため取締役たちは、出資者からけん制を受けることもなく、会社を支配していた。オランダ東インド会社の取締役になるための資格は「6000フルデン（ギルダー）」以上の株主、いうだけだった。出資額の点では、60人の取締役よりも出資額の多い大株主もいたのである。結局、オランダ東インド会社の取締役は、オランダ共和国の政治的・経済的な実権を握っていた大商人で、同社取締役の地位は共和国の実力者という地位と密接に絡み合っていた。

特許状は、取締役たちに私取引などの不正は禁じていたが、それ以外の監督規定はなかった。だから取締役たちは当然ながら、会社を恣意的・専制的に運営した。例えば商船隊の艤装時には必需品を自ら高値で供給し、持ち帰った帰荷は優先的に買い入れて高値で売りさばき、自らの手持ち商品を売り尽くすまで他の帰荷の販売を延期させたりした。取締役の報酬も、航海の業績に関わらず、「艤装・積荷費用」と「帰荷」のそれぞれ1%と固定され、カーメルの出資額に比例して各取締役に配分された。このように取締役の報酬は業績ではなく、商船団やカーメルへの政治力によって決まった。

一般株主の権利はどうだったのか。特許状は出資者に、①配当請求権、②決算に際して会計の公開を要求できる――などの権利を認めていた。株主への配当は1609年から開始されたが、配当率は取締役会によって恣意的に決定されたといわれる。このことを隠蔽するため、株主が会計の公開を要求できる決算は、最初の期限だった設立後10年目の1612年に取締役会によって延期され、それ以後、事実上一度も実行されなかった。最初の株式会社であるオランダ東インド会社では、すでにガバナンスの不備によって配当や決算の隠蔽という不祥事が発生していたのだ。

オランダ共和国において大商人に対する新興資本家の発言力が強まるにつれ、東インド会社の取締役会の専制的支配に対しても批判の声が高まり、1622～23年の特許状の更新にあたって、ガバナンス強化策が盛り込まれた。例えば取締役の終身制が廃止され、任期は3年とされた。会社経営に関しては取締役の利己的行為が禁じられ、帰荷の購買についても取締役の特権が廃止され、取締役の報酬も貿易の成果である帰荷の1%と改められた。配当と利息の支払いを規則的に行うことや、会計の公開を促す「監査機関」も設置された。「監査役」は一般株主の代表によって選ばれた。

とはいえ、オランダ東インド会社の「民主化」は尻すぼみとなった。そもそも監査役たちは取締役に選出される資格をもつ人々であり、自身を選んだ一般株主よりもしだいに取締役たちと結びつき、監督は有名無実化していった。今日、日本の監査役が自分を選んでくれた社長ら取締役を監視しきれず、「閑散役」などと呼ばれる問題に類似している。このようにオランダ東インド会社のコーポレートガバナンスは、「株主総会」を持たないという欠陥を抱え、取締役会の専制的支配が維持されたまま、1795年のオランダ共和国崩壊と運命を共にする形で、1798年の解散の時を迎えたのだった。

英国の〝民主的〟株式会社、南海バブルに踊る（18世紀）

オランダ東インド会社に欠けていた「株主総会」を初めて備えた株式会社が1660年代始めに成立した英国東インド会社だった。同社は、オランダ東インド会社のようにはじめから株式会社の体裁を備えていたのではなく、ギルド的な組合である「東インド会社」に属する商人が商船隊を派遣するごとに一時的に会社を作り、航海が終われば解散する形式だった。利益も損失も、各会社の幹部を務める商人やその商人への出資者が無限責任を負うことになっていた。

1642年、英国で国王チャールズ一世と議会の対立による内乱が起き、その後のピューリタン革命と共和制の成立、王政復古という激動の中で、東インド会社にも大きな変化が起きた。共和制の指導者クロムウェルは1657年、旧来の東インド会社を改組し、統一され継続する株式会社とし、当初7年、以後3年ごとに決算を行うべきとの特許状を付与した。加えて王政復古後の1662年、国王チャールズ二世は「破産者に関する布告の条例」を公布し、東インド会社などの出資者に有限責任を認めた。こうして英国東インド会社は「出資者総会（株主総会）」を備えた、近代的な株式会社に転換した。

英国東インド会社の株主総会はすべての出資者によって構成され、投票によって重役団の選出などの重要事項を決定する。各出資者は総会に出席し、出資額に応じて投票する。総会の投票で、1人の総裁、1人の副総裁、24人の理事が選ばれた、総裁と副総裁の任期は2年、理事のうち8人は毎年選挙で交代した。重役は独断と私利の追求を厳しく禁じられ、特にオランダ東インド会社で問題とされた重役団による商品の恣意的な販売は、「販売総会」での競売を通してのみされるべきことが定められた。

企業としての継続性は1661年にクロムウェルによる改組後、出資と利益を合わせた全体を航海終了後に清算する「分割制」をやめ、本来の意味での「配当制」が確立され、実際に1662年6月に配当が支払われた。重役会は秘密主義的な会計方法を複式簿記に切り替えることを決め、第1回目の決算はクロムウェルによる改組後7年目にあたる1664年8月に実施され、その結果は株主総会で報告された。複式簿記が導入されてから最初の決算では、今日の会計ディスクロジャーの源流ともいえる「財産一覧表」の作成と、出資者総会での報告が行われた。

このように英国東インド会社は、17世紀初頭の誕生時は株式会社の体裁を整えていなかったものの、17世紀半ばの改組により「全社員の有限責任制」や「会社機関」の形成など株式会社としての形態を整え、オランダ東インド会社には欠けていた株主総会まで備えた「民主型」の株式会社に転換した。これは株式会社のガバナンス上、大きな出来事だった。もっとも株主総会があったからといって、重役団の専制的・恣意的な経営が消滅したということではない。あくまでも重役団による会社支配が、「株主総会での投票を通じて行わなければならなくなった」ということを示すにすぎない。

「民主型」の株式会社であっても、なお、重役団による専制支配の弊害が続くことを示したのが、1720年に英国で起きた「南海泡沫（ほうまつ）事件」だった。事件を起こした南海会社は、南米スペイン植民地との貿易独占権を与えられた会社で、同時に英国の財政危機を救うため、国債を引き受ける目的もあった。ところがスペインとの関係悪化などで本業はふるわず、経営難に直面した南海会社は1718年に富くじを発行し大成功を収めた。これに味を占めた同社は、さらに大胆な計画を打ち出した。巨額の国債を引き受ける見返りに、国債の額面等価で自社株を発行する許可を得る「南海計画」である。

南海計画とは、①株と国債の交換を時価で行う（額面100ポンドの南海会社の株価が200ポンドだった場合、200ポンドの国債1枚と南海会社株100ポンド分を交換）、②しかし発行許可株数は国債の額面等価なので額面200ポンド分の株が発行できる（交換しても手元に額面100ポンド分、時価200ポンド分が余る）、③手元にある株を売ると200ポンドはそのまま南海会社の利益となる、④南海会社の利益が上がると、株価も上昇――との手順を繰り返し、南海会社が利益を上げ続けるというカラクリだった。そして同社の経営陣は、株価の恣意的なつり上げとその維持を画策したのだった。

南海計画によって同社の株価は1720年の1月から6月にかけて10倍に高騰した。英国は空前の投資ブームとなり、貴族、ブルジョワジー、庶民すらも株を買いあさった。南海会社株の高騰につられて英国東インド会社、イングランド銀行、さらには株高に便乗して無許可で設立された会社の株価も高騰した。慌てた政府が無許可会社を取り締まる「泡沫（ほうまつ）会社禁止条例」を8月に告知すると、株価が暴落した。英国や他の西欧各国では多くの破産者や自殺者を生じ、造幣局長官だったアイザック・ニュートンも2万ポンドの損失を被ったとされる。投資家たちの怒りは南海会社の理事や、同社株式を賄賂として受け取っていた政治家らに向かい、当時の政権が崩壊するなど一大スキャンダルに発展した。

南海計画を実施した当時の同社の管理機構はそれなりに整備されており、たとえば取締役会の下に財務、購買、運輸などを分担する小委員会が設けられていた。ただ、各小委員会は託された業務に強大な権限をもち、一部の取締役が小委員会を力の源泉として会社をコントロールし、投機的な計画に走った。株主総会も取締役会の行動をコントロールできなかった。南海計画に異を唱えず、むしろ1720年の総会では遂行を取締役の手に委ねるとの決議さえ行っていた。アダム・スミスが「株式会社は多額の資金を集めるものの、経営者も株主も無責任となる」と鋭く批判したのは、まさに南海会社の乱脈経営を批判していた。

南海泡沫事件と泡沫会社禁止条例により、英国では株式会社は下火になった。再び株式会社が脚光を浴びるのは、産業革命が進展し運河会社や水道会社、鉄道会社といった巨額の資本を必要とする事業が生まれた時期だった。英国は1844年に「登記法」、1855年に「有限責任法」を制定し、特許状で株式会社の設立を認める方式から、法律が定めた一定の要件を満たせば株式会社を設立できる方式に変更した。これ以降、英国では製造業などでも株式会社が一般的になった。ドイツでも1870年に株式会社の自由な設立が認められた。米国も1875年以降、各州法で株式会社の自由な設立を認めていった。

資本主義の権化・米国でガバナンス改革始まる（19 世紀〜20 世紀）

20 世紀に入り、資本主義先進国において株式会社の規模や事業は飛躍的な発展を遂げた。その過程で株式会社は公害や深刻な事故、大型の粉飾事件などの不祥事も引き起こしてきた。コーポレートガバナンスにも光が当たり、その改善も図られたものの、依然としてガバナンスには大きな問題が残されている。米国や英国、ドイツ、そして日本において株式会社のガバナンスがどのように変化し、改善が図られたかを追う。以下の記述は主として、菊澤研宗著『比較コーポレート・ガバナンス論〜組織の経済学アプローチ』（有斐閣）、田村達也著「コーポレート・ガバナンス〜日本企業再生への道」（中公新書）、みずほ銀行産業調査部編「ドイツにおけるコーポレートガバナンスの変革」による。

米国の資本主義は南北戦争が終わった 19 世紀後半から急速に発展した。カーネギー、ロックフェラー、J.P. モルガンといった大富豪が事業を興し、自身で経営の指揮を執った。20 世紀に入ると企業の規模と事業が広がり、資本家はビジネススクールなどで学んだ「経営のプロ」を招いて現場を任せ、自身はオーナーとしてにらみを効かすようになった。会社が新たに株式を発行したり、資本家の株も相続で分散したりして、しだいに株式は拡散していった。株式会社の「所有」と「経営」の分離が始まったのだ。2 度の世界大戦を経て米国は高度成長し、いよいよ経営者には権力と情報が集中する一方、株主は微力で会社の情報に接することもできなくなった。

ニューヨーク（NY）証券取引所は経営者が会社を私物化するのを防ぎ、株主の利益を守る必要があると判断し、1956 年に株式上場の条件として最低 2 人の社外取締役を置くことを義務付けた。ガバナンスが注目されたのは日本企業の攻勢で米企業が苦戦するようになった 1970 年代だ。1979 年に破綻したクライスラー、1990 年代初頭に大赤字を計上したゼネラル・モーターズ（GM）などが問題とされた。NY 証券取引所は 78 年、上場会社に社外取締役のみで構成する監査委員会の設置を義務付けた。証券取引等監視委員会も、上場会社の取締役会は主として社外取締役によって構成されるべきとの宣伝を始めた。当局や世論の圧力を受け、1980年代には米国大企業の取締役会は社外取締役が占めるようになっていった。

もっとも当時の大企業の社外取締役は、社長や会長が親しい友人に頼んで就任してもらうケースが多かった。こうした社外取締役が、自分を招いてくれたトップを厳しく監督、批判できるはずがない。その結果、1990年代初頭も大企業の不祥事が相次ぐ。**しかしながら同時期に、経営者に真に規律を求める存在が同じ米国で誕生した。年金基金などの機関投資家だ。**米国では、第2次大戦直後は個人が保有する株式が7割あったが、1980年頃には年金基金や生命保険など機関投資家が保有する株式が6割超に達していた。

法制面では米国労働省が1974年、「従業員退職所得保証法（エリサ法）」を制定し、投資ファンドなど年金運用者の「受託者責任」を定めた。つまり年金運用者に、顧客である基金などに代わって最善の結果が出るよう資金を運用する義務が生じた。労働省は1988年にも「エイボン・レター」と呼ばれる公式見解を出した。この見解により、年金運用者は顧客である基金のために、投資先に対して株主権を行使しなければならないことになった。2つのルールによって、米国の機関投資家は投資先の業績やガバナンスに重大な関心を払わなければならなくなった。ガバナンス改革の担い手としての機関投資家の登場といえる。

株式投資のリターンを最大化するには、値上がりしそうな株を買い、値下がりしそうな株を売るというのが基本だ。しかし、大規模な年金基金などは投資先企業の発行済み株式の大部分を保有する場合もあり、売却や購入をすると当該企業の株価が大きく変動し、利幅は小さくなってしまう。このため大規模な機関投資家が利回りを改善するには、議決権を行使して投資先企業の経営に働きかけ、業績の改善により株価上昇を促すしかない。こうして米国ではガバナンスに対する機関投資家の存在感は非常に大きくなった。

ガバナンスに対する機関投資家の影響力を示した代表例が、1990年代初めに起こったGMとIBMのCEO交代劇だった。GMは1950年代には米国内の自動車販売シェアで50%を誇っていたが、日本メーカーとの競争に敗れてシェアは30%台に落ち、1991年には70億ドルもの大赤字に陥った。機関投資家や世論の批判を背景に、大手日用品メーカーP&G社のCEOでもあったジョン・スメールを中心とした社外取締役が行動を開始し、GMのCEOロバート・ステンペルから実権を奪い、後任として社内傍流部門にいたジャック・スミスを社長兼CEOに抜擢した。

IBMも1960年代から約20年間、世界のコンピューター市場を席巻したが、パソコン時代に業績は悪化し、1992年に50億ドルの赤字見通しを公表せざるを得なくなった。IBMの株価はピーク時の4分の1となり、同社株価を保有する米国市民、機関投資家などはIBMの経営陣を厳しく批判した。1993年1月に開かれたIBMの取締役会は会長兼CEOのジョン・エイカーズの交代を決め、後任探しは社外取締役のみで構成する指名委員会によって行われた。そして同年3月に新たな会長兼CEOとして、当時ナビスコ社のトップだったルイス・ガースナーを選出すると発表したのだった。

米国のコーポレートガバナンスは1970年代後半〜1990年代前半という、米国経済が困難に直面した時期に発展した。18世紀後半から成長を謳歌した米国の資本主義が最初に挫折を体験したのは1929年のニューヨーク株式大暴落（ブラック・マンデー）に端を発した世界大恐慌だった。このときは政府が打ち出したニュー・ディール政策や第2次世界大戦というマクロ要因がなければ米国企業は復活しなかった。しかし1970年代からの低迷期の米国の株式会社は、機関投資家という強力な株主の介入で経営者交代などのガバナンスの見直しに取り組み、株式会社の「稼ぐ」という機能を取り戻したのだった。

金融街シティが主導した英国、産官学で仕込んだドイツ（1980年代〜2000年頃）

英国でも1990年代初頭、コーポレートガバナンスに注目が集まり、改革が進んだ。米国では株主の代表である機関投資家が経営陣への批判を強めたという、いわばフランス革命のような「下からの改革」だったが、英国ではロンドンの金融街シティの指導層らによる「上からの改革」の色彩が強かった。直接の契機は、従業員年金基金を経営者が流用したマックスウェル事件など90年代初頭に発覚した大企業経営者による不正経理問題だった。投資家の企業経営に対する不信が高まり、資本市場の信頼が揺らぐことを懸念したシティ指導層が委員会（通称キャドバリー委員会）を立ち上げ、企業倫理のあり方、経営監視のあり方について審議を重ね、企業が従うべきルールを報告した。

1992年12月に公表された「キャドバリー報告書」は英国企業に対して、取締役会で会長とCEOの兼務は望ましくないこと、取締役会の下に指名、報酬、監査に関して実効性のある委員会を設けることなどを求めた。また機関投資家にも、企業のガバナンスへの関与を期待し、取締役が責任を果たしていない場合、説明を求める必要があるとして、経営者との定期的な対話、議決権行使、取締役の選出に積極的に関与することを求めた。

英国も機関投資家の株式保有比率は米国以上に高いが、経営者とは水面下で交渉するスタイルが主流だ。ただ1992年に石油のブリティッシュ・ペトロリアム（BP）の会長兼CEOが追放されたり93年にバークレーズ銀行でCEOと会長職が分離されたりしたことなどは、機関投資家の水面下の働きかけの結果とされている。

1998年、ロンドン証券取引所は、後に「コーポレートガバナンス・コード」と呼ばれることになる統合規範（コード）を策定した。この統合コードは、キャドバリー報告書をはじめとしてシティが策定したガバナンスに関する複数の報告書の内容を規範化し、ロンドン証券取引所の上場規則としたものだった。ロンドン証券取引所に上場する企業はアニュアル・リポートにおいて統合コードの順守状況を開示することが求められ、コードはルールとしての実効性をもつようになった。

英国のコードは、いわゆる「ソフトロー」と呼ばれる柔軟な仕組みが特徴だ。「ハードロー」と呼ばれる通常の法律は、規定に従わない者に対して罰則を科すことで実効性を保つ。しかし英国のコードは、企業がそれぞれの環境下で多様なガバナンスを採用するのが適切という姿勢をとり、あるべき最善慣行（ベストプラクティス）を定めた上で、企業がベストプラクティスを採用しない場合は、その理由を説明すれば良いとしている。このコードの仕組みは「Comply or Explain（従え、さもなければ説明せよ）」と呼ばれ、その後、欧州各国などが同様の仕組みを作って追随する。

さらに英国のコードは短期（2〜3年）で見直し、先進的な考え方や先進的な企業の取り組みを新たなベストプラクティスとして取り入れていく。そして改訂コードを公表することによって、ベストプラクティスを普及する手法をとる。改訂コードにより、他社もベストプラクティスを取り入れることになり、全体として上場企業のガバナンスの底上げを推進するという考え方だ。これは近代資本主義の本家ともいえる英国シティの長年の伝統と経験に基づく、実践的な考え方といえる。

一方、ドイツのガバナンスは従来、ハードローを重視してきた。すべての株式会社と従業員500人以上の有限会社は、法律により監査役会と執行役会を設置する。この二層構造は19世紀に始まり、監査役は株主総会で任命され、監査役会は経営を監督するとともに執行役を任命する権限をもつ。一方、取締役は戦略立案、業務の執行など高度の経営自治権を有する。監査役会と執行役会は相互に独立性が確保されるようになっている。監査役は10社までの監査役を兼任できるが、監査役を務める企業の執行役を兼務することはできず、同じ企業の執行役会から監査役会への異動も認められない。

20世紀初めの労働運動や、ナチス政権下の国家社会主義の反省などを踏まえ、戦後の西ドイツは労働者を経営に参加させる政策を取り入れた。従業員が2000人を超える企業は法律により監査役の半分を従業員が、残り半分を株主が選ぶことになっている。また従業員6人以上の工場では法律により工場委員会の設置が義務付けられ、労働者の採用、解雇、作業慣行の変更について、経営者は工場委員会と協議しなければならない。ドイツは1990年代まで全株式に占める年金基金の保有率が10%程度と低い一方、銀行や大企業による株式保有が半分近くを占め、持ち合い構造を形成していた。日本と同様、銀行が企業に融資する間接金融がベースで、銀行は融資先に監査役を送り込み監視する例が多かった。

ドイツでも1990年の東西ドイツ統一後、経済が低迷し多くの企業不祥事が発覚した。ドイツ最大の鉱山金属会社メタルゲゼルシャフトの巨額損失、ドイツ最大の不動産会社シュナイダーの破綻、ゼネコン大手フィリップ・ホルツマンの倒産、マンネスマンの背任事件などがあり、銀行による企業ガバナンスに疑問が投げかけられた。メタルゲゼルシャフトの場合、ドイツ銀行が債権者であると同時に大株主、監査役会会長を兼ね、さらには金融事業での提携先でもあったため、同行によるガバナンスの不全が厳しく批判された。銀行から派遣される監査役は多数の会社の監査役を兼務し、監査役会は年2回しか開催されないことが多く、監査役会は執行役会の提供する情報に依存していることなどが指摘された。

1990年代から2000年代半ばまでドイツ経済は「欧州の病人」と言われるほどの長期的低迷に直面した。そこで当時のシュレーダー政権は資本市場改革とガバナンス改革を断行した。法律によりインサイダー取引規制や情報開示の強化が進められた。執行役には監査役会に事業計画を報告することや、一定の業務を行う場合には監査役会から同意を得ることを義務付けた。英国で策定された統合コードに倣い2002年、ドイツの政府、学会、経営者、労働組合の代表などにより「ドイツ版コーポレートガバナンス・コード」が策定された。監査役会・執行役会の機能の明確化、監査役・執行役の基準の明確化などが盛り込まれた。ドイツ版コードにも法的拘束力はなかったが、法律で順守状況の開示・説明は義務付けられた。ドイツ企業は独自のガバナンスを保ちつつ、英米流の改革に取り組んでいる。

日本型ガバナンスの栄光と限界（戦後〜1990年代）

明治維新で西欧列強国の資本主義、株式会社を導入した日本でも、本章の冒頭で述べたように、もちろんコーポレートガバナンスの問題が発生した。ただ、欧米の資本主義、株式会社をそのままコピーした明治から昭和初期に至るまでの日本企業のガバナンスと、第2次世界大戦での敗戦後、奇跡的な復興と経済発展を遂げた戦後の日本企業のガバナンスには、大きな違いがあった。一言でいうと、戦前の日本の株式会社は欧米と同じ古典的な「経営」と「所有」の問題をはらんでいただけだったが、戦後に独自の「日本的経営」が発展したことで、日本的経営に根ざした独特のガバナンス問題が加わったのだった。

戦前の日本の株式会社は、欧米と同様に資本家が支配した。三井、三菱などの強力な財閥や少数の資本家が事業を興し、株主の中から経営ができそうな人物が社長となって采配を振るった。それ以外の株主は社外重役となって、経営を監視した。株主への配当も欧米並みに高く、経営者の中には当時の日本の株式会社を「短期志向で、業績より株の値上がりを意識する。株主の歓心を買うために利益をすぐに配当してしまう」と批判する者すらいた。まるで株主第一主義の米国企業のようで、戦後の日本企業とはまったく違っていた。

日本企業のガバナンスが変わったきっかけは、日中戦争以降に日本が強めた戦時体制だった。国家総動員法などによって国が統制経済に入り、企業の目的は利潤追求ではなく国のための生産となった。株主の権利は法的に制限され、会社を支配するのは国と「生産責任者」と呼ばれた社長だけだった。金融機関は資金を会社に供給する役割を担った。国は総動員のために労使関係を改善する産業報国会を設け、労働者の地位は高まった。1940年代には組織率が70%に達し、従業員が経営に発言する機会が認められた。こうした戦時体制が、戦後の「日本的経営」を生み出す素地になった。

戦後、焼け跡の中から立ち上がった日本の株式会社は、1950年代から1970年代にかけて高度成長を達成した。その手法は欧米企業と大きく異なる日本的経営であり、欧米からも注目された。**この日本的経営の柱は、①株式持ち合い、メインバンク制、グループの形成という相互依存的な企業関係、②終身雇用、年功序列、企業別労働組合という日本的雇用慣行、③官僚統制、官民協調、業界内調整による競争排除的市場、④緩い企業会計原則と、限られた情報公開——の4点だ**。まさに戦時中の総動員体制、つまり官民一体、労使一体、メインバンクによる制度的支援を、そのまま引き継いでいた。

このような日本的経営の下では、株式を持ち合う企業は互いに相手企業の経営に介入しない協調的・安定的な「物言わぬ株主」となり、株主総会は総会屋に対処するだけの形骸化した存在になり果てる。取締役会も、実質的に社長によって選ばれた社内役員で構成されているため、社長を監督、批判できるはずもなかった。日本的経営の取締役とは、トップを監視する機能ではなく、サラリーマンの栄達の目標でしかなかった。その代わり、融資額1位の貸し手で主要な安定株主でもあるメインバンクが、取引先企業に重役を派遣するなど密接な人的関係を結び、会社を監視する役割も担っていたとされる。

メインバンクは融資先の財務の健全性、収益性の審査に力を注ぎ、会社の資金需要にこたえた。平時には融資先の経営に干渉したり株式を売却したりすることはないが、企業が経営不振に陥った場合にはキャッシュフローを監視したり、投資計画に注文をつけたりし、さらに危機的な状況になれば、緊急融資、債権放棄、人的支援などで融資先の救済・再建に務めた。このようなメインバンクによる監視が、日本型の「デット（借金）ガバナンス」だった。上位企業によるグループ会社の監視や企業内労働組合による経営への注文、官による規制や業界の自主規制なども一定のガバナンス機能を果たしたとされる。一方、日本的経営においては「株主」の存在感は極めて薄い。

協調的な業界、労使の一致団結、物言わぬ株主という日本型ガバナンスは、戦後復興の1950年代から高度成長を果たした1970年代にかけて実によく機能した。国のため、家族のため、私欲のため、燃える経営者たちはメインバンクから豊富な融資を得て、株主から経営に注文をつけられたり高配当を要求されたりすることもなく、思う存分に事業拡大や設備投資を実行できた。社員たちは「会社で認められ、できれば重役になりたい」と目を輝かせ、モーレツに働いた。日本の製造業は優れた製品を世界に売りまくり、国内でも生活水準の向上を求める消費者層が拡大する間は、日本型ガバナンスは「勝利の方程式」だった。

この間、株主による経営の監視は、まったく機能しなかった。経営者にとって株式を上場することは、長期資金の調達手段でしかなく、株主が「会社の本当の所有者」などというのは、建前に過ぎないというのが実感だった。株主総会は1年に1回の、総会屋の追及を切り抜ける、経営者の「試練」だった。時間は短いほど良く、議論はないほど良く、幹部らに守られて「シャンシャン」と終われば大過ない総会とされた。ほとんどの取締役は内部昇格で、常務、専務といっても、社長に認めてもらい引き上げてもらった存在だ。社長を監視・批判するなど、派閥争いでもない限り、できるわけがない。

このような日本型ガバナンスの問題点が白日の下にさらされたのが、1990年代初頭のバブル崩壊と、その後の金融危機、今に続く「失われた30年」だった。バブル崩壊後に不良債権の山が残り、バブル期に金融機関が実行していた無軌道な融資が発覚した。住友銀行のイトマンに対する不正融資、日本興業銀行から大坂の相場師に対する巨額融資、同じく東洋信用金庫の巨額ニセ預金証書発行事件などだ。不良債権は金融機関の経営を蝕み、1997年には三洋証券が総合証券会社として戦後初めて倒産し、北海道拓殖銀行の破綻、山一証券の自主廃業など大手金融機関がバタバタと倒れた。金融機関は融資先を監視するどころではなく、不良債権処理の原資として持ち合い株の売却を始めた。

日本企業が長年、違法なガバナンスをしていたことも明るみに出た。1982年の商法改正で総会屋への利益供与は禁止されたが、経営者は総会を穏便に済ませることを望み、多くは利益供与を続けていた。1997年に野村証券が元総会屋の親族企業に利益供与していたことが分かり、社長と常務2人が逮捕され、当時の取締役15人が退任した。第一勧業銀行も同じ総会屋に巨額の融資と利益供与をしていたことが発覚した。利益供与には歴代の経営陣が深く関与しており、最終的に元会長を含む計11人が逮捕された。他の大手証券会社、高島屋、味の素、東芝、日本航空なども総会屋への利益供与が明らかになった。

このように1990年代半ば、日本企業に経営不振や大型倒産、深刻な不祥事が相次いだことで、経済界やメディアの間に「日本的経営には大きな問題があるのではないか。日本企業の経営管理手法（コーポレートガバナンス）は、欧米と比べて遅れているのではないか」という問題意識が生まれてきた。これが本章の冒頭、日本で「コーポレートガバナンス」の言葉が一般的になったタイミングだった。そして1980年代にガバナンス論議が進んでいた米国や、90年代初頭に議論が盛り上がった英国などの影響も受けつつ、日本経済の活力を取り返すために日本的経営の見直しに着手したのだった。

1994年にNGO「日本コーポレート・ガバナンス・フォーラム」が発足し、98年に「コーポレート・ガバナンス原則――新しい日本型企業統治を考える」を発表した。ポイントは、①取締役会に、企業と利害関係のない「独立社外取締役」を加える、②取締役会を「監視」と「執行」に機能分離する、③取締役会の傘下に「指名」「報酬」「監査」の委員会を設ける、④情報開示の拡充――などである。この提言を証券取引所が上場基準に反映させることにより、ガバナンス定着に指導的な立場をとるべきとの強い期待を表明した。英国コードを参考にした考え方だ。この期待は17年後、東京証券取引所が金融庁と共にコーポレートガバナンス・コードを定めて上場会社に適用するまで、実現を待たなければならなかった。

「エンロン」「リーマン」で潮目変わる欧米、停滞する日本（2000年代）

1990年の冷戦終結を機に日米欧ではグローバルな企業活動が強まり、国際的なガバナンス改革の機運も強まった。経済協力開発機構（OECD）は1996年、閣僚理事会の要請でガバナンス問題に取り組んだ。99年の閣僚理事会で承認されたのが「コーポレート・ガバンナンス原則」だ。政府間組織の主導で初めて作成されたガバナンスに関する原則で、①株主の権利の保護、②すべての株主の公平な取り扱い、③利害関係者のガバナンスへの参加、④情報開示と透明性の確保、⑤取締役会の責任――という5つの原則を示した。拘束力はないが、各国の政府や企業が基準として利用することが期待された。

国際的なガバナンス改革が進んだようにもみえた2000年代、米国で株式会社や資本市場の信頼を揺るがす大問題が発生した。まず2001年のエンロン、2002年のワールドコムと続いた米国の上場会社の巨額粉飾決算事件だ。総合エネルギー会社のエンロンはCEOやCFOが損失隠しに手を染めた結果、崩壊。同社の監査を担当していた大手会計事務所アーサー・アンダーセンも粉飾に手を貸した証拠を隠滅しようとして信用を失い、破綻した。米国議会は、粉飾決算を防ぐために上場企業や会計事務所に厳しい監査の仕組みを義務付ける「企業改革法（サーベンス・オクスリー＝SOX法）」を制定した。

日本でも2004年に西武鉄道の有価証券虚偽記載事件、2005年にカネボウの巨額粉飾決算事件とその破綻、ライブドアの粉飾事件が発覚。カネボウの事件では国内大手の一角だった中央青山監査法人が粉飾に手を貸していたことも分かり、解散に追い込まれた。こうした粉飾事件を受けて2006年、日本でも通称「日本版SOX法」と呼ばれる金融商品取引法が制定され、翌07年に施行された。それに先立つ2006年には会社法が施行された。会社法は大会社の取締役に対して、「（法令違反などの不祥事が起きないよう社内を管理・監督する仕組みである）内部統制システム」を設けるよう義務付けた。

日本で内部統制に注目が集まったのは、米SOX法の影響もあるが、1995年に発覚した大和銀行ニューヨーク支店の巨額損失事件で、同行が受けた約1500億円の損失について責任追及する株主代表訴訟の1審判決が2000年に出たことも大きかった。大坂地裁は同行元役員らに総額829億円という空前の賠償支払いを求める衝撃の判決を出した。それまで会社役員に対する責任追及といえば、会社から資金を横領したり総会屋に金を渡したりするなどの意図的な違法行為がほとんどだったが、この判決以降は「従業員の不正を見つけたり止めたりする体制を設けなかった責任」も問われるようになった。

2008年、米国のリーマン・ブラザーズ破綻に端を発した世界的な金融危機（リーマン・ショック）が起き、ガバナンス改革にも大きな影響を与えた。低所得者向け住宅ローン（サブプライムローン）を大量に抱え込み、住宅バブルの崩壊によって64兆円という米国史上最大の破綻を起こしたリーマンなど米金融機関の責任は明らかだったが、粉飾をしていたわけではなかった。原因のひとつとして、経営者がリスクの高い事業にのめり込んで会社を危険にさらしても、短期の業績さえ良く見えていれば、連動して何10億〜何100億円という巨額報酬が払われる米国型報酬システムの弊害が指摘された。米当局は金融機関の経営監視や役員報酬の制限などに動いた。

2000年代にエンロン事件やリーマン・ショックが米国で発生したことは、日本でのガバナンス論議に否定的な影響を与えた。つまり「米国型ガバナンスは不祥事を防げると言われていたが、防げなかったではないか」と、欧米ガバナンスに懐疑的な見方が広がった。2003年施行の商法特例法により、日本でも大会社は社外取締役を必須とする委員会等設置会社と呼ぶ米国型機関設計を選べるようになっていたが、この方式を選んだ会社は極めて少なかった。なにしろ2006年から2010年まで経団連会長を務めた日本を代表する会社のトップ自らが、「社外取締役なんて日本企業には必要ない」と言い切っていたのだ。

2005年にライブドアが東証の時間外取引を利用してニッポン放送の株式を大量取得して敵対的買収を試みたり、村上ファンドや外資系ファンドなどの「物言う株主」が経営不振企業の株式を取得したりする事例が増えたことも、日本の経営者に警戒感を呼び起こした。日本でM&A（合併・買収）といえば、社長同士が意気投合したりメインバンクが主導したりする友好的M&Aが基本であり、投資ファンドが巨額の資金にものを言わせて大株主として経営に口を出すことへの抵抗感は強かった。日本の大企業はこぞって「買収防衛策」を導入するなど、むしろガバナンス改革は後退した。

一方、同じ2000年代半ば、欧米では「サステナブル（持続可能な）経営」を企業に求める動きへとつながる重要な変化が起きていた。PRI（責任投資原則）の登場だ。2006年に国連環境計画・金融イニシアチブが提唱して生まれたもので、機関投資家などが投資の意思決定に際し、ESG（Environmental＝環境、Social＝社会、Governance＝企業統治）を考慮するよう求め、6つの原則を掲げた＝下記参照。機関投資家は投資の際、各企業が地球環境の保全、社会問題の解決、ガバナンス改善に取り組んでいるか否かを考慮して欲しい、という国連からの要望だ。法的拘束力のない任意の原則だが、当時のアナン国連事務総長はPRIの発表時、機関投資家に「あなた方の判断ひとつで世界が変わる」と採用を呼びかけた。

(1) 投資分析、意思決定過程にESG（環境・社会・企業統治）を組み入れる
(2)「モノ言う株主」としてESGを株式保有の政策、実践に組み入れる
(3) 投資先にESGの情報開示を求める
(4) 資産運用業界にPRIが受け入れられ、実行されるよう働きかける
(5) PRIの効果を高めるため協働する
(6) PRIの活動と進行状況を報告する

国連による提唱から約半年で、世界最大級の米カリフォルニア州職員退職年金基金（カルパース）やノルウェー政府年金基金など世界19カ国の100以上の企業・機関がPRIに署名した。特に欧州ではPRIの発表をきっかけに、ESG投資が急速に普及していった。日本も三菱UFJ信託銀行、住友信託銀行、大和証券投資信託委託、損害保険ジャパン、キッコーマン年金基金、三井アセット信託銀行などが加わった。とはいえ、当時は「カルパースが署名したことは意外だ」（大和投信）との受け止め方が一般的だった。日本でPRIに署名する金融機関は細々と増えていったものの、2014年ぐらいまで日本の市場関係者の主流はESG投資を理解しない、あるいは無視する状況が続いたのだった。

PRIの公表後、特に欧州で急速にESG投資が広がっていったのはなぜか。サステナブル経営やESGに詳しい青山学院大学名誉教授の北川哲雄氏は「2000年代のエンロン・ワールドコム事件、リーマン・ショックなど米国発で

深刻な企業不祥事が続き、欧州の人々はグリード（貪欲）で近視眼的な資本主義の本性に改めて直面した。こうした問題を放置したままでは、資本主義はグローバルな経済システムとして生き残れない。米国を反面教師として欧州の政府、企業、NGO（非政府組織）の関係者らが反省と危機感を募らせたことが大きいと思う」とみる。2000年代から2010年代に露わになった資本主義のピンチに対応し、欧米のガバナンス改革は大きく弾みが付くことになった。

英国流「2つのコード」、ベストプラクティスで企業と市場を導く

迅速に動いたのは、やはり近代資本主義の本家、英国だった。すでに一部紹介した流れに重なるが、2000年代～2010年代に広がったPRIに呼応する形で2011年、英国は機関投資家向けの行動指針である「スチュワードシップ・コード」と、上場企業向けの行動指針である「コーポレートガバナンス・コード」を策定した。この「2つのコード」は、いわばこれまで英国が取り組んできたガバナンス改革の集大成だった。

英国のガバナンス改革は何回か触れたように、1992年に金融街シティがまとめた「キャドバリー報告書」がその発端で、「ハンプル報告書」(1998年)、「マイナーズ報告書」(2001年）が続いた。いずれも企業経営者が責任を果たさない場合、機関投資家などの株主が議決権を行使するなどしてガバナンスに積極的に関与することを求めていた。これら報告書の内容は統合規範（コード）となり、ロンドン証券取引所の上場規則となっていた。

2009年には、前年に起きたリーマン・ショックによって英国の金融機関も危機に陥ってしまったことを反省する「ウォーカー報告書」が作成された。同報告書は改めて機関投資家の役割などを検討し、機関投資家が投資先企業との間で定期的な「エンゲージメント（目的をもった対話)」を行い、企業から内部情報を聞いたりガバナンスの改善について話し合ったりすることの重要性が強調された。同報告書の勧告に従い、従来の統合コードをコーポレートガバナンス・コードとし、新たに機関投資家の規律を定めるスチュワードシップ・コードを作成したのだった。「2つのコード」がそろったのが2011年だ。

2012年、英国はリーマン・ショックに代表される経営者や市場関係者の

「短期の利益追求」による弊害を踏まえた、新たな市場のあり方を提示する「ケイ報告書」を公表した。同報告書は「英国企業はイノベーション、ブランド、労働者の技能などを高めるために投資を行い、国際競争力を築き、維持しなければならない。それによってのみ企業は長期的な目標を達成し、投資家へのリターンを増やすことができる。ところが現在の英国株式市場は、そうした企業や投資家の目的を支えるようにはなっていない」との問題意識を表明した。

過去に英国がガバナンス改革に向けてまとめた報告書と異なり、ケイ報告書は株主へのリターンだけでなく、企業の繁栄にも焦点を当てていた。当時の英国株式市場は、投資銀行や金融取引仲介者などによる短期売買が栄える一方、企業は資金を株式ではなく、債券などで調達するようになっていた。失われた株式市場の信頼関係を回復するためには、株主やその代理人である機関投資家、その代理人である資産運用会社と投資先企業との間に、信頼関係に基づく「インベストメント・チェーン（投資網）」を再構築し、企業が長期的な成長を目指し、その利益から株主もリターンを得るという「本来の仕組み」を提唱した。「2つのコード」も、ケイ報告書が打ち出した「株式市場は企業の長期的成長を促し、支える」との役割を果たすために、毎年のように見直しが続けられた。

英国の「2つのコード」は、〈図表1〉に示すように、1つの体系として理解される。まず「会社は株主のために経営されるべき」ことが前提とされる。そして「ガバナンスの責任は、株主から委託を受けて経営者を監視する取締役会が負う」ことも前提とされる。効果的な取締役会の実務指針としてコーポレートガバナンス・コードが策定され、そのアプローチは先に説明したように、「Comply or Explain（従うか、さもなければ説明せよ）」だ。つまり上場会社はコードの原則に従うか、従わない場合には、株主に対してExplain（説明）することが求められる。

一方、株主は投資先企業をチェックする。企業は株主に十分な情報を提供するため、年次報告書（アニュアル・リポート）を発行し、報告書に記載する内容は法律で定められる。機関投資家には「株主を代表して当該企業のガバナンスをチェックし、規律する役割」が求められる。その役割を明示したものがス

〈図表1〉 英国の「2つのコード」の仕組み

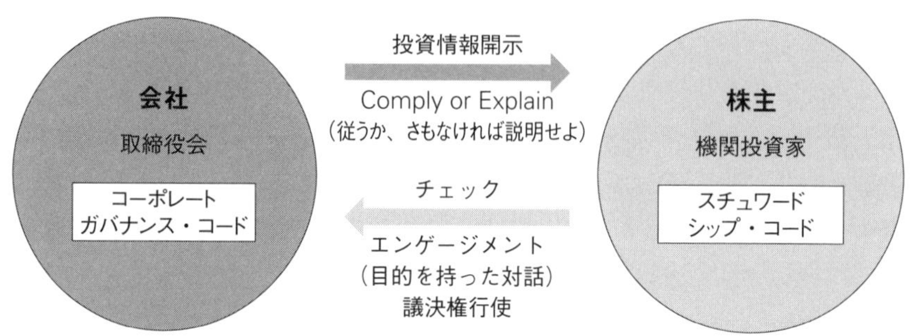

出所：林順一「英国コーポレートガバナンスの特徴とわが国への示唆」(「証券経済学会年報、第50号別冊) に加筆

チュワードシップ・コードであり、機関投資家には企業とエンゲージメント（目的を持った対話）することなどが求められる。「2つのコード」により、英国の企業ガバナンスは、コーポレートガバナンス・コード、企業による投資情報の開示、スチュワードシップ・コードが一体として機能する仕組みとなった。

その結局はどうか。英国では1992年のキャドバリー報告から25年を経た2017年の段階で、メイン市場上場会社（2018年4月末時点1073社）のうち、上位の350銘柄に対してコーポレートガバナンス・コードが全面適用された。順守状況は、「取締役会の半分以上は独立社外取締役でなくてはならない」「取締役会議長はCEOが兼任しない」「外部者が取締役会の実効性評価を行う」といった主な項目について、いずれも9割以上の企業が順守していた。一方、同市場の小規模会社に対しては、「取締役会の少なくとも2人は独立社外取締役でなくてはならない」などと要求が緩くされており、コストや人材などの実情にも配慮したものとなっていた。

このように英国の「2つのコード」は、罰則を伴わない「ソフトロー」でありながら、多くの上場企業のガバナンスに実質的な改善効果があることがはっきりしたため、2000年代以降、ドイツやフランスといった他の主要国にも同様の「2つのコード」を駆使したガバナンス改革の機運が広がっていった。そして、なんといっても「2つのコード」によるガバナンス改革が劇的に進展した国こそ、まさに日本だった。

「2つのコード」は日本にも効果てきめん

日本のガバナンス改革は2010年代半ばまで停滞していた。リーマン・ショックで欧米型ガバナンスも不完全だと明らかになったからだ。しかし日本でも2011年、重大な企業不祥事が相次いで発覚した。大王製紙の創業家会長がグループから100億円以上を不正に引き出し私的に流用した事件と、オリンパスがバブル崩壊時に被った巨額の損失を「飛ばし」と呼ばれる手法で10年以上も隠し続けた上に、負債を粉飾決算で処理した事件だ。特にオリンパス事件は、不正を糾弾した英国人社長のマイケル・ウッドフォード氏を、不正の首謀者であった菊川剛会長らが解任し、ウッドフォード氏が国際社会に事件を告発したため、日本のガバナンス不全が世界に知れ渡る結果ともなった。

とはいえ、当時の日本で最も問題となっていたのは、バブル崩壊から20年以上経っても一向に回復しない、日本企業の「稼ぐ力」だった。特に、かつて自動車と並んで日本経済の両輪とも言われた電機業界はひどかった。欧米企業や台頭する韓国や中国の企業との競争にも敗れ、日立製作所は2009年に製造業で過去最大の7000億円の最終赤字を計上し、2012年には半導体のエルピーダメモリが破綻。2013年にはパナソニックが2期連続で7500億円という、これまた過去最大の最終赤字を2期連続で記録していた。日本企業のガバナンスは不祥事もさることながら、「何も変えられないこと」が最大の課題になっていた。

この状況を打開するため、2014年に第2次安倍晋三内閣が打ち出したのが「日本再興戦略」だった。安倍内閣は「失われた20年」にあえぐ日本の成長力を取り戻すアベノミクスの一環として、ガバナンス改革に目をつけたのだ。日本再興戦略は概略こう掲げた。「日本企業の『稼ぐ力』、すなわち中長期的な収益性・生産性を高め、その果実を広く国民に平等に与えるには何が必要か。コーポレートガバナンスの強化により経営者のマインドを変革し、グローバル水準のROE（株主資本利益率）の達成などをひとつの目安に、グローバル競争に打ち勝つ攻めの経営判断を後押しする仕組みを強化していくことが重要である。内部留保をため込むのではなく、新規の設備投資や、大胆な事業再編、M&Aなどに積極的に生かしていくことが期待される」

日本の金融庁などは英国の「2つのコード」の仕組みを参考に、2014年に「責任ある機関投資家の諸原則（日本版スチュワードシップ・コード）」を、2015年に「コーポレートガバナンス・コード（企業統治指針）」を、それぞれ策定した。2つのコードの役割は英国とほぼ同様であり、機関投資家はスチュワードシップ・コードの求めに従い、投資先の取締役選任議案の可否について一定のROEの達成などを判断基準として取り入れたり、投資先に複数の社外取締役の選任を求めたりした。一方、企業統治指針は「適切な情報開示と透明性の確保」など5つの基本原則、30の原則、38の補充原則の計73項目で構成された。特に上場企業に影響を与えたのは原則4－8で、「独立社外取締役を少なくとも2人以上選任する」ことを求め、独立取締役がいない場合は選任しない理由の説明を求めた。企業統治指針は、東証の上場規則と位置づけられた。

効果はてきめんだった。日本版スチュワードシップ・コードは、すべての機関投資家に適用された。日本最大の機関投資家であるGPIF（年金積立金管理運用独立行政法人）はスチュワードシップ・コードに署名した上で、2015年9月、PRI（責任投資原則）に署名し、資金の運用受託機関に対して責任投資原則にのっとった運用哲学を明確に強いるようになった。その上でGPIFは2017年、ESG（環境・社会・企業統治）投資に乗り出した。これを契機に日本の主要機関投資家はこぞってPRI署名を済ませた。日本でも機関投資家が、投資先企業のガバナンスを、環境や社会との協調を重視するESGの観点も含めて、厳しく監視する体制が一気に整った。

日本の上場会社のガバナンスも、形式的には飛躍的に改善した。東証1部上場会社で2人以上の独立社外取締役を選任する企業は、「2つのコード」がそろう以前の2014年には21%しか存在しなかったが、企業統治指針が策定された2015年には一気に48%に倍増し、2020年には95%に達した。同じく取締役会メンバーの3分の1以上の社外取締役を起用する企業も2020年には58%にのぼる。次期社長などを選ぶ「指名委員会」や、経営陣の報酬を決める「報酬委員会」を取締役会の傘下に設ける企業も2020年には、それぞれ6割に達している。以前の日本企業では「次期社長を選ぶのは現社長」で、「自らを含めた個別の役員報酬額を決めるのも社長」とされ、不透明だった日本の取締役会運営も変わりつつある。

2000年以降の英国をはじめとする「2つのコード」によるガバナンス改革は、会社の保有者である株主に利益を還元するよう、株主の利益を擁護する独立社外取締役を上場会社の取締役会に送り込むことについて、大きな成果を挙げた。この時期の欧米のガバナンス改革はエンロン・ワールドコム事件やリーマン・ショックなどの反省を踏まえ、会社を経営者のやりたい放題から、本来の役割である株主への利益還元に引き戻す、いわば「守りのガバナンス」を意識していた。グリード（貪欲）過ぎる経営者を、社外取締役が見張ることを期待したのだ。さらに地球環境の緊急事態や格差社会の弊害に危機感をおぼえ、企業のガバナンスにE（環境）やS（社会）などの問題を強く意識させることにも力点を置いていた。

一方、経済が長期低迷している日本のガバナンス改革は、企業の稼ぐ力を復活させるための「攻めのガバナンス」を指向した。動かない経営者に対し、社外取締役を使ってカンフル剤を打とうとした。そして2つのコードを導入した2015年からわずか5年で、社外取締役の導入では欧米の水準に追い付きつつあるといえる。英国でいえば、キャドバリー報告書から約30年かかったガバナンス改革を、一気に5年でなし遂げた。明治維新と同じで、日本は形式的な制度の導入には驚くべきスピードで対応する。今後は、ガバナンス改革を「形式」から「実質」に進化させ、さらにはその先へと進められるかが焦点だ。ガバナンス改革の目的だった稼ぐ力を取り戻せるかどうかも、今まさに問われている。

脱炭素、新型コロナ…、サステナビリティ待ったなし（2010年代〜）

ここまで17世紀から現在に至る、コーポレートガバナンスの歴史を振り返ってきた（図表2参照）。史上初の株式会社とされるオランダ東インド会社の段階から、株式会社は容易に資本を集めたり大胆に事業に挑んだりするには便利な道具だったが、経営トップや取締役は放っておけば自らの保身や私欲に走り、会社の所有者である株主の利益をないがしろにしがちであり、このことは現在でも、そして将来も変わらない。だからこそ、日米欧の有識者や機関投資家、市場関係者、経済人らはコーポレートガバナンス（略してコポガバ）の改革に取り組み、企業が所有者である株主のために「正しく稼ぐ」ように、企業を導いてきた。その重要性は引き続き変わらない。

加えて21世紀に入り、さらに重要なテーマが「コポガバ」の世界に持ち込まれることになった。それが「サステナビリティ（持続可能性）」だ。近年のサステナビリティへの関心の高まりの詳細は別の章に譲るが、一言で言えば従来の株式会社や資本主義は、地球環境の問題には、よく言って無関心、悪く言えば積極的に悪化させてきた。産業革命以降、人類や国家が経済的に発展するために作り続けた工場や発電所、自動車や航空機などは二酸化炭素（CO2）を大量に吐き出してきた。人々が豊かに暮らすため森林が切り開かれ、食料や衣服、その他の消費物資が大量に作られ、廃棄されている。これらが地球環境の悪化につながった。脱炭素社会への転換は待ったなしだ。

また株式会社や資本主義は、資本家と労働者という新たな階級格差を生み、人権の軽視や侵害、近年は経済的格差の拡大など、社会的な問題も引き起こしてきた。オランダ東インド会社や英国東インド会社はアフリカやインドから東南アジアやアメリカ新大陸などへの奴隷貿易に手を染めていたし、その活動は世界各地での植民地獲得の先兵の役割を果たした。資源や植民地を奪い合う先進国の争いは2度の世界大戦を含む幾多の戦争を引き起こし、20世紀は植民地の独立闘争が相次いだ。第2次大戦後、株式会社と資本主義は先進国の大衆の生活を豊かにする役割を果たしつつも、資源や一次産品を生産する発展途上国や最貧国との経済的格差を広げる役回りを演じた。

21世紀に入って格差の問題は先進国でも深刻になった。米国や英国では大企業CEOは数10億〜数100億円の年収を得るようになった一方、収入が不安定な非正規労働者が増えた。2013年、フランスの経済学者トマ・ピケティは著書「21世紀の資本」において、「資本主義の特徴は、資本の効率的な配分であり、公平な配分を目的としていない。富の不均衡は、干渉主義（富の再分

〈図表2〉　コーポレートガバナンスに関わる世界の歴史

1602年	世界最初の株式会社とされるオランダ東インド会社設立
1660年頃	世界最初に「株主総会」を備えた英国の東インド会社成立
1720年	英国で株価が乱高下する「南海泡沫（ほうまつ）事件」勃発
1956年	米国NY証券取引所、上場会社に社外取締役2人起用を義務付け
1974年	米国「エリサ法」制定。年金運用者に「受託者責任」を定める
1992年	英国金融街シティが企業に統治強化求める「キャドバリー報告書」
1993年	不振の米IBM、社外取締役がCEOを解任。新CEOにガースナー氏
1999年	経済協力開発機構（OECD）が「コーポレート・ガバナンス原則」
2001年	米国でエンロン破綻。翌年に米企業改革法（SOX法）を制定
2006年	国連が責任投資原則（PRI）を提唱。ESG（環境・社会・企業統治）投資の源流に
2008年	米国発でリーマン・ショック世界に広がる
2011年	英国、「スチュワードシップ・コード」「コーポレートガバナンス・コード」を制定
2014年	日本、英国にならいスチュワードシップ・コード制定
2015年	国連、企業にサステナビリティ経営を求める「持続可能な開発目標（SDGs）」を採択
同	気候変動抑制に関する多国間の国際協定（パリ協定）採択。2016年に発効
同	日本、コーポレートガバナンス・コードを制定。企業に独立社外取締役２人起用促す
2017年	日本の年金積立金管理運用独立行政法人（GPIF）がESG投資開始（2015年にPRI署名）
2018年	英国、ガバナンス・コード改訂。取締役会にダイバーシティ（多様性）の向上求める
2019年～	新型コロナウイルス、中国から世界に感染拡大
2020年	米国での黒人虐殺事件を機に人種差別抗議「BLM（Black Lives Matter)」運動始まる
2021年	日本、ガバナンス・コード改訂。サステナビリティ経営・知財経営への対応求める

出所：日本経済新聞などを参考に筆者作成

配）を取り入れることで、解決することができる」と富裕層に対する課税強化を提唱し、世界的な反響を呼んだ。欧米では移民の流入で経済不安を抱える中産階級が「反乱」を起こし、2016年には英国が国民投票でBrexit（EU離脱）を選択し、2017年には米国で「アメリカ優先」を掲げるトランプ政権が誕生した。

2019年から世界に広まった新型コロナウイルスの感染拡大は、経済に打撃を与えて一時的なCO2排出の抑制をもたらしたものの、その効果は長続きしないとみられている。むしろ各国では社会の分断・格差拡大がさらに進んだ。例えばGAFA（グーグル、アップル、フェイスブック、アマゾン・ドット・コム）といったIT大手企業は、企業や個人のネット利用が増え、引き続き大きな利益を挙げているのに対して、大きな打撃を受けた飲食や娯楽業では派遣労働者やフリーランスといった非正規労働者が仕事を失う結果となった。飲食や流通業は女性労働者の比率が高く、改めて男女の経済格差も広がりかねない。

このように株式会社は今、サステナビリティ（持続可能性）の面で、大きな試練に直面している。つまり、地球環境や社会の問題を無視した株式会社の発展は、もはや考えられない。株式会社の所有者は株主だが、従業員や消費者、原料や部品などの調達網（サプライ・チェーン）を構成する取引先、拠点を置く自治体や市民、環境や社会問題の解決を鋭く求める国際的なNGO（非政府組織）といったステークホルダー（利害関係者）にも配慮したガバナンスが強く求められている。それが持続可能性を意識したガバナンス、「サステナビリティ・ガバナンス（略してサスガバ）」だ。サスガバは、企業が環境や社会にも配慮しつつ「優しく稼ぐ」ことを目指す。

だから本章の冒頭、コーポレートガバナンスの今日的な定義を「会社が、不正や不祥事を起こしたりせず、株主らの利害関係者、環境、社会と調和しながら、効率的に価値を生み出す（稼ぐ）仕組み」と書いた。20世紀までは、株式会社は「正しく稼ぐ」ことを求められていたが、21世紀の株式会社は、さらに「優しく稼ぐ」ことを求められる。そのためには社長ら内部の経営陣だけでなく、様々な分野の知見をもつ社外取締役が参加して、あるべき企業のガバナンスを徹底的に議論しなければならない。時代は今や、**「正しく稼ぐコポガバ」**から、**「正しくかつ優しく稼ぐサスガバへ」**と、まさに変わりつつあるのだ。

Sustainability Governance 第 0 章

なぜ今、コーポレートガバナンスとサステナビリティの議論なのか

川本裕子

コーポレートガバナンスを強化することの「目的」は、チェック&バランスを整備することにより、企業が持続的に企業価値を上昇させることである。「持続的に」と言った時に、企業のビジネスモデルが持続可能であることはもちろんのこと、その前提である、社会や経済や環境が持続している（＝サスティナブルである）ことが強く意識されるようになった。気候変動は人間が地球上に住める可能性への脅威であるし、社会があまりにも不安定化しすぎると、国家として盛衰にかかわり、難民の問題や地政学的な危険など様々な問題を引き起こす。そこで企業活動がその企業自体、社会、地球の持続可能性と熟慮しているのか、が問われるようになった。

社会の公器である企業の社会的責任を問う声の高まりは近代においては20世紀の初めに遡る。一つの大きな流れは、「社会的に責任ある投資」という考え方だ。いくつかの例示を挙げれば、1920年代に米国のキリスト教会などが、タバコやアルコール、ギャンブルなどの産業への投資を避ける、というネガティブスクリーニングの手法をとった。1960〜70年代には、ベトナム戦争での枯れ葉作戦などに端を発し、倫理的な価値観をもとに投資する、という考え方が広まる。人種差別、遺伝子組み換え作物、アパルトヘイト、人身売買、強制労働、男女賃金格差などの課題を抱える企業への投資を避けることが、消費者運動とも相まって、投資家の間でも意識された。

レイチェル・カーソンが、化学物質の危険性を、鳥たちが鳴かなくなった春という出来事を通して訴えた「沈黙の春」を出版し、ベストセラーになったのは1962年だったが、環境問題も徐々に取り上げられるようになる。1970年代の石油ショックの頃には、ローマ・クラブが「成長の限界」と題するレポートを発表し、人口と経済の拡大が続けば、地球は危機に陥る、と警告した。

一方で、もう一つの流れとして環境の問題は、発展途上国の開発には切迫した課題だ。1987年国連はブルントラント報告（環境と開発に関する世界委員会）を出し、環境保全を含んだ節度ある開発が大事であることを述べた。これは2000年の国連ミレニアムサミットでミレニアム開発目標（MDGs：貧困や飢餓の撲滅など8つの目標、2015年が期限）を経て後の2015年国連サミットでの「持続可能な開発目標（SDGs）」につながっていくのだが、大きな契機は1992年のリオデジャネイロでの地球サミット（国連環境開発会議）であった。

この場で森林原則声明が合意された。生物多様性条約の署名も開始され、「生物多様性」という語彙が広く一般にも認知されるようになった。

これらの動きが、ビジネスや資本市場とより緊密な結びつきを持つのは、まず2005年にUNEP FI（国連環境計画・金融イニシアティブ）がイギリスの弁護士事務所と共に、ESGが投資方針に組み込まれた時の影響の考え方を整理し、その結論として、ESGがフィデューシャリー・デューティ（受託者責任）と整合的であり、長期的視点を無視することはフィデューシャリー・デューティに反する、としたレポートにある（Freshfieldsレポート）。ESGと言う言葉として登場した最初だとされる。一方で、2006年には、国連のコフィー・アナン事務総長のリーダーシップのもと、2006年にPRI（責任投資原則）が大手機関投資家グループによって策定された。投資決定プロセスにフィデューシャリー・デューティの下で、ESGの観点を組み込むべきとした世界共通のガイドラインである。カルパースをはじめ、欧米を中心に多くの機関投資家が署名をしたが、人々が気候変動を直に感じるようになったことやESGが投資リスクを下げる観点が注目されたこと、などが理由と考えられる。

日本においてはGPIFが2015年に署名をしたが、それまでは、日本におけるPRI投資やESGへの意識は残念ながら鈍かった。2014年にスチュワードシップ・コード、2015年にコーポレートガバナンス・コードが導入されたが、世界の中でコード導入としてはかなり後発である。策定年は英国1998年、ドイツ2002年、韓国1999年、マレーシア2000年といった具合で、各国ともその後何度も改訂をおこなっている。日本は80年代のバブルの後、90年代は不良債権問題と金融不況に見舞われ、世界がガバナンスをはじめとするESGなどの新しい課題に取り組むことに出遅れたこともあるだろう。そのためか、ガバナンス評価のランキングもあまり高くはない。しかし、徐々にESGの概念も浸透しはじめている。日本はガバナンス改革を端緒としたESG改革であるところが特徴的だ。

遅ればせながらではあるが、コーポレートガバナンスの底上げが図られつつある。すなわちこの数年、情報開示や社外取締役導入、議決権行使などにおいて、コーポレートガバナンスの外形的な要件はかなり整備されつつある。わずかではあるが、日本企業のリターンが上昇している、という分析もある。しかし、グローバル競争の中で見れば、時価総額ベースで上位にある日本企業は数社であり、成長にも乏しいのが現実だ。ESG関連への関心についても、「三方よし」が喧伝されるが、欧州企業に比べ、体系的に進んでいるとはいえない。

日本の企業の競争力を高めるためには、何が必要なのだろうか。ネックはどこにあり、解決の糸口はどのようなことなのか。その際にコーポレートガバナンス強化の動きはどのような役割を果たすことができるのか、今の努力の方向性は正しいのか。

2021年、菅首相は温室効果ガスの日本の排出量を2050年までにネットゼロとする目標を打ち出した。目標を達成するためには、大きなジャンプが必要である。政策としても大胆な変革が必要であろう。そのような中で、企業はどう対応すべきなのか。

筆者は過去20年の間、実務家教員としては教壇に立つ一方、国内外の様々な企業の社外取締役、社外監査役、アドバイザリーボードなどを務める機会に恵まれた。また「第三者機関」としての政府の委員会などにも参加する機会を大いに得た。大学院では（平均年齢32歳の）社会人大学院生と海外からの留学生にコーポレートガバナンスの講義を担当した。教壇に立つ前のキャリアは企業経営のコンサルティングであった。本稿では日本におけるガバナンスの課題や解決の方向性、実質化に向けたアクション、サステナビリティをどのようにして経営に入れていけるのかなどについて、「取締役会の現場」という立場から考察したい。その際に気を付けたいのは、日本の問題が諸外国とフェーズが違わないか、注意することだ。よく日本は周回遅れ、2周遅れなどといわれるが、目指す方向は同じでも、段階や課題の根本原因が違えば好事例でも参考にはなかなかならない。いかに咀嚼して自らの進歩に取り込んでいくのかをよく考える必要があるし、世界標準の独自のガバナンスを目指せるなら、ハードルは高いが、それも一案だ。要はどれだけ自分たちで考えられるか、である。

Sustainability Governance 第1章

ガバナンス改革は未来への架け橋となるか

川本裕子

最初にコーポレートガバナンス強化の目的を述べたが、「なりたい姿」がなければ、コーポレートガバナンス強化が何のためかわからなくなる。金融機関を例に、「なりたい姿」を記してみたい。自社や自分の業界に当てはめて考えてみると、イメージがわき、ガバナンス改革の意味合いが明確化するだろう。

ビジネス未来図

20××年の金融機関——デジタル化が大幅に進み、モバイルですべての取引が完了する。ブロックチェーン導入以来取引の安全性とスピード、コストは劇的に進化した。金融グループはテクノロジー会社の色彩が強くなり、顧客目線の商品を法的な事業体を越えて取り揃え、それらを組み合わせた商品ラインナップがAIによって提示される。専門家の意見を聞きたい時はリアルタイムで画像・音声がつながり、顧客は店舗に出向く必要はない。伝統的店舗はほとんどなくなり、様相は様変わりだ。

金融機関のイメージも変わった。前途有為な若者を堅苦しい融通の利かないサラリーマン（ウーマンはもともと少数）にしてしまう、とも揶揄されていたが、今は、中途採用、スピンオフなど人材の出入りの多い活気にあふれた職場だ。日本発のユニコーン（大成功のベンチャー企業）がいくつも生まれ、金融機関は「日本経済ルネッサンス」の演出者として名を高めている。

2010年代後半から本格化したガバナンス改革がきっかけとなって日本の企業体質が大きく転換した。多様なニーズを持つ消費者・企業が、気軽に専門家とAIによる質の高いアドバイスを受けられる組織になったのだ。

フィデューシャリーデューティの徹底で商品の簡素化や開示が進み、個人預金の多くが資産形成に向かっている。若い世代を中心としたシェアリングエコノミーの盛り上がりはとどまることなく、家も「買うより借りる」——今や住宅ローンは形態を大きく変えた。

デジタル化は「高齢者を取り残す」と当初いわれたが、常に挑戦者である「団塊の世代」が後期高齢者になってミレニアム世代の「デジタルネイティブ」に劣らぬリテラシーを持つ人が急増し、心配の必要はなかった。ただし、これはいろいろな業種の企業が顧客動向を詳細に研究し、啓蒙活動と周到に計算されたインセンティブシステムを導入したからである。「得であること」は高齢者の行動を大きく変えた。AIは顧客の認知機能も補える。

ガバナンス改革により、日本の企業の生産性・資本効率性はROE2ケタ後半が常識となっている。同時にファイナンス理論が自然な形で普及して、無借金経営が財務的にはコスト高で、万能ではないことが理解された。大企業のカーブアウト、中小企業は再編統合と新陳代謝が進んだ。企業がたくさんの金融機関と取引をし、金融機関は取引企業の数を競う、といった「多対多」の日本特有の取引関係は資源配分の見地から終焉し、法人部門の担当者は、じっくりと時間をかけて企業のビジネス戦略や再生計画を練ることができる。ナレッジマネジメントの導入による事務作業の軽減、審査や商品設計においてもAIが活用され、人間しかできない判断業務に注力可能だ。

長年の課題であった持合株式は、ガバナンス改革の徹底とともに計画より早く解消し、金融機関が他社の株式の市場変動のリスクを負うことはなくなった。これは、企業側がROE向上の妨げになる株式保有をやめ、中長期保有の投資家を内外に求めたことによる。融資は商品性を高め、リスクに見合わないプライシングは過去のものだ。競合優位性の勝負は付加価値である。

機関投資家等が比重を高め、年金基金が適切なリターンを求める動きを強めたのは、高齢化社会として自然な進展だった。ここでも、選択と集中の戦略決断がビジネスに大きく寄与した。

ビジネスプロセス改革とフラット化

ガバナンス改革の目的である企業価値向上の意義が組織内で共有されると、人々はインプットアウトプットの関係に敏感になり、「何でも安全サイド」よりもコストベネフィットの判断が主流化した。デジタル化や海外展開などが進むにつれ、アジャイルで、トライアル＆エラーの仮説思考が人々の行動様式となった。コストの見える化、業務の類似度判定機能も活用され、グループ内での重複業務の効率化、同様な作業の削減が進んだ。投資家への説明を必要とする取締役会レベルの透明化が、組織の隅々まで生き渡った結果だ。

顧客情報の守秘義務を杓子定規に捉えすぎていた感があったが、トレーニングにより、必要な情報開示の判断力を高め、オープンに物事を言う文化に転換した。当然、内部監査はプロの仕事となり、コンプライアンス案件も激減している。これにはリニエンシー制度の導入も大きかった。

組織文化の改善は、コミュニケーションの向上にもつながった。取締役会を含め、テクニカルな情報満載の分厚い資料で発表するという慣行は消滅し、会社の基本理念を共有し、必要な人員だけが集まり、実質的な議論で意思決定するようになるまで、そんなに時間はかからなかった。

もう一つの大きな変化は組織の階層構造のフラット化だ。たとえば融資業務は、審査AIに補助された融資担当者の専決権限と融資全体のポートフォリオ管理のチェックでスリム化され、上級職者と企業幹部の儀式的な面会は大幅に減った。

これらが積み重なって、迅速なサービス提供や決定へと移行した。情報産業の金融ビジネスにとって、リレーションは重要だが、企業と金融機関のトップの付き合い方も合理化されている。金融機関幹部は宴席で過ごしてきた時間の半分以上を「戦略を考える」時間に充てている。スタッフの頻繁な人事異動も専門性養成や顧客リレーション確保の観点から見直され、従業員間の内向きの歓送迎会の回数も激減した。これはワーキングペアレンツや、家族の介護や看護が必要な人たちにとって福音だっただけでなく、勉学やボランティアなどの時間を確保することにもつながり、従業員の経験と思考の幅を広げて業務にもプラスとなった。

無駄が徹底的に排除された結果、従来に比べ人数が大幅に削減された部署も多かったが、一方でAIと組んで専門的な知識を蓄え、顧客に対応するスタッフは増えた。組織の士気は高い。決済システムのセキュリティを守る、企業の成長戦略やM&A案件を提案する、中堅企業の社長が安心して事業を承継できるようにアレンジする、金融知識に不安のあるベンチャー企業への転出など、プロの仕事は減少するどころか、いくらでもニーズがある。

人事制度の変革

当然、これらを支えるインフラとしての人事制度も大きく変わった。社外取締役中心の取締役会からの粘り強い働きかけに、中堅若手から次第に賛同の声が広まった。前向きな改革が持続的に進められた結果、組織全体として個人の専門性を客観的基準で評価する制度が確立した。伸ばすべき能力や、得るべき知識などを評価者が本人と共有しながら人事が進められ、それが積み重なって役員候補選定に至る。評価者も評価の能力が厳しく問われるようになった。

自然とキャリアパスの作り方を見直すこととなり、専門職や管理職のみならず、経営者の養成プログラムを徹底して作りこんだ。経営職を意識すれば、若い時代から関係会社や出向先でトップを務める機会が大事になる。人事での前例踏襲主義、漸進主義という言葉は死語となった。

「年次」「旧行」「中途入社」「同期」という概念がなくなった。社員の呼称は誰でも「さん」付けだ。本社の社員も3割程度が日本国籍ではなく、日本採用者と海外での採用者のキャリア上の区別はなくなった。勤務地限定のトラックはあるので、日本を含めてある一国にとどまるキャリアもありうる。海外オフィスは現地出身のリーダーたちで運営されている場合が多いが、国籍は問わないので日本国籍の場合もある。ジョブ・ディスクリプションが明確になり、性別や年齢などは議論にならない。事業部内で原則キャリアを積んでいくので、いわゆる人事部の権力は影をひそめ、今や名前も「人財資源開発部」に変わり、個人に最適な能力を伸ばす機能が主体となっている。

新卒での採用人数は大幅に減っていて、昔「中途採用」と呼ばれた人たちが5割以上だ。他社で専門性を養った金融プロフェッショナル、データサイエンティスト、コンプライアンスやリスク管理、人事、マーケティング人材などなど、すべての階層に適材適所で入社する。

採用や評価は事業部が主導するため、事業責任者が人事関連で使う時間は格段に増えている。会議の実質化、プロセス効率化でかつての「役員へのご説明」や「内部調整」は激減したが、その時間を「人」関連に使わなければならず、経営幹部は忙しい。

ちなみに海外の投資家などから位置づけが曖昧、と批判が高まり、廃止に追い込まれた「相談役制度」のその後の運営はスムーズであった。任期を決め、顧客ネットワークの現役世代への引き継ぎに充てた。その後は「名誉顧問」という、大学の名誉教授と同じく、職場に仕事や席、報酬はなく、自らの活動を行う時に使える称号とした。実際にはOB/OGの多くは他社の社外取締役や財団やNPOの理事長・評議員などで活躍し、起業している人もいる。オフィスの心配があったが、コロナ蔓延以来、社員は在宅率が高まり、オフィスではフリーアドレスで、幹部も在宅勤務が可能で、週2〜3日必要に応じて出社する体系になっているので、名誉顧問も在宅、ということである。保守的な経済団体が肩書よりも実質議論重視になったのも大きい。

リーダーシップの涵養

このような変革実施をスピーディに成し遂げられたのは、トップのリーダーシップと説得力に加え、社員一人ひとりのオーナーシップ意識を引き出す仕組みと訓練が功を奏したからだ。慎重かつ革新的な取締役会はグループ全体の改革の戦略について熟慮を重ね、リーダーを全力で支援した。何よりも、幹部人材選定が公正公平に行われているという実感を中堅・若手まで含めた社員が持てたので、社内が一体となって変革が進んだ面が大きい。組織がよりオープンな文化となり、構成員の多様化が進むと、それをまとめるビジョン・価値観の共有も極めて大切になるが、リーダーはその点も疎かにはしなかった。

トップの選び方の透明化については、業況と中長期的な戦略を踏まえ、CEOに必要な資質は何かが、取締役会を含めて全社的に共有された。その資質を目指して、複数の候補が評価、育成されていった。評価基準として、その組織固有の価値観に加え、その時々のビジネス環境に応じた柔軟な基準がその都度話し合われた。社内外の候補者について、第三者による評価やインタビューなど、客観材料も十分に準備された。

社内・社外取締役とも資質やチームとしてどのような人物が適切か、執行部、指名委員会で徹底的に話し合われた。すでに取締役の評価は議決権行使の結果も含めいろいろ議論されていることに加え、第三者による取締役会評価時に個人がお互いを評価しあうピアプレッシャーを取り入れ、取締役の機能は強化された。

合併統合から長時間が経過しても「旧行の枠組み」「旧行ベースの役員人数とポジション」が取り沙汰されていたのは、将来よりも過去を重視していたからだ。ガバナンス改革の最も大きな成果は、過去を引きずる組織から、未来を生きる金融機関への転換を果たしたことである。いかに生産性高く働くかが最も大事なことになり、重苦しい空気はブルースカイに入れ替わっている。

金融機関で例を示したが、ガバナンス改革によって現在の組織の屋台骨を直すのは、あらゆる企業が社会で一層価値ある仕事をするという、大きく高い目標を目指すからである。ガバナンス改革は目標達成のためであり、手段論に終始するのでは所詮意味がない。日本の企業が21世紀に何を目指すのか、あらゆるタブーを取り払ってもう一度議論すべき時に差し掛っている。コーポレートガバナンス改革はそのためにある。

Sustainability Governance 第2章

コーポレートガバナンスの課題とは

川本裕子

コーポレートガバナンスの「実質化」に動く理由：ガバナンス空洞化

企業経営の根幹に関わる仕組み、「コーポレートガバナンス（企業統治）」は日本企業が抱える課題とともに進化してきた。さまざまな法制度やルールも変容を遂げてきている。しかし、特にここ数年の「実質化」を目指す動きは、これまでになかった広がりの議論を巻き起こしている。まず基本となる事柄をおさえたい。

企業経営のあるべき姿とは、企業が法律や様々なルール順守の下で収益を得て企業価値を向上させ、マルチステークホルダー（株主・顧客・従業員・取引先・地域社会等）の満足を得ていることと定義できる。企業統治の目的は、こうしたあるべき姿に向けて企業価値を持続的に向上させることにある。

言うまでもなく、グローバル競争やネットワーク化がもたらす不確実な技術変化の中で企業価値を向上させるのは容易なことではない。未来を切り開くビジョンを掲げ、組織を統率するリーダーが必要だ。しかし、どれだけ優れた経営者も、独断専行・客観性を欠く判断・利己的といった弊害に陥る危険がありうる。つまり、リーダーシップと効果的なチェック&バランスが現代の企業統治の世界共通の課題だ。

これに加えて日本企業の抱える課題がある。まず、収益性だ。日本企業の収益率は国際的にみて高くないうえに、趨勢的に低下してきた。バブル期の後、多くの日本企業の業績低迷が続いている。たとえば、2019年の世界主要企業の自己資本利益率（ROE）平均を比べると、米国30.8%、欧州17.5%であるのに対し、日本は10.1 %である。売上高利益率（純利益/売上高）も米国15.4%、欧州19.1%に対して日本は8.5%だ。

戦後長く続いてきた株式持ち合いに代わり、今でこそ機関投資家等が投資家としての比重を高めているが、1980年代後半以降、ビジネスと所有構造のグローバル化が急速に進展し、経営の透明性と市場規律を基軸とするガバナンスが必要になった中で、日本は金融機関との長期的関係と内部者を主とするシステムが一般的で、ガバナンスシステムとの齟齬（持合株式、規律付けをする投資家が育っていない）が生じてしまった。ガバナンスに空洞が生じてしまったのだ。1990年代には金融市場が低迷し、長期投資家であるべき年金基金と運用機関も短期志向に陥っており、同時に短期的リターンや余剰資金の株主還元を求める海外ファンドも登場したため、企業の短期志向も増長された。海外投資家の所有が大きく増加し、日本企業の情報開示に不満や不安を持つ海外投資家が、ガバナンス改革を要求するに至った、と振り返ることができる。日本国内においても年金基金が適切なリターンを求める動きを強めるのは、高齢化社会としては自然な進展なのだ。

それに加え、不祥事の問題がある。どの国にも不祥事は存在するが、たとえば米国においては、2000年代はじめのエンロン、ワールドコムの会計不祥事の後、サーベンス・オクスリー法（企業改革法、SOX法）ができ、その後は大規模な会計操作的な事件は起きていないとされる。ところが、日本においては、カネボウ、オリンパス、東芝と相変わらず不祥事が続いている。海外投資家などから見て日本企業の意思決定メカニズムがわかりにくい、透明性を高めてほしいという要請がある。「Opaque＝不透明な」は日本の企業社会を表す言葉として使われて久しい。日本企業にガバナンス実質化を求める動きは潮流として底堅いものとなった。

政府も求める「攻めのガバナンス」、ただし、「攻めのガバナンス」は日本的

日本においてコーポレートガバナンスの「実質化」の動きが強まったのは投資家・株主だけでなく、政府が企業のコーポレートガバナンス強化に強い関心を持ち始めたことも背景にある。

我が国は大きな財政赤字を抱え、人口が高齢化している。日本の人口構成を考えると、少ないインプットでいかにアウトプットをあげるかが至上命令になりつつある。2020年代前半までは団塊ジュニアが生産性のピークとなる40代を迎え現状より生産性が上昇する（全要素生産性は平均年齢45.8をピークに山形を描くとされる）。しかし2020年代後半以降に人口動態の生産性への影響はマイナスに転じる。それまでに技術革新力・労働生産性を高めないと経済が凋落する懸念は強い。同一労働同一賃金を実現する労働市場改革などの政策と

ともに、企業内の生産性をいかに上げるのかは最重要課題である。

企業活動が活性化し、働く人の賃金が上がって所得が増え、法人税収が増えていくことが経済運営の根幹をなす。そのためには、不祥事を防ぐといった「守りのガバナンス」だけでなく、企業がリスクをとり、より長期的に収益を生む体質となる「攻めのガバナンス」という考え方が求められ、コーポレートガバナンス・コードにも記されている。攻めのガバナンス、という概念は、日本の経済界で広く使われている。社外取締役が、取締役会において、意思決定の客観性と合理性をチェックすることにより、適切なリスクテイクができないでいる経営陣の背中を後押しするとも説明できる。実際に、指名委員会を設置している場合や独立社外取締役が3分の1以上の場合では、そうでない会社に比べて、事業の再編（切り出し）を行った会社が多い、という研究もある[1]。

ただし、「攻めのガバナンス」という考え方は極めて日本的なようにも見える。そもそも企業家・事業家は、リスクをとってビジネスを推し進めるもので、そのアニマルスピリットがドライバーとなっているはずである。リスクの取りすぎや方向違いなどを正すのが、客観的な立場の社外取締役の役割ということもできるわけで、サポートや応援されなければ、リスクをとったり、(長年赤字であったり、その会社の伝統的分野だったりすることの多い）事業の再編や切り出しができないのは、経営者としていかがなのか、なぜ多くの日本企業の経営者はリスクをとれないのだろうか、現金を貯め込み、投資に回さない、という疑問も出てくる。もともとリスク回避的な経営者を応援したところで、成長への期待は高まらない可能性は高い。実際に社外取締役の役割を、第一フェーズを助言、第二フェーズを監視、第三フェーズを戦略立案として進化系で捉える考え方もある（ボード3.0)[2]。日本の多くの企業は現在、第一フェーズと第二フェーズの間くらいに位置するのであろうが、「リスクをとることを社外取締役が応援する」という考え方はやはり日本独自のものだろう。

---

1 金融庁　CGフォローアップ会議第21回事務局参考資料　II．取締役会の機能発揮より CEO等の選解任、後継者計画、指名委員会等④（指名委員会と事業再編（切出し）の関係性）

2 米コロンビア・ロー・スクールのロナルド・ギルソン教授、ジェフリー・ゴードン教授

「内なるガバナンス」を補う「外からのガバナンス」

企業組織のガバナンスを考える場合、企業の「内と外」に分けてみると有益だ。「内」とは企業組織内部の仕組み・ルールを通じて実行される、常勤の役員・社員による事業の計画や実施、内部監査部門や社内の監査役による監査などである。これが完璧であれば問題も苦労もない。この部分を強化することに日本企業がエネルギーを注いできたことも一面の事実だ。

ただし、日本企業は「わが社」として共同体的に運営されていることが多い。学卒入社・終身雇用・年功序列はその構造の支柱だった。その利点は情報共有が容易なため、全体の方針が正しい限り、組織一丸となって大きな力を発揮できることだ。ただし、歪みも生じ得る。サラリーマンとして、上司や上層部のイエスマンになりやすく、方針が間違った時の修正が早くできない場合がある。内部監査部門や社内の監査役による監査など「内なるガバナンス」は本質的に脆弱性を抱える。

「内なるガバナンス」に対置されるのが、株主から経営陣に対する働きかけを典型例とする「外からのガバナンス」だ。情報伝達や共有が内部ほど円滑ではなく、直接性は弱いという弱点はあるが、組織のヒエラルキーによる歪みは少ない。多くの日本企業では、「外からのガバナンス」を効果的にすることが必要だ。

こうしたガバナンスにおける働きかけは、経済学者アルバート・ハーシュマンの言ったように「ボイス」（意見）と「エクジット」（退出）に分けてみると理解が深まる。まず、投資家（株主）の働きかけとしては、ボイスは議決権行使による意思表示、エグジットは株式売却であり、双方の対応が可能だ。次に、社外取締役は取締役会での意見（ボイス）で役割を果たすが、可能性としてはエグジット（辞任）もありえる。さらに、常勤の役員・社員の働きかけは、日常の業務の中での意見（ボイス）であり、エグジットは通常考えない。このように、ガバナンスが外側から内側に進むにつれ、ボイスが中心となりエグジットの比重は減る。

日本企業では、エグジットの機能も含んだ「外からのガバナンス」が、脆弱な「内なるガバナンス」を補うことが特に大切だ。内外のガバナンスが出会う結節点の一つとして重要な場が、企業の取締役会である。そこでは、投資家からの要請と、実態として人的な集団である企業組織の運営上の要請が、正面からぶつかることもあり得る。それゆえに企業をめぐるステークホルダーの調整の焦点として指導力を発揮し、企業組織を統率していく中核、すなわち企業の頭脳＝作戦本部として機能することが望まれてもいる。つまり、企業統治の課題は、現実には取締役会が実質的に機能しているかどうかという問いに帰着することになる。

日本の企業統治改革——監査役強化の歴史

コーポレートガバナンスは各国共通の問題である。ただ、各国それぞれに制度も歴史も違う中で、画一的なモデルが必ずしも合理的でないとすると、機関投資家などのグローバルロジックに対して説得力を持てるか、がポイントでもある。「国際的に遜色ない水準の企業統治とは何か」を求めながら、日本のコーポレートガバナンスは、大体10年から20年程度の間をおいて、欧米の後を追っているようにみえる。

英国では、1980年代に独立取締役の重要性が認識されるようになった。1992年にコーポレートガバナンス論の先駆けであるキャドバリー報告書が出され、Code of Best Practice（行動基準）の制定、独立取締役の強化、Comply or Explain（ルールに従う、そうでなければ、その理由を説明する）原則などが採用された。この頃から、欧州、米国では、取締役会構成の改革、社外取締役による監視強化、機関投資家の関与など、「外からのガバナンス」の強化が議論された。1999年には、各国のその後の範となるOECDコーポレートガバナンス原則が策定された。

日本の90年代は、不良債権問題、損失補塡問題、総会屋事件などを背景に、漸進的に企業統治への関心が高まりをみた。1993年には商法改正による監査役強化・社外監査役の導入が図られ、株主代表訴訟が容易になり、実際にも大和銀行NY支店巨額損失事件で代表訴訟が提起された。1997年にはソニーが取締役改革を行い、執行役員制が導入され、取締役数の大幅削減が行われた。取締役が数十人もいて、広い会議室でもテーブルに座りきれず、2重にして席を作っていた、というような話もある。

日本の他の先進企業でもこの頃からコーポレートガバナンスを意識した体制整備が行われている。ただし、社外取締役を置く会社はまだ少なかったし、日本に特殊な形態である監査役設置会社における監査役の役割が、海外、特にアングロサクソン的投資家には理解されにくいという問題も存在した。取締役会の意思決定に投票権を持っていない監査役がどのようにしてモニタリングを効かせられるのか実感がわかない、ということなのだろう。筆者も欧州のCEOからこの質問を受け、説得力のある説明をできなかった経験がある。当初、監査役の英文呼称はローマ字表記のKANSAYAKUとしたうえで、Statutory Auditorを補足説明としていたが、国際的な理解を改善させることを意図して、2012年にAudit & Supervisory Board Memberという名称を日本監査役協会が推奨した。ただし、監査役を強化する歴史であったものの、監査役を「取締役2軍」とみる経営陣は少なくなく、監査役強化の環境整備が実際の企業統治の強化に必ずしもつながったとは言い難い。

引き続き存在する海外との「ギャップ」

2000年代に入り、アメリカではエンロン、ワールドコムの会計不祥事とそれに続く経営破綻等から2002年にサーベンス・オクスリー法（企業改革法、SOX法）ができ、内部統制が強化された。

欧州では2004年に欧州会社法が制定される。日本では2002年に委員会等設置会社を認める新型ガバナンスが導入された。これは監査役設置会社との選択制であり、指名・監査・報酬委員会に大きな権限を与えるものである。監査役機能の強化もさらになされ、社外監査役を半数以上とする一方、社外取締役の認知が広がり、責任限定もなされる。結果として、社外取締役に就任することのハードルが下がった。このように日本では2000年代前半に「外からのガバナンス」の体制が整備され、後半には「内なるガバナンス」（内部統制）も議論されるようになったといえる。

2003年には、東証は上場企業に対して決算短信に「コーポレートガバナンス（CG）に関する基本的な考え方及びその施策の実施状況」の記載を求める

(2006年に「CGに関する報告書」として独立した開示)。また、2005年には新会社法が制定され、取締役解任を特別決議から普通決議にすると同時に、社外役員に関する情報開示を義務付けた。2006年には、金融商品取引法が成立し、内部統制に関する経営者報告の提出が義務付けられた。2009年に経済産業省の「企業統治研究会」から報告書が出されるなど、ガバナンスを議論する場がいろいろと設けられた。東証・金融庁・経済産業省・法務省など関係する機関が多すぎる、という意見もあるようだ[3]。

しかし、一方で2000年代後半は、ライブドア事件や村上ファンド事件がもたらした株主重視的発想への反発（揺り戻し）により、株式持ち合いが増加し、買収防衛策導入企業も増加した時期であった。この頃、株主総会でアクティビストファンドの株主提案が増加した。

2010年代に入り、世界では金融危機を経て、金融機関の経営や報酬についての議論がなされる。同時に、格付け機関、会計監査人、機関投資家の責任、議決権行使助言会社など、企業の外にいる第三者に対しての統制が議論されるようになる。日本でも2010年に東証が独立役員届出制度を始めた。

そして、会社法の改正とともに、2014年には機関投資家向け日本版スチュワードシップ・コードが策定され、2015年には上場企業向けにコーポレートガバナンス・コードが策定された。スチュワードシップ・コードもコーポレートガバナンス・コードも3年ごとに改訂されることになっているので、それぞれ2017年と2020年、2018年と2021年に改訂されている。その間、2017年には監査等委員会設置会社、という3つ目の制度が可能となり、一方で、機関投資家と企業の対話（エンゲージメント）を充実させて企業価値をより高めていくことにも注意が注がれている。2022年には、東京証券取引所が市場区分を変え、最上位のプライム市場に入るためには、流通している株式の時価総額による基準と、新たなコーポレートガバナンス・コードの適用が必要となり、企業に緊張感を与えている。

3　『アジア企業統治協会事務総長ジェイミー・アレン氏――企業統治、米欧とアジアの差縮小』（グローバルオピニオン）2021年6月3日「日本経済新聞」

コーポレートガバナンス・コードの原則

コーポレートガバナンス・コードは、OECD コーポレートガバナンス原則を参考に、実現すべき普遍的な理念や目標を示したものだ。株主の権利・平等性の確保、マルチステークホルダーとの適切な協働、透明性の確保、取締役会等の責務、株主との対話を基本 5 原則として挙げている。

こうした一般的な「原則」に各企業がどう対応するのかは、自主性に任されているのが重要な点だ。原則から離れても、ルール違反として断罪されるわけではなく、その理由を説明すればよい（Comply or Explain）。各企業の自由と創意工夫を尊重していることの表れだ。これは日本のルールの中でも新しいアプローチだろう。日本ではどちらかというと、「お上に従う」といった傾向が強く、自分の方針を明確にして、意志を通す、ということが多くはないように思うからだ。イギリス的な Comply or Explain の発想が日本で導入されることによって、日本の思考力が強まることを期待している。ただし、東証は「コンプライ率」といった数字を公表しており、comply しない場合のプレッシャーにもみえて、規制色が強まっているともいえる。

欧州・米国ではすでに取締役会は社外が大半であり、形式の議論は終わっている。これに対して、日本では 2015 年に、2 名の社外取締役導入の是非が大きな議論を呼んだことに始まり、相変わらず、社外取締役の数値基準にかなりの注意が払われている。世界の趨勢からみればかなりギャップがあることは否めないだろう。筆者が重視する「ギャップ」とは必ずしも「何人社外が必要か」と言った形式的な差ではない。何のためにガバナンスを議論するかという実質面でのギャップである。

Sustainability Governance 第3章

取締役会の改革が、ガバナンス改革の出発点

川本裕子

企業価値を最大化するための仕組みをどのように設計するのかが、コーポレートガバナンスを語るうえで欠かせない。本章はその仕組みの中でカギを握る取締役会の改革について考える。

コーポレートガバナンス・コードの導入で変わる企業

コーポレートガバナンスが議論される背景に、日本企業の長年にわたる業績の低迷と不祥事の発生、外からみた時にわかりにくさ（不透明さ）があること、企業統治の要の一つは取締役会が適切に運営されることはすでに述べた。現在の日本のコーポレートガバナンス・コードは、OECD コーポレートガバナンス原則を参考にして実現すべき普遍的な理念や目標を示した5原則（株主の権利・平等性の確保、マルチステークホルダーとの適切な協働、透明性の確保、取締役会等の責務、株主との対話）を基本として、基本5原則のもとに、30の原則があり、さらに38の補充原則を置いている。

実際に変化があったかといえば、たとえば社外取締役などの設置については、2020年に2人以上選任している企業が98.5%、1/3以上が74.2%であり、2014年の21.5%、6.4%[1]と比べると隔世の感がある。利益率・売上高営業利益率や株主還元も改善傾向にある。ただし、米・欧州には届かないし、また政策保有株式の残高は減少したが、一部が岩盤のように残っているのも実際である。企業グループ内の持ち合いはすでに処分済みでも、「どうしても売らせてくれない先」が共通して残っている。

会社によって相当な差があるのも確かで、歴史が長くトップの意気込みが強い企業では、独立社外取締役との距離感もうまくとっており、機能を十分に活用しているが、歴史が長くとも、形式的に終わっていて、しばしば「ダメな例」として話題になる企業もある。歴史が短くとも、リーダーシップで急速な改革が進む会社もあれば、トップ自らが「指名委員会の意見はもらっても、任命できるのは経営トップだけ」「利益さえ上がっていれば体裁を整えておく程度でよい」と公言している会社もある。全体の底上げはできつつあるものの、

1　東京証券取引所

チェック＆バランスを埋め込むという「ガバナンス」という概念の浸透はまだまだ時間がかかりそうだ。

代理人問題が起きる理由

コーポレートガバナンスは新領域であり、ファイナンス・経済学・会計学・法律・経営学・組織論など様々な原則に影響を受けている。理論的に説明をする時に、「代理人問題（プリンシパル・エージェント問題）」が最もフィット感があるが、ステークホルダーについての意識が高まるにつれ、その部分を考慮に入れる必要があり、今後も理論的根拠は追求されていくだろう。一つだけ紹介すると、Tricker（2009）[2]は

「コーポレートガバナンスはいまだ、一つの広く受け入れられた理論的なベースや共通に認められたパラダイムは持っていない……この領域は現実を適切に反映した概念的な枠組みを欠いている」（筆者訳）と述べている。

代理人問題とは本人が代理人に仕事を委任する時に、代理人が本人の利益を犠牲にして代理人自身の利益を優先することがある問題だ。本人は、代理人にインセンティブ（報酬）を与え、その仕事ぶりを監視することで対処しようとする。しかし、代理人にしかわからない情報がある場合、つまり本人と代理人で「情報の非対称性」がある場合には監視は必ずしもうまくいかない。

企業統治においては、企業の所有者である株主が本人であり、経営者を代理人として選び、報酬を与えて業務を委託していると考える。その場合、経営者（代理人）は必ずしも株主（本人）の利益を最大化するように行動していないかもしれない。たとえば経営者が収益拡大に必要となる事業上のリスクをとら

2　Tricker, B(2009) Corporate Governance: Principles, Policies and, Practices, Oxford University Press
'Corporate governance, as yet, does not have a single widely accepted theoretical base nor a commonly accepted paradigm….the subject lacks a conceptual framework that adequately reflects the reality of corporate governance.'

ず、自分の在任中は安穏な生活を享受しようとする場合だ。日本企業の株主リターンが高くない原因をここに求める意見は多い。こうした文脈で、CEOをリーダーとする経営者の選任や、取締役会の果たすべき機能が問われている。

会社の内部だけを考えても代理人問題は存在する。この場合は経営者が本人で、従業員が代理人として捉えられる。本人（経営者）は、従業員という代理人に報酬を与えて業務を委託し、業績を監視する。報酬は労働に対する対価であり、業績監視は人事評価によって行われる。しかし、代理人（従業員）は業績のサボタージュなどにより代理人の利益を優先してしまうかもしれない。

会社は誰のものか、という議論は不毛

企業が代理人問題を乗り越えて、企業価値を最大化するための仕組みとしてスタートしたのがガバナンスである。会社内部についてみれば、経営者と従業員の間の報酬と業績監視のシステムがうまく働くように、各企業は人事制度や内部監査などの仕組みを工夫している。

しかし、ここでいう「本人」、すなわち株主の存在が意識されるようになったのは、日本では極めて最近だ。低配当をはじめとして株主還元は低く抑えられ、「株主＝本人、経営者＝代理人」という枠組みで株主を捉えている人は少ないかもしれない。どちらかというと、自分が「本人」で、資本に対してリターンを払っている、という意識だったかもしれない。関心を払ってこなかった株主に対しての関心を高め、ステークホルダー間の関係をリバランスしているということだ。

本人（株主）と代理人（経営者）の間で情報格差をなくす、すなわち経営者が「説明責任」を果たすには企業の情報開示だけでは十分でない。取締役会で実質を議論し、衆知を尽くして決定することが求められる。ここで取締役会の構成員が問題になる。客観性を保つために、多様な意見を持つ社外取締役が必要だ。

いずれにせよ、企業は、株主の資本、経営者のリーダーシップ、従業員の働きのどれが欠けてもうまくいかない。会社は誰のものか、という議論をつきつ

めても不毛だ。いかにそれらを最大限に機能させて、企業価値の持続的最大化を図るかが本質だ。

シェアホルダーリズム（株主優先主義）とステークホルダーリズムの課題

シェアホルダーリズムとは市場主義経済学の考え方で、企業の社会的責任とは自由な競争の中で利潤を増やすことであり、企業経営者の責任は株主に対する責任であるとする。企業利益の追求は資源の有効利用を通じて社会的利益につながり、経営者が社会的目的の名目で企業資源を利用することは、株主に対する希少な経済資源の有効利用を損ない、社会的利益を低下させる(Friedman, 1970）という考え方だ。シェアホルダーリズムは経営陣にわかりやすいインセンティブを与えるが、株主に対しての利益最大化が社員、取引先、地域社会などのステークホルダーに対して外部性があるので、これをいかに防ぐのか、が課題となる。

一方で、ステークホルダーとは、企業活動の利害関係者、企業活動に貢献する、または経営に影響を与える主体と定義できる。逆に企業活動や経営から影響を被る主体でもある(Freeman, 1984)。

内部ステークホルダーとしては、経営者、従業員、内部株主、外部ステークホルダーは資本家（株主)、債権者、取引先、消費者、地域、規制当局、多様なステークホルダーの代理人として政府、NPO・NGO、メディアが挙げられる。

シェアホルダーモデルが株主価値の最大化、経営者の株主への責任を追及するのに対し、ステークホルダーモデルは企業価値の最大化、経営者のステークホルダーへの責任を問う。

株主だけでなく、企業にとってのあらゆるステークホルダーを重視する考え方に軸足を移す企業が世界中で増えている。しかし、株主に対してのリターンというシンプルな物差しで評価するのと違い、評価の基準が必ずしも明確でなく、経営者の責任が曖昧になる、という指摘がある。ステークホルダーの多様性と利害関係の複雑さを考えれば、ステークホルダーすべてにとっての最良を考えるのは大変に難しいことだからだ。経営者の意思決定の難しさを物語るし、一方で、株主による評価の難しさも出現する。

2019年8月米主要企業の経営者団体ビジネス・ラウンドテーブルが「株主市場主義を見直す」という声明を発表したことによって、「シェアホルダーリズムは終わった」という論調も増えた。この声明の背景には、気候変動による危機や社会的不平等の拡大、社会的意識の高い若い世代の姿勢の変化、インターネットやSNSでの透明性革命により企業の説明責任がより広く求められていること、一方で政治対策もあるとされる。しかし、議論はそれほど単純ではない。経営陣に裁量を与えすぎることにより全ステークホルダーへの悪影響を指摘する議論もあるし、シェアホルダーリズム以外で、適切なインセンティブ設計は難しいとの指摘もある。

また、アメリカでも1950－70年代には株主以外のステークホルダーの利益に配慮すべき、という見方が有力であったし、「ベネフィットコーポレーション」＝環境・コミュニティ・従業員などすべてに利益を生み出す企業形態が35州で法制化されており、シェアホルダーリズム一辺倒でもない。

要するに、いかにして、現在の欠陥を修復して、よりよいモデルを追求するのか、ということが考えられるべきで、「これからの○○モデル」という議論は必ずしも正しいアプローチではないと思う。

取締役会による実質的な議論

取締役会の議論の質は、執行側が明確な論点整理をすることで大きく変わってくる。取締役会の議題選定や運営が極めて大事である。社内独自の語彙や長年の文章スタイルの慣習、さらには根強い伝統的価値観などがあると、社外役員には意味不明な時もある。つまり、会社外でも意味が通じず、対外的に説明できないことになる。客観性をできるだけ保つ努力が必要だ。

客観性を保つためには、いわゆる「あ・うん」の中身を点検する。その時の基準は常に、企業価値にプラスかどうか、だろう。テクニカルな情報が羅列された分厚い資料で議論しようとするのではなく、正確な要約と明確な論点整理が大事であり、それでこそ一定時間内の会議による意思決定が可能になる。

取締役会で最も大事なことは、何のために存在する会社か、その会社の基本理念が常に共有されていることだ。最近「パーパス（目的）」という言葉が広く認識されるようになった。執行側がその基本理念にもとづいて戦略や事業計画を作成し、取締役会が実質的な議論のうえで承認、決定していく会社は正しく実績を上げていける。

議題設定、議事進行で取締役会議長が適切にリーダーシップを発揮する必要があるのは言うまでもない。英国ではCEOと取締役会議長を分離する工夫をしている。米国では社外取締役の中で筆頭取締役を決め、執行との議論が円滑にいくようにしている好事例があるが、日本でも筆頭取締役が社外取締役の議論をまとめたり、投資家と議論したり、という例も出てきている。日本の場合にやや特異なのは、「取締役会議長」を務めていない「会長」が存在することだ。もちろんタイトルのつけ方は自由だし仕事の内容が決まっていればよいのだが、会長は本来はChairman of the Boardで、取締役会議長がCEOなどの場合には、会長に対応する役職は海外ではあまり見ることがない。ローマ字でKaichoとしているケースもあるようだ。

中長期的な戦略を議論するためには、経営・財務情報が的確に、かつ十分に前もって取締役会に対して報告される必要がある。審議時間を確保することはもちろんのこと、社外取締役の質問に執行部の担当者が答えるだけでなく、取締役会がチームとして議論を練り上げていくようになるには、相応の経験が必要だろう。

正しいアジェンダ・セッティングのためには、独立社外取締役から取締役会の議案を募ることも含め、どの議題をどのタイミングで議論するかにも気を配る必要がある。議論が本当に活発になり、説得力のある結論が導き出せるようになるためには、いわゆる「更問」ができる取締役会であるかがポイントのように感じる。優れた社外取締役が結集していても、政府の形式的な審議会のように、１人１回意見を開陳する、という方式では本当の議論にはならない。案件が重要であれば、何度も取締役と執行部、取締役間、執行の中でも意見が交わされる取締役会は本来の姿として、その機能を発揮できるだろう。

CEOを指名し、監督・支援する取締役会

株主は最適な経営者に業務を委任したい。したがって、時代環境に即応したトップが適切なプロセスで選ばれているという信頼が必要だ。企業の中枢にいる社長の指名権の透明化に対して、内部の心情的な抵抗感が強いのは日本に限らない。海外でも抵抗は強かったが、機関投資家からのプレッシャーや規制により、透明化が進んできた実態がある。社外取締役で構成される指名委員会をつくり、複数の候補者を審議していくことがデフォルトになりつつある所以だ。

海外投資家の中には、多くの日本企業でこれまでみられたように、後継社長の選任は社長の専決権限とすること、すなわち社長が誰にも相談せず、続投をしたり、次の社長を決めるやり方で本当にベストの人を選べるのかという疑問が根強い。

日本ではCEO任期は4年あるいは6年といったきまりがある企業も多い。これをCEOに対する規律と捉える意見もあるが、任期と企業のパフォーマンスが無関係なのではないかという疑問もある。日本では経営陣の報酬は低く、米国のように「金銭的強欲」が問題になることは少ないが、金銭がインセンティブにはならないなら日本の経営者がリスクを負うインセンティブはどこから生まれるのかとも不思議がられてもいる。報酬が低いままにしてあるのは、後継者は必ず日本人という前提があるからという懸念もある。

CEOの指名に加え、報酬が低いために日本人以外が取締役候補になりにくいのも実は看過できない問題である。海外展開などをしている場合、現地のスタッフの方が報酬が高く、日本のCEOの地位が低いと認識されてしまい、求心力が弱まる危険さえある。

取締役会の最適構成

社外取締役が取締役会で多数であれば、透明性や客観性の課題はとりあえず改善する。しかし、伝統的な日本の企業統治は、内部取締役が多数というのが実態だ。若干名の社外取締役を加えると、多少は議論が多様化したり活発化し

たりするかもしれないが、状況はそう変わらないだろう。

懸念の１つ目は、取締役会による執行への監視が不十分になることだ。常勤の役員による経営会議で上司たる社長のもと意思統一されたはずの案件を、社内取締役が取締役会で反対する可能性は極めて低い。社長の選解任や継承計画を、社長の部下である社内の取締役が「議論」して意思決定する、という想定自体がフィクションに近い。社内取締役が執行を兼ねている限り、人事権を持った社長の部下（経営者本人に対しての代理人）であり、機能を果たせない懸念は大きい。

また、２つ目の懸念として、CEO以外にも多数の社内取締役が意思決定に参画することでCEOの責任が不明確になる場合がある。上記の、社長の暴走を誰も止められないというケースとは逆に、CEOの力が弱く、他の社内取締役の独断専行が放置され、効果的な事業の選択と集中ができないと言ったような場合だ。

もちろん、理論的には、社内取締役が多数の取締役会が、株主の利益を最大限にしようとしている、と主張することは可能だ。しかし、人間行動を考えれば、多様な知見を持つ社外取締役が取締役会の多数を占め、その取締役会の信任を受けたCEOが、取締役会の監視と支援の下で執行業務に全力で取り組むのが理想だといえる。執行と監視の責任分担が明確化された企業統治が今の多くの日本企業の目指すべき姿だろう。

外部会計監査人の役割

ここで外部会計監査人の役割について触れておきたい。会計監査は第一義的には、投資家や債権者などの財務諸表利用者のためのものだが、作成者である企業にとっても来し方行く末を見定める海図のようなものだ。監査の過程で得られた情報や発見は、経営にとって有用な示唆がたくさん含まれていて、そのような発見が監査役、そして経営者や取締役会などにきちんと届けば、監査報告の価値がより意識されると思われる。

社外役員が自らの責任、つまり企業の戦略的方向性は間違っていないか、説明責任は果たしているか、といったことを監視する役目を果たすためには、判断のもととなる十分な情報が必要で、有用な情報はなるべく多い方がいい。多様なバックグラウンドと経験を持ち、視点も異なる社外役員に、有力なツールを提供する、ということでもある。

企業ももっと監査に期待していい。正しい緊張関係を維持することは言うまでもないが、単に情報開示によって市場の信頼を得るにとどまらず、経営に役立てることは十分に可能なはずだ。特に重要な課題や、単年だけでなく継続的に留意すべきポイントを示してもらうことは、執行役にとってはもちろんのこと、社外の監査役や取締役にとって貴重な機会である。その結果、取締役会での議論が深まり、執行役もより緊張感を持って業務にあたるようになれば、当然ながら経営にも良い影響をもたらす。

公共の利益という点からいえば、結果的にではあっても不正会計を見逃す監査の質に対して、日本だけでなく世界中で厳しい目が向けられている。会社ぐるみの大規模な不正が長年にわたって見逃されたり、突然倒産するような企業が出ると、世間一般の感情としてはどうしても監査法人に対する信頼を裏切られたような気がしてしまう。社会の期待と実際の監査業務の乖離を指す「期待ギャップ」はよくいわれるところだが、それで議論を終わりにしてはならない。フィナンシャル・ゲートキーパーとしての役割をいかに果たすか、より積極的な関与を期待したい。

今後の進歩も大きそうだ。デジタルテクノロジーだけでなく、アナログの領域でも、たとえば監査役監査、会計人監査、内部監査の三様監査はそれぞれ別の役割を担っているが、その違いを踏まえたうえで、今以上に相互連携を図ることで、不正や誤謬をいち早く発見することも可能になるのではないだろうか。

監査人と監査役、取締役等との議論の機会を今よりも増やすこと、その中身もより活発で建設的なものにする必要がある。

日本の大企業はいまだに封建的な体質を残しているところもあり、同質性が求められる。そこに風穴を開けていくためには、多様で多層的な社外の視点が必要だ。取締役会で本質をついた「正しい質問」をすることは社外の取締役および監査役の最も大事な仕事だとよくいわれるが、これはとても難しい。外部監査人からの情報は、いろいろなことを考えるきっかけにもなるだろう。

KAM（監査上の主要な検討事項）が導入されることになり、監査の過程で監査役等と協議した項目のうち、監査人が特に重要だと判断したものを監査報告書に記載するようになり、これにより外からは見えにくかった監査のプロセスが透明化される。結果として同じ無限定適正意見であったとしても、企業ごとに、監査人がどこに注目して重点的に監査したのかがわかれば、企業と投資家との対話が増える。KAMが前提となることで、監査人と企業との間にも一層の緊張感が生まれて対話が増える。単に監査報告書の改善にとどまらず、監査を含む企業開示そのものの変革につながる動きである。

サンプリングやリスクアプローチという手法をとるにせよ、膨大なデータをチェックする監査業務は、AIの活用が進むことでその方法論を大きく転換させることになるはずだ。そうなると会計監査人の仕事の仕方も変わる。監査法人における人材育成や評価のシステムも見直す必要が出てくるだろう。

第4章 社外取締役の役割と限界

川本裕子

取締役会――「ご説明」から実質審議への進化

日本企業に求められているのは、ガバナンス問題の中核に位置する取締役会の実質化だ。これまでの慣行や発想を大きく変えるために、どのような挑戦があるのだろうか。社外取締役への期待が高まり、社外取締役を充実することは大きな貢献をするだろうが、決して万能ではないことが認識されるべきだ。

経営は、「虫の目」「鳥の目」「魚の目」がバランスよく揃ってこそ可能だとよくいわれる。取締役会の資料がどれも「虫の目」的であると、なかなか「鳥の目」の議論がしにくい。執行側が細かい実務の情報の中から経営の最重要課題をピックアップして議論する、という習慣が日本企業ではまだまだ一般化していないのかもしれない。

日本の経営者は従業員の延長で、取締役会も現場の延長だ、とよく言われるが、そうだとすると発想の転換は容易ではない。現場重視が強調される日本では時にボトムアップが幅を利かしすぎる場合がある。ボトムアップの小さな判断の積み重ねで、部下が上司の真意を想像し、「原則に合った判断」よりも、「上司がうなずく判断」を選んでしまうと、ますます組織は間違った方向に進んでしまう。

取締役会をセッティングする事務局側にも工夫が求められる。大企業でも(官庁でも)「ご説明」はよく行われている。「根回し」ともいわれ、日本の美風とも言われる慣習だ。しかし、多くの大企業の執行側からみて、取締役への「説明」とは、「情報提供」というよりも「(結論も含めて) 分かってもらうこと」「わかるように教えること」の意味で使われているとの意見も聞く。前提にあるのは執行側がすでに決定している事項に対して議論はしても決定が変わる余地はない、という考え方だ。本来、「説明」「報告」「審議」は意味が全く異なる。これまで多くの企業で、取締役が取締役会で実質的な議論をすることは想定していなかった残滓ともいえる。

取締役会では、目的を共有しつつ、冷静に、異なる意見を統合していく会議体のスキルが求められているのであり、出席者の中で多様な意見が自由に出合うことが大事である。執行側による事前の「説明」はあくまで正確な知識を提供して取締役会の議論の質を高めるのが目的であり、特定の結論に導くものではない。社外取締役の意見で、問題点を再考し、考え直したり、方向を少し変えたり（時にはもっと事業を拡大する方向に修正されたり）ということも始まっている。そのためには議論を積み重ねて、物事を練っていく、という技能が必要だ。経営課題を適切に議論する技能、それが多くの日本の取締役会に求められている。

同質性の危険を乗り越える——村人と旅人の協働

日本企業は従業員が極めて高い同質性を持っているのが特徴だ。終身雇用・年功序列の慣習があり、中途採用もこれまでは少なく（中途、という言い方自体が終身雇用を前提としている）、ウチソト意識も強くなる。労働市場の流動性が低いことも大きな背景だが、出世レースのゴールとしての「取締役」の位置づけがある。同質性が強いがゆえに、社外取締役に対しては大きな抵抗感がある、といわれてきた。活用しようとする発想が少なく、「社外取締役は役に立たない」という声もいまだある。社外取締役の適任者がいないという意見もよく聞かれるが、そもそも探す気がないのでは、とも感じる時もある。さもなければ、経営陣のネットワークの狭さを自己申告しているようなものだ。

取締役ポストを「役員レースのゴール」「社長から任命された昇進ポスト」とする意識を捨て、取締役本来の役割を再認識しなければいけないのだが、慣性の法則はそう簡単には変わらない。また「同じ釜のメシを食った」人しか信頼できないメンタリティも問題だろう。社内や業界の常識では限界があるので社外取締役を招聘しているはずで、「社外取締役は社内や業界を知らない」という見解はそもそも的外れだ。

執行知識が不十分な取締役会が執行に過剰介入する危険はもちろんある。執行側が「アドバイス」を求めすぎるケースや、社外取締役の人選の偏りによるケースなどかもしれない。日本ではこの点が強調され、委員会設置会社で業績不振や不祥事があるたびに、「社外者に経営を頼るからだ」という論調が多くなるようだ。しかし本来、あるべき姿とは、CEOに執行権限を集中させ、独立取締役が多数を占める取締役会が監視に徹することだと思われる。常勤の執行陣（村人）の過度な同質性がもたらす弊害を乗り越えるために、独立取締役

（旅人）を活用したガバナンスによって企業価値が向上する可能性を伸ばすべきなのだ。

人事制度改革は役員段階が最も重要

今後のCEOを含む役員選定のあり方もガバナンス改革の根幹をなす。まず、現在の業況と中長期的な戦略を踏まえCEOにはどのような資質が必要か、社内で共有されている必要がある。複数の候補がある一定の時期から、その資質を目指して育成されなければならない。その組織の価値観を体現している人物である必要があるが、硬直的なのもよくない。

ビジネス環境はめまぐるしく変わるものであり、その時々に必要な資質も変化しうる。それが明確化されていることが重要だ。その選定プロセスについては、社外役員を含めた検討委員会のメンバーに、候補者の資質を理解できるような機会を日頃の業務に組み込む。候補者には社内だけでなく、社外者も含まれる場合もあり得る。そのためには、人事部の持っているデータだけではなく、第三者による評価やインタビューなど、客観的な材料が十分に準備されることが必要だ。

このようなことを成り立たせるためには、組織全体で人事評価の基準が明確にされ、長年にわたる客観的データにより人事が判断されることが前提になってくる。自分の専門性や強み、これから伸ばすべき能力や、得るべき知識などが評価者と本人との間で共有されていることが重要だ。この観点で、CFOやCROといった業務内容をきちんと定義したポジションをとる会社が増えているが、もともとの専務・常務といった肩書は、必ずしもその人の専門性を表しはしない。

専門性や強みなどが必ずしも明瞭でないことが積み重なって役員候補選定にまでなっていく。日本企業の役員の経歴は、入社後、○○課長、○○部長、常務、専務への就任年月はわかっても、人材の強み、どのビジネス分野を専門・得意として、何を成し遂げてきたのかという点は不明なことが多い。社外の人による評価や、社外からCEOの候補になりうるといった概念がもともと希薄であったからだと思われる。

数年間、取締役会などでの発言や説明・応答の観察、その後の指名報酬委員会による面接だけで、トップの資質が社外役員にわかるわけがない、という主張も根強い。学卒入社で30年以上一緒に仕事をしてきたからこそ、その人を理解できるという自負を語る幹部も多い。

しかし、実際のところ、取締役会での発言や反応・対応、一定の時間をかけた丁寧なインタビュー、ピアレビュー（成果を同僚などが詳細に評価すること）や部下を含めた360度評価の結果など併せてみれば、仕事をするうえでの資質はかなりわかる、というのが実感だ。もちろん指名報酬委員会の委員は資質を見抜く力を養い、その人物を評価する前提となる機会の確保や資料の読み込みに十二分の時間を割くべきである。しかし、「長い間付き合わないとわからない」というのは終身雇用・年功序列の考え方をもとにした思い込みのように思う。逆に「新人の時の失敗」がいつまでも印象の中で尾を引いてしまう懸念もある。

社外取締役をどう選ぶか

社外取締役がその機能を適切に果たすためには、会社の状況について、就任時から常にアップデートした情報が提供されている必要がある。取締役会への参加だけでなく、執行部や常勤の内部監査の担当者との面談、ビジネス現場の視察なども有益だ。

社外取締役がCEOの選任に自信を持って対応できるようになるためには、そのビジネスを十分に理解し、候補者たちの資質を判断できるような環境が必要となる。おのずと社外取締役が会社に対して使うべき時間は長くなる。監督機能を果たすためには、「月1回2時間の取締役会の開催回数の75%に出席していればよい」というかつての「相場」は変わってきている。(75%は、議決権行使会社が、その取締役への選任議案に反対しない出席率)。

すでに欧米では取締役の兼任が多すぎること（Over board）が問題とされている。日本でも取締役会への出席率のみならず、どのようにその取締役が貢献しているのか、取締役会評価や取締役評価で実態が示される時代になっている。社外取締役が増加するにつれ、そもそもどのような専門性を社外に期待するのかを明確化する必要も強まる。社外取締役はチーム、ファカルティとして、スキルや経験のポートフォリオを開示することもガバナンスコードで求められるようになってきた。

つまり、社外取締役もスペックが厳しく問われるようになる。CEO個人や執行部が選ぶのではなく、CEOを選ぶプロセスと同じように、指名委員会で複数の候補者の中から選んでいくことが自然な展開だ。これまでは関係会社などから着任する指定ポストになっている場合もあるが、個人の専門性や特性をみての選択になっていくだろう。

社外取締役としての適性をどう見抜くのか、という点も課題だ。胆力があり独立性を保てる人なのか、会社とのフィットはどうか、という評価を顧問などの役割を依頼して、確認している会社もあるし、たとえば政府や経済団体の委員会で一緒に仕事をした経験なども有力材料になる。そういう評価ができるよう、執行側も幅広いネットワークを持っている必要もある。またその面で社外取締役を活用するという手もある。

社外取締役といえば会長・社長経験者を望む声は強い。確かにトップの経験は大きい。ただし、肩書を重視しても実質面では期待外れになる可能性もある。オープン、自由闊達な企業であれば執行役員経験者でもきちんと意見が表明できて、ひとつの部署を統括していれば全体感をもった運営経験がある。会長・社長経験者が必ずしもあらゆることに精通しているわけではない。BtoB BtoCでは顧客もビジネスモデルも大きく違うし、経験したBS/PLのありようで、ファイナンスへの考え方や経験が全く異なる。旧式な企業では会長や社長といえどもイエスマンにすぎないかもしれない。「厳しくとも現実や課題を言ってもらい、自社を少しでもよくしたい」ことを望むのであれば、要は人物次第である。権威づけだけの社外役員はかえって有害だろう。「社外取締役にしてやっている」でも「なってもらっている」でもない、企業価値にとって有効なボイスになる、そういった機能的な関係をいかに築けるかが大切だ。

不祥事防止における社外取締役の機能と実効性

昨今も話題に事欠かない企業不祥事だが、一旦発生すれば企業価値の急速な低落を招く。企業の不祥事防止に、社外取締役はどのように関与・貢献できるだろうか。時間や情報の制約からすれば、社外取締役が不正を直接摘発することはなかなか難しそうだ。しかし、経験事例から学び、独自の情報収集への努力を怠らず、不祥事の可能性への感度を研ぎ澄ますと共に、企業の内部統制の仕組みと連携していけば、不祥事を生みかねない企業体質を早期に見出し、是正への動きに貢献することは十分可能なのではないか。

取締役会では、上程された事業活動に関する議案について、「法令や定款などに違反していないか」「社内決裁ルールなどに違反していないか」といった、コンプライアンスの観点からの質問を社外取締役が投げかけることにより、執行部に対して規律が働くのは確かだ。

大企業では一般的に法令をチェックする部署は多いが、社外取締役が適宜確認することによって執行部の法令遵守の精神を鼓舞し、その重要性を尊ぶ文化を醸成することに意義がある。そして、もし取締役会に上程される議案の中にコンプライアンス違反が発見されたら、社外取締役は内部管理体制の総点検を積極的に推進する必要があるだろう。

ただし、コンプライアンス違反が意図的に行われていた場合、これを社外取締役が迅速に察知するのは難しい。意図的なコンプライアンス違反は巧妙に隠蔽されているはずだ。時間的に制約のある社外取締役が名探偵のようにこれを解き明かし、白日の下に暴き出すことを期待するのはあまり現実的ではない。もちろん、内部監査部門や監査役、さらには外部監査人との連携を深め、コミュニケーションを密にとることによって、少しでも悪質な違反の発見確率を高める努力は怠るべきではない。

他方、不祥事と呼ばれるものには、悪質な違法行為までには至らずとも、社会的常識や道義的責任の意味で規範を逸脱し、企業が信用を失う例もある。業界として長年続けてきたやり方が、知らず知らずに世間の常識と大きく乖離してしまったような案件だ。たとえば、生命保険・損害保険等の不払い問題の事例では、顧客側から申請がなければ保険を支払わないという商習慣が、かなり広く業界に浸透していた。問題が明確になった後、保険会社はこうした商習慣を見直し、契約に従って保険事象の発生を認識した時点で会社の方から進んで保険料の支払いを行うようになった。

こうした業界慣行と社会常識のずれは、「外の目」である社外取締役が指摘できるし、それが期待される問題だ。商慣習やビジネスの進め方に何かおかしいと感じた時に、取締役会で積極的に質問、発言することが重要だ。これは法令違反に限らず、不祥事の温床になりうる組織風土についても同様で、違和感があれば躊躇なく指摘することが、気づきを与えることになる。

実際の社外取締役の行動

では、実際に不祥事のあった企業で社外取締役はどのように行動していたのだろうか。

第三者委員会の報告書でみてみたい。まず、シェアハウスなどの不動産投資向け融資で不正が多数発覚したスルガ銀行の例である。スルガ銀行は先進的金融機関としての定評があった。社外取締役も2000年にすでに導入されていた。2017年6月時点で取締役総数11名の中で社外取締役は3名、コーポレートガバナンス・コードの多くの規定を順守し、取締役の取締役会への出席率も良好だった。

しかし、取締役会への報告は問題企業が破綻するまでなされなかった。中村直人弁護士を委員長とする第三者委員会調査報告書（2018）によれば、取締役会は月1回約1時間で、「社外役員は活発に発言していたが」「議案の『是非について議論』となったことはなく」「すべての議案が原案のまま承認可決されている」とある。社外取締役にとっては、取締役会がほとんど唯一の情報収集の場であったようだが、執行側が選んだ情報と議案が説明されるだけで、「社外取締役側から主体的に収集活動をして得られたものではない」という。報告書は「取締役会は適時に情報を得られなかったので監督機関としては全く機能しない状況」と結論づけている。社外取締役がそもそも不正を指摘する立場に立てていなかったといえる。

制度融資を利用した不正融資が全国に広がっていた商工中金については、国廣正弁護士を委員長とする第三者委員会が詳細に調査した。その報告書（2017）は、現場が「銀行員としての基本的な価値観を無力化する」「空気に押しつぶされていた」とし、不正に「声をあげない現場」と表現している。不正は経営トップに伝わることなく、経営トップ側が感知することもなく、長きにわたって蔓延していた。「疑義の支店から本部への第一報、対応経過及び対応結果のいずれについても、社外取締役２名には報告されていない。また、取締役会、経営会議においても、本件疑義について一切報告されていない」。ここでも社外取締役は蚊帳の外だったようである。

社外取締役と内部統制

大規模組織では、内在している問題の把握自体も難しい。経営層は現場と物理的・組織的に距離があり、情報が伝わりにくい。過去の事例でも不祥事が起こるまでは、経営陣は問題の深刻性を認識していないケースが多数存在する。IT システムの活用、内部通報制度、監査活動の強化など、内部統制、すなわち現場に「目」を入れる制度が重要だろう。

社外取締役としては、内部統制の制度面について確認することからスタートし、それが本当に機能しているのか、実態を評価することが肝要だ。さらにはトップや経営幹部との対話、内部監査部門や外部監査人などとの連携も含め、情報を積極的に取りにいく、というスタンスが欠かせない。

規制緩和やデジタル技術の革新によって商品やサービスが高度化・複雑化した昨今、事業者組織の内部においてさえ情報の非対称性が拡大し、それが悪用される余地も広がっている。つまり、不正を察知しにくいということだ。

こうした状況に直面する社外取締役は、経営には精通していても必ずしもその企業の事業が専門でない場合もある。社外取締役が主導してチームによる経営モニタリング体制を築いていく努力も必要だ。

企業側はどう対応すべきか。不祥事の防止は、現場の暴走をどう防ぐかということでもある。企業である限り、収益を稼がなければ存続できない。どうしても営業部門の意見が強くなる傾向がある。いくら牽制部門に案件拒否や差し戻し権限を与えても、営業部門が昼夜働いて仕上げた提案案件にノーと言うのはなかなか難しい。

結局は組織の構成員一人ひとりが、リスク感覚を十分に持ち、企業の持続可能性を常に考えながら自分の役割を果たす、ということに尽きる。風通しの良い組織づくりと自己規律は不祥事を防ぐ要諦だが、実行は百言に如かずの世界だ。社員の意識改革、利益相反に対する理解の向上などの地道な積み重ねの必要性が強調される所以だ。

社外取締役としては、このような組織運営がなされているのかを常に注視し、取締役会で質問し、実行を促す必要がある。企業内の情報取得に制限のある社外取締役が具体的な提案を行うのは必ずしも容易ではないので、企業側が積極的に現状と課題を取締役会で説明し、社外取締役から助言を得て改善していくというスタンスが求められる。

また、不正行為の防止には、無謀な行為をやり得にしないインセンティブ（報酬）システムの構築が不可欠だ。どの業界にも短期的な営業成績を追求する行為は見られる。その意味で不正を働いたり、それを見過ごした人が「逃げ切れない」仕組みづくりが大事だ。経営陣の場合には社外取締役が報酬委員会でクローバックシステム[1]の検討を提案するのが一つの道だろう。社員については不祥事に際して直接的には解雇、降格以外の手立てしかないかもしれないが、従業員の人事評価システムの工夫により、短期的なノルマ達成によって長期的な企業利益が損なわれることを防ぐ必要がある。社外取締役にとっても重要注目ポイントだ。

組織風土の問題

不祥事防止のために社外取締役がどのような機能を果たし得るか、ある程度「勘所」を示すことを試みた。ただ実際には個別具体的な対応にならざるを得ないのは明らかだ。より大きな共通課題として指摘すべきは、組織風土の問題だ。企業のカルチャーは不祥事防止には極めて重要な問題だ。役員の姿勢がオープンでなければ、その組織がオープンではありえない。経営陣が短期的な

1　役員の就任時や退職後に、不祥事や巨額の損失等が生じた時に、すでに支払った役員報酬を強制的に返還させるルール。グローバルクライシス時に欧米で役員が巨額の報酬を得ていたことに批判が集まり、クローバック条項を導入する企業が増えている。英国は2018年版CGコードにおいてクローバック条項が原則化されている。日本においては「役員報酬の自主返納」が慣例的に行われるが、クローバック条項を入れる企業も増えてきている。

収益獲得に汲汲としているのがみてとれれば、組織全体が歪なインセンティブで暴走している可能性も高まる。

いくら社外取締役が問題点を指摘しても、執行側が聞く耳を持たなければ「馬に念仏」で意味をなさない。社外取締役が機能を発揮できるのは、トップ、内部取締役、事務局が社外取締役の発言や指摘に意義を認め、会社を良い方向に進めるきっかけにしようという意志を持った場合だけである。外部からの意見に耳を傾ける開放性、オープン性は、望ましい企業カルチャーの第一歩だ。

この意味で、社外取締役も企業カルチャーには敏感であるべきだ。取締役会内外でのトップや執行役員の発言、態様などから、企業全体の「雰囲気」「風景」がみえてくることが多い。ハイアラーキーへの盲従的姿勢の有無、ダイバーシティへの「本気度」も注目ポイントだ。

常識からずれがある企業の組織内には、それに気づいてはいても声をあげていない人が必ず存在する。社外取締役は所詮非常勤なので時間に制約はあるが、時々現場に出向いたり、従業員と接したり、取引先と会話をしたり、消費者として自らがその企業の商品やサービスを経験することは、努力すればできる。その積み重ねは企業風土の理解に役立つし、そうした社外取締役のイニシアティブを歓迎するような、オープンな企業の方が不祥事が少ないことは確かだろう。

取締役会・取締役も評価の対象

グローバルな企業がすでに実行していて、日本企業がこれから本腰を入れて取り組まなければいけないことに、取締役会評価・取締役評価がある。これは、取締役会がその役割・責務を十分に果たしているか、より実効性を高めるためにどのような課題があるか、各取締役に聴取し、さらに取締役会への貢献について自己評価を求めるものだ。任意の委員会も含め、取締役会に設置された各委員会の運営状況等も評価の対象とするなど、取締役会が監督機能を果たし、「お飾り」ではないことを明確にすることが目的だ。外部の目も入れた評価であれば、他社との比較などもできて、より客観的だろう。

もちろん取締役会を評価する、あるいは取締役を、社外取締役のような外部の人も含めて評価するといったことは、これまでの日本企業では一般的でないことだ。しかしあらゆる問題解決は現状把握から始まるのも事実だ。取締役会を実質機能させるために、こうした評価は重要だろう。

第5章 これからの日本の課題：サステナビリティ概念をどう経営に入れ込むか

川本裕子

経営者の本気度

コーポレートガバナンス・コードの適用開始により、多くの企業がガバナンス強化に舵を切った。現在日本で進められているコーポレートガバナンス強化は、投資リターンを高め、株主からの要請に応えることに端を発している。

しかし、コーポレートガバナンスを強めれば、果たしてROEに代表される収益率が高まるのかと疑問もある。3年ごとに改訂されるコーポレートガバナンス・コードをチェックボックスで確認するような形式的な利用だけであると、大きな飛躍は望めそうにない。たとえば、社外取締役に多様性を持たせれば業績がよくなるのか。取締役会の多様性も重要だが、本来必要なのは、組織のコア、つまり経営戦略本部と現場のダイバーシティだ。それがなければ取締役会に革新的、魅力的な提案が活発に上がってくるはずもない。

コーポレートガバナンス・コードを、単に上から与えられた文書として読んで経営者が「これくらいやれば批判されないか」と考えて対応するならば、実質は何も変わらない。経営者が企業価値経営に本気になって「魂をいれる」ことがない限り、意味がない。まさに「形式から実質へ」である。

持合株式の解消に向けて

「本気度」の重要な試金石が株式持ち合いの問題だ。コーポレートガバナンス・コードには、「中長期的な経済合理性や将来の見通しを検証し」とその見直しを求める項目がある。株式持合は、経営規律の緩みを与え、低収益体質の温床であると投資家から厳しい目を向けられてきた。

株を持ち合っていれば、「お互い様」なので、配当などのリターンを意識しないで済み、結果として日本企業の資本の低効率性につながってきた、という指摘は的外れではない。持ち合いに関して各社は、方針を開示し、随分と解消も進んできたが、その企業の開示への投資家の批判は続いている。政策株式の保有と保有対象企業との取引の因果関係の説明がない、特定株主への利益供与にあたるのではないか、リターンとリスクの検証についての具体的内容の開示がない、株価急騰時の考え方の開示例がない、などの指摘だ。

持合株式は「持っている」のか、「持たされている」のか、逆に「持たせている」「持たれている」「持ってもらっている」などのいろいろなパターンがあり、企業自体にコントロールできる術が限られている場合もある。流動性がないため、企業にとってはリスクの高い資産になっていることはここで繰り返すまでもない。

持ち合いの魅力は、「知らない人に株式を持たれ、いつ敵対的買収されるかわからないより、前からよく知っている人に持ってもらうと安心」という意識だろう。熾烈な営業競争の中で企業同士で株式を持ち合っていれば、取引確保は安全、という現場感覚も存在する。

しかし、株式の持ち合い関係の上のビジネスは本当に健全なのか、株式保有の見返りの取引より、商品やサービスに付加価値を感じてもらってこそビジネスが成長するのではないか、という根本論がある。通常、持合対象には高収益を出せる企業は少なく、自社以外の株式価格の変動によって経営に大きなリスクを被るのは決して健全とは言えない。持合株式の最終的な解消がない限り、投資家の厳しい目線は続く。

自社の魅力を語れ

持ち合い株式の代わりに重要になるのが機関投資家である。現在の日本企業の多くは株主に対する還元を重視するようになったが、企業価値を正当に評価してくれる投資家を探すことも重要になっている。

日本企業は海外に販路を開拓し、ローカル企業と信頼感を築き、世界中でビジネスを展開してきた。ところが同じ日本企業は、海外の投資家との関係は金融機関任せであることも多かった。IR 強化は企業の間に広がったが、海外 IR などを通じて相性のいい投資家に会って、自社の魅力を理解してもらう必要度が一段増している。

もちろん、企業人自体が自分の言葉で投資家と議論できる必要があり、コミュニケーション能力の高度化は課題だろう。「本音を言う海外投資家に会うのを好まない」という風潮があると市場関係者から聞くが、これまでは日本語が通じるので、日本の企業と持ち合いをしてきた企業も多いように見受けられる。日本企業の中にグローバル企業が多いだけに「もったいない」こともある。海外投資家に対しても自らの将来性を語り、世界中でファンを増やせるという可能性を追求する時であろう。

投資家との対話、エンゲージメントへ

日本企業の投資家との対話の歴史を少し振り返ってみたい。かつて、日本の市場は閉鎖的で、企業の行動パターンも内部者を軸にするものだった。それが、外国人の株式保有比率が、1990 年頃から徐々に増加していく。先進的な企業もあるので、1993 年には IR 協議会、investor relations を促進する協議会が設立されたが、1990 年代には銀行の不良債権問題や不況などで金融市場も低迷し、一般的な企業には、市場はあまりなじみがなく、長期投資家も短期志向であったりする。感触としては、1997 年に山一證券が破綻した時に「市場の信認」という考え方が広く行き渡ったように感じる。20 世紀の日本企業は、株式市場をとにかく「扱いにくい存在」と捉え ROE も資本コストの概念も希薄だった。実際に「IR の役割は、株価をつり上げることではなく、株価を論理値に近づけること」「高すぎも低すぎもしない、ありのままの企業の姿を示すことが大事」ということが理解されておらず、一般的な企業にとって、投資家はまだまだ遠い存在だったのだ。

外人持株比率も右肩上がりに増え、企業も投資家をかなり意識するようになり、透明性への要求も高まる。企業の経営陣は、ロンドン・NY・エジンバラなどへの IR ツアーも行った。一方で、短期的なリターンや余剰資金の株主還元を求める内外ファンドも登場し、市場関係のプレイヤーが増えるとともに多様になっていく。透明性・情報開示の高度化は次々と進められ、グローバル金融危機が起きながらも、日本の市場は進化していき、2014 年にスチュワードシップ・コードにつながっていく。

2014 年版では、投資先企業やその事業環境への理解や目的を持った対話についてコードに書き込まれ、2020 年改訂版では運用戦略に応じたサステナビリティ考慮に基づく建設的対話が推奨されている。企業と投資家の対話が少しずつ進んでいる。それまでは企業が法定の情報、特に財務情報を開示し、投資

家は、それをどちらかといえば受動的に受け取り、分析も数値的情報が主だった。情報の流れもイメージとしては、上意下達的に企業から投資家に流す、という一方通行的であったといえるかもしれない。

それが、対話、エンゲージメントを行うことによって、企業と投資家で企業価値の持続的向上を目指す関係が望ましい、と認識されるようになった。企業は、長期的な目標や戦略を丁寧にわかりやすく説明する。投資家は企業をより理解し、企業への期待が実態と異なっていないかを確かめ、ギャップがあれば埋めていく。企業は非財務情報を豊富に掲載した統合報告書を用意し、戦略やリスク情報もきちんとディスクローズする、ということを積み重ねていくことになる。投資家と企業はエンゲージという言葉のように、互いに関わり合う関係性をもち、能動的で建設的な対話を重ねていき、企業価値の持続的な向上を目指し、機関投資家はリターンという果実を得る、ということだ。ただし、企業が計画や提案に対して、実行力を伴わず、思い通りの結果が得られない場合には、投資家は厳しい議決権行使や時に株式の売却というアクションに出ることになるので、緊張を伴った関係であることはもちろんだ。緊張と協調、距離感の取り方は知恵の見せどころだろう。これらの「対話」をどう充実させるのか、は大きな課題だ。

対話充実のための制度的整備や努力

企業・機関投資家の双方が貴重なリソースを割くのであるから、それに見合った企業価値向上の結果、リスクの資産価格への反映がほしいのは最も大事なことだ。

企業側にとって必要なことは、統合報告などによる非財務情報を含めたトータルな価値の発信である。有形資産以外の開示がないと、なかなか企業の中身がわからない。ただ、統合報告書に何を盛り込むのかは業界によって、企業によって違ってくるので、そうすると、比較検討がしにくくなる懸念もある。

また、経営戦略の明確化と発信が、わかりやすく簡潔に開示されているかも大切な要素だ。経営戦略を立てるためには、時代を読み、自分たちの持てる資源、人・もの・金・知的財産などを把握し、どのビジネス・事業をどのような方向に進めたいか、事業戦略と組織戦略をきちんと整合させて、それを実行に移すだけの組織能力がなければいけない。この不透明な時代にクリアカットな戦略を描き切れれば、苦労はないが、経営戦略が肝心なことは疑いようもない。

また、企業がサイロだと全体は把握しにくい。特にグローバル企業で兵站が広がっている場合に、これはガバナンスやコンプライアンスとも結びつくが、漏れなく適時に全体像を発信できるためには、MIS（マネジメント・インフォメーション・システム）が整備されていなければならない。発信できるCEOや担当者が必要なことは言うまでもない。もちろん、対話の資源確保と対話の技術は必須だ。適切な人材を配置する必要があるし、トップをはじめ、経営陣が時間を使うことも大事だ。対話を通して、戦略を先鋭化させ、企業価値を上げる実行力、そのためには、適切な課題の設定とKPIが必要となってくる。

機関投資家にとって必要なこと

ESGに関してなど、自らの方針の公表は重要だ。そのうえで企業の状況を把握して外との期待ギャップがあれば、それを埋めていくことが求められる。

日系の運用会社についてよくいわれてきたことだが、企業グループ内での独立性・利益相反についての方針開示は進みつつある。日本の運用会社の独立性の低さが採算性の低さにつながってきた、という議論がある。日本の運用機関が機関投資家向けに運用する日本のコア資産で顕著で、アセットマネジメント業務が本当の意味で独立採算制になっていなかったことと関連している。人的に親会社の天下りポストであった時代は過去のものだが、利益相反問題や独立性を100%クリアにすべきだ。

さらに、議決権行使と結果公表への方針開示、結果公表、スチュワードシップ責任の定期的報告も大事だろうし、企業側と同じように、対話をし、企業と協創、時に選別をする能力獲得や資源確保、対話から得た情報を構造化して最大限活用する統合力を養う必要がある。この際、情報過多との折り合いをつかなければいけない。

グローバルな企業市民を目指して

コーポレートガバナンスを追求していくのは、企業が本当にあるべき企業像に向かっていくためである。そうであれば、コーポレートガバナンス・コードは、今一度みずからの立ち位置、レゾンデートルなどを確認するよい機会を与えてくれる。

同コードが最大の目的として掲げる持続的な企業価値向上をどう考えるか。5年後10年後にどういう企業であって、どのようにして収益を上げているのか、ビジョンはあるだろうか。人口減少や技術の変化、という大きなうねりの中で、立ち位置を失わないだろうか。こうした問題を、取締役会で議論を重ねていくのだ。

このような視点に立てば、日本企業が直面する課題も自ずと明らかになる。国際的なレピュテーションは持続可能性を考える場合に見落としてはならない問題だ。しかし、日本は、たとえば国連の自由権規約人権委員会から改善を求められている指摘事項がたくさんある。

2017年に、厚労省と法務省が外国人の技能実習制度を見直し、監査組織による検査や、技能実習生の待遇改善を図ることなどを内容とする法律が施行された。それ以前には外国人の技能実習制度の悪用は強制的な労働である指摘を受けていた。

女性の活躍に政府も力を入れていて注目が集まっているが、日本は国連や国際機関などから男女平等について指摘を受けている。自由権規約人権委員会の2014年の勧告を少し引用してみよう（外務省仮訳）。

「締結国（日本を指す、筆者注）は家庭や社会における女性と男性の役割に関する固定観念が、法の下の平等に対する女性の権利の侵害を正当化するために用いられないことを確保すべきである」

「委員会は、第3次男女共同参画基本計画の決定を歓迎する一方、政治的役割を担う女性の数が低水準に留まっていることに鑑み、本計画の影響力が限られていることを懸念する」

「委員会は、女性がパートタイム労働力の70パーセントを占め、同等の仕事に対して男性が受け取る給与の平均58パーセントを得るという報告について懸念する」

「委員会はまた、セクシュアル・ハラスメント、あるいは妊娠及び出産を理由とした女性の解雇に対する処罰措置が不足していることを懸念する」

「締約国は、第3次男女共同参画基本計画の進展を実効的に監視及び評価し、政党における法定クオータのような、暫定的な特別措置を含め、公務分野における女性の参画拡大のための、迅速な行動をとるべきである」

といった具合だ[1]。

これらの人権上の指摘への対応を真摯に受け止めることは喫緊の課題になりつつある。「企業が法律や様々なルール順守の下で収益を得てマルチステークホルダー（株主・顧客・従業員・取引先・地域社会等）の満足を得ていること」という本稿冒頭で述べた企業経営のあるべき姿があくまで基本だということを忘れてはならない。最終的には健全な企業市民とならなければグローバルな経済社会で生き延びていくことは難しい。コーポレートガバナンス・コードもそのスピリットで推進していくべきだろう。

ESG/SDGsへの模索

グローバルな企業市民であるためにも、ESG/SDGsを経営に取り込むことはすでに企業にとっての必須となった。ESGの中のE（Environment）以外での日本の取り組みはこれまで遅れがちだった。Eについても、1960年代、70年代の公害問題（水俣病や四日市ぜんそく）などによる環境汚染への意識や石油ショックによる省エネ技術は進んでいたかもしれないが、脱炭素への取り組みは決して早いものではなかった。これからが正念場だが、内向きにならず、世界の動きに鋭敏であるためにも、グローバルイニシアティブへの参加などはとても大切だろう。

さらに、今後日本企業はSocialの課題について理解度を深めないといけな

1　委員会からは2018年が次回報告の期限で勧告の実施などについての情報提供を要請されており、その間にもやりとりをしているが、新型コロナウイルス感染症の影響で範囲を限定したやりとりになっている。

い。たとえば、これだけ女性活躍が遅れてしまっている原因を考えれば、これは性別役割意識の強さや長時間労働、偏見など、いろいろな問題が絡み合っている。社会全体でのフェアネスの概念、公平さへの意識が希薄なのではないか、と懸念がある。これは人権意識への感度に直につながっている話で、日本でも2020年には「ビジネスと人権」に関する行動計画が策定され、2021年版コーポレートガバナンス・コードに人権の尊重を求める規定を盛り込む、ということだが、国連の自由権規約員会からの勧告を記したように、国全体で取り組むべき課題でもある。最近問題になっている、サプライチェーン内での人権侵害については、企業と投資家が協力して解決をしていくことが期待される。

ESG意識は若い世代は鮮烈に持っていて、問題意識が世代間で大きく違う。私は大学院で、留学生を教えていても、欧州系の学生のESGの意識は大変に強いものがある。日本人学生も若いほど、ESG共感力が強いようにみえる。彼らの感覚やアイディアを取り入れていけると、あるべき姿からバックキャスティングして、現在やるべきことに真剣な解を見つけられるのではないか。

企業の努力はとても重要だが、それだけではEの課題は解決できない、というのも一面の事実だ。政府と連絡・協力などを通して、国際的な合意を作っていく動きを後押しするような体制を創っていくことも必要だろう。1990年代のCI（コーポレートアイデンティティ）、CSRとブーム的に社会課題に関する動きは起こる。不況になると、ESGも消えてしまうのでは、という懸念を持つ向きもある。

企業はそもそも「社会課題を解決する」存在のはずだ。長期的視点に立たなければ持続できないのは世の定めではないか。社会的問題解決という至極当然のことが議論にならざるをえない背景には短期志向へのインセンティブが強すぎたことがある。コロナを経て、経済・社会は構造的な変化を遂げていくだろうが、企業と投資家の対話が、持続可能性を高める社会経済構造に貢献した良循環を目指すべきであろう。

社会のサステナビリティとダイバーシティ

ESGの中でもSocialの部分は古くて新しい課題だ。ここ数年、日本企業の組織のあり方や日本人の働き方の問題が社会的にも注目され、政府の政策課題としても大きく取り上げられてきた。

その根底にあるのが、戦後日本の特異な慣行や制度が持続可能かどうかだろう。伝統的な日本の企業では、長時間、しかも「いかなる時間帯にも、(転勤があっても) どの場所でも、(自分の専門にかかわらず) どんな仕事も」無限定に引き受けることを前提としている従業者が「正社員」として組織の中核を担ってきた。過労死は深刻な問題だ。

正社員の無限定な働き方に反省が促され、残業時間を減らして家庭とのバランスを取ろうという「ワークライフバランス」というコンセプトも語られるようになった。しかし、男性が正社員として中核を担い、意思決定層の大半を占めるという今の制度慣行に抜本的には手を付けず、その場その場の対応に追われているなら、これ以上の展開は望めない。新たな時代に生き残れる強い組織とは何かという基本的視点からアプローチしなければ打開は難しい。

正社員の雇用が守られ、日本企業は従業員を大切にすることを誇りにしてきた。一方で、転職市場が未発達で従業員にとっては、代替手段がない環境の中で、家庭責任を放棄せざるをえないような長時間労働や単身赴任など、本当に「温かい職場」だったのか、という指摘もある。企業の競争力を考える中で、重要なステークホルダーである従業員との関係、仕事の内容・育成・評価・待遇を熟考すべき時が来ている。

日本の成長率の低さ、人手不足感、日本社会の女性の地位の低さを示すランキングなどの様々な項目をみても、従来のシステムの制度疲労は明らかだ。規制緩和や補助金で、家庭責任の一部である保育のサービスを増やした結果、女性の労働参加は大幅に上昇している。しかし、今のシステムでは家事や育児、さらには介護といった家庭責任を負っている労働者は現実問題として正社員としては働けない。自然、こうした家庭責任は女性（妻）が担い、正社員たる男性（夫）の家庭責任を免除してバックアップするという世帯のあり方も形成され、心理的にも正当化されてきた。

一言で言えば、根強い固定観念の性別役割意識である。最近、女性の就業率は７割を超え、経済成長を支えている。ただ、あくまで女性は家事をほぼ全部しながら働くという、「従」の働き手であることが前提になっている。若年世代も含め、日本の男性の育児を含めた家事時間は国際的にみて極めて短い。非正規労働が働く女性増の中心だ。税制や社会保障も、こうした女性の従たる地位を固定化する仕組みが放置されたままだ。男女を問わず現状を容認し、受け入れるしかないと考える人が大多数を占めるのは当然の流れになる。

日本では、女性の地位については、目くじらを立てるほど重要なことではない、どうせ変わらない、と多くが見過ごされてきたと思う。いくら偏見や差別だと思っても指摘をすれば、反発を買い労力もかかる。労力をかけても変わるわけではない。あきらめることが生活の知恵になってしまっている部分もある。筆者自身も大いに反省している。

強い同調圧力の中でイノベーションは可能なのか

世界経済フォーラムの 2020 年の男女平等ランキングで日本は 153 カ国中 120 位。G7 の中ではもちろん、中韓にも差をつけられている。「前よりはよくなっている」が常套句だが、世界と改革のスピードの差は明白で、順位は年々低下し、史上最低になった。いつまでも戦後の高度成長時代の成功体験を抜け出せず、それを日本の伝統のように勘違いして、自己変革できずにいる。

女性の指導的地位への登用が遅れていることに対して、経済界のリーダーから女性側に奮起を促す発言もある。しかし働く女性個人の意欲の問題に帰すことが果たして適当だろうか。問題は根深い。男性は可能性で、女性は実績で評価されるという話もある。長時間労働が是正されず、人事評価にもバイアスがあるとすれば、指導的地位に尻込みする女性が再生産されるのは当然の帰結ではないか。今のやり方のままでは、世界から取り残されるばかりだろう。

政府は男女共同参画社会を掲げる。問題を受け流すのではなく、構造的問題に正面から取り組むべきなのだ。男性育児休業が導入され始めたが、管理職が育児負担に配慮し、人材のバックアップを準備するのは女性社員の時だけではないはずだ。お茶出し片づけ、会議でメモをとる役を女性に固定化していないかなど、組織のリーダーの深層意識に踏み込んだ見直しが必要だ。

性別役割意識の固定化も教育や社会的コミュニケーションの問題に立ち戻って考えるべきだろう。メディアも意識改革を迫られる。コマーシャルで男性が家事をする姿を恒常的に描くような努力も必要だ。

本来は、あらゆる人が「働きやすく」「働き甲斐がある」職場であれば、組織は強い。しかし、女性は非正社員として働き、「働き甲斐」についてはなおざりにされている場合が多い。働き続けている女性に理由を聞くと「仕事にやり甲斐があって楽しかったから」という答が多いのが事実だ。一方で、残業規制が一律に厳格化されたため、男女問わず本来「働き甲斐」があった仕事でスキルと経験を磨くことが難しくなってきた職場が多いのも一面の真理だ。

日本の仕事満足度は国際的にみて低い[2]。現在の職場で働き続ける意欲も低いが、転職意欲も低い。本来の自分の力を発揮できず、少しずつ我慢してサラリーマン生活を続けている様子が目に浮かぶ。

ではどうすべきか。個々人の多様性の尊重（リスペクト）が一つの答ではないだろうか。最近、ダイバーシティーといえば、女性や外国人をもっと登用すべきだという議論になるが、日本人男性を一括りにするのも間違っている。そもそも人間とは多様なものだ。価値観や考え方、経験、趣味、人生で抱えている問題などが個々で全く違う。そこへ同調圧力を働かせて「同じもの」として扱う大量生産型の人事評価システムが続くから、職場での満足度が低いのだろう。本来、組織は多様な人間で成り立っていることを前提にして評価や能力の伸ばし方、処遇などの制度を大胆に変えていくべきだろう。

市場ではデジタル技術が大量生産・消費のシステムを根本的に変化させている。スマホで自分のデータを送れば服をあつらえてくれるアパレル企業も現れた。「イノベーション」とは、従来の横並び構造を変え、全く新しい物やサービスを創り出すことで、多様性の中から生まれる。意思決定レベルに多様性があれば、判断が偏らない分リスクも避けられる。企業に求められるのは、女性や外国人だけでなく、内なる多様性に気づきそれを活かすということではないだろうか。

2　内閣府「令和元年版子供若者白書」、『放送研究と調査』（2009年6月号）など

議論する力

大学院で教えていて気になることがある。学期末の試験で論述問題を出すと、それぞれの日本の学生と留学生の解答量がまるで違うのだ（日本人は日本語、留学生は英語）。標準の解答用紙はA4裏表3枚だが、日本人は1枚を埋めるのでやっと。埋まらない学生もいる。一方、多くの留学生は3枚びっしり書いて、「追加の用紙が欲しい」と言ってくる学生もいる。単に量の違いだけだと考えたいところだが、答えの質も伴っている。自分の考えを論理的に組み立て表現している。具体例で主張を裏付け、修辞も使いこなす。「問を設定して論理を組み立てる」「自分の考えを整理して伝える」といった訓練ができているからだと思う。

もう一つ気になる傾向がある。学生に経済誌の英文記事を読んでくる宿題を課しているが、「記事を読んでどう思ったか」と聞くと、多くの日本人学生は「ここがわからなかった」と、理解できなかった点を話してくれる。内容の理解を最も重視しているようだ。「何を考えたか」を聞きたいので、最近は「わかったことは何？」と聞くようにしている。

これらの経験から、日本の教育では自分の考えをまとめたり、それを他人に伝える力が重視されてこなかったと感じている。しっかり人と議論を重ね、考えを進化させるという習慣や経験が少ないのだ。これは、学校だけでなく、企業などの大人の世界にも持ち越されていて、取締役会にも広がり、日本の課題だと思う。

私は2011年から10年間北米資本の企業の社外役員を務めてきたが、取締役としての独立性が強く求められる。就任前に何度か面接を受けたが、これまでのキャリアの中で、自分が正しいと思うことを臆せずに発言してきたか、と何度も質問された。

取締役会のメンバーも極めて多様だ。ビジネスや外交、企業や国際機関など様々な分野でキャリアを積んだ人が集まり、国も5大陸でバランスよく配分されている。男女比もほぼ半々だ。異なるバックグラウンドを持つ人同士がオープンに、各々全く独自の意見（異見）を発言するのに最初は驚いた。しかし、皆議論に慣れていて、意見交換から結論までのプロセスはスピーディで建設的だ。

日本ではどうか。同質性の高い取締役会が多く、はっきりモノを言う人は好かれない、とヘッドハンティング会社の友人に聞いた。議論が日本化していない日本の取締役会も経験したことがあるが、日本の取締役会で、いわゆる「更問」(＝回答に対して重ねて質問をすること) が徹底される場面は少ないように感じる。

日本の組織は上下の関係を築くのは得意だ。上の人が言ったことがそのまま通りやすい。一度誤った方向に進むとなかなか引き返すのが難しい。しかしVUCAとも称される不透明な時代に、これでは到底やっていけないだろう。しっかりと自分の考え方を持ち、それを上下を問わず伝えていく力が各人に求められる。

社外役員の活用についても、真の意味での独立性を重視すべきだと思う。縦のヒエラルキーから離れて議論できる人を意図的に選ぶことで議論が活性化する。外部の人間を議論から排除しがちな社内独自の用語やルール、仕事のやり方こそ見直す必要があると思う。企業の課題が様々な視点から吟味されれば経営力が強化される。

理想のリーダー像と粘土層

サステナビリティの議論を進めていくと、結局は人材育成の話につきあたる。企業の持続可能性を考えた戦略・実行・組織運営のもとになるのは、持続可能性に敏感な人材であり、その人材をサステナブルに育成していくことだからだ。終身雇用である必要もなく、長期的に物事を考える環境を作ることが大事なのだ。

令和の時代、求められるのはどんなリーダーであろうか。時代背景は様々に変化するが、組織は人でできている点は不変だ。一人ひとりが持てる力を十分に発揮できる組織が最強である。組織の各メンバーがその企業のオーナーだと思うくらい、知恵とエネルギーを出し切り、がんばれる。そういう組織が強いのだろう。

国際的に比較調査した場合、残念ながら、日本の組織では仕事の満足度が非常に低い結果になっていることは述べたが、満足度が低く、組織がうまく動かない理由の一つが、中間管理職だ。中間管理職がチャレンジ精神に満ちていればいいが、保守的で動きが鈍い“粘土層”だとなかなか組織が動かない。つまり、一人ひとりが力を発揮できる組織にするためには、変化を好まない粘土層を動かすだけのメッセージや環境を作れるリーダーが非常に大事なのだ。リーダーになる方たちの多くは、イノベーションを会社に起こしたり、女性や外国籍の社員をもっと登用してダイバーシティを広げることが、これからの企業に大切だということは、十分にわかっているし、発信もしている。

ところが、粘土層の人たちはリーダーが呼びかけてもなかなか動かない。それは、今の組織の仕組みや働き方が自分に既得権益を与えているからで、今までのやり方のほうが自分たちに都合がいいなら、わざわざ新しいことをしようとは思わない。たとえば社内にイノベーションを期待して、経営者が一部の若手を登用してチームを作ったりするが、中間管理職の層が保守的なままだと、若手をいくら登用しても組織が白けて竜頭蛇尾に終わってしまう。中間管理職の価値観を前向きにさせることが、若手も含めた組織の一人ひとりが持てる力を発揮できる状態にするうえでカギになると思う。この構造問題にリーダーが気づいているかどうかがポイントだ。

ガバナンスとエンパワーメント

実際の世の中では、一人ひとりの能力を発揮させることを重んじているリーダーが多いかもしれない。組織を盛り上げ最後に責任は自分がとる。現場で一人にしない。わくわくさせる。そういった言葉はリーダー達がよく使う言葉だ。自発的な組織であれば、社員を動かすには、エンパワーすることが大事な場合もあるだろう。ビジョン、先見性、洞察力、動じない平常心、存在感、共感力、倫理感、インテグリティなど、リーダーに求められる資質は多岐にわたる。

リーダーの真価は、必ずしも現時点の業績だけではないということがある。たとえ史上最高益をあげたとしても、組織にあまり良くないカルチャーを残してしまうかもしれない。反対に、厳しい時代環境の中、今は利益がなかなか出ないが将来に残る大事なものを育てたリーダーという人もいる。今だけをみていても、一面的にはわからないのがリーダーの評価だろう。組織は一気に変わることもあるが、たいていは価値観が変わり、一人ひとりの行動が変わっていくのに時間がかかる。リーダーの真価は後で歴史が評価するということを忘れるべきでない。

企業のサステナビリティを考えた時に、コーポレートガバナンス的な仕組みを十分に備えたうえで、どれだけ人材を育成できるのかが、非常に大事なポイントだ。リーダーを育てる組織、一人ひとりの能力を発揮させることで、企業は価値を高めていける。そう考えると、企業の成長、企業価値の増大は人材育成・人材獲得にもっとフォーカスしてよい。ガバナンスの問題に立ち戻れば、やはり人事改革と指名報酬委員会の実質化が急務ということになる。順繰り人事の発想ではその使命を果たせない。世の中を見渡せば、エネルギー満載の改革者たちがいるはずだ。ガバナンス・コードを超えるガバナンス。コーポレートガバナンス改革からコーポレート改革へ。これが次の目標だ。

Sustainability Governance 第6章

コーポレートガバナンス改革とサステナビリティ経営

内ヶ﨑茂
神山直樹
水谷晶
中川和哉

サステナビリティ・ガバナンスの構築こそが日本経済復活の最も有力な処方箋

内外でコーポレートガバナンス（企業統治）を規定するソフトロー、ハードローが着々と整備されている。近年では、英国で2018年7月にコーポレートガバナンス・コード、日本では2019年1月に有価証券報告書などにおけるさらなる開示の拡充を求める「企業内容等の開示に関する内閣府令」の改正、2019年12月に改正会社法が公布され、2021年6月には新たにサステナビリティ（持続可能性）重視の姿勢を明瞭にする形でコーポレートガバナンス・コードが再び改訂された。

そもそも、内外で着々と整備が進むコーポレートガバナンスのレゾンデートル（存在意義）とは何であろうか。その答えを得るには、現代で広く受け入れられている株式会社というシステムが「経営者」「株主」による二重の無責任をはらむ仕組みであるという前提を認識する必要がある。経営者は他人の資本の管理を行う立場であるため怠慢になる傾向があり、株主も出資額の範囲でしか責任を負う必要がなく、配当や短期的な株価の動向に関心が向きやすいことが二重の無責任をはらむ根底にある。二重の無責任の問題は経済学者のアダム・スミスが最も早く指摘したといわれており、1700年代から人類が抱えている問題であるともいえる。株式会社が抱えるそれらの欠陥を克服するには「中長期的な企業の成長を促すための自律的な仕組み」が必要であり、それこそがコーポレートガバナンスの根源的なレゾンデートルであると考える。企業が魅力的なビジネスモデルと経営の監督を適切に果たすコーポレートガバナンスの仕組みを創造し、中長期的な成長を果たせば、出資している株主もリターンを獲得し、それを資金の出し手（受益者）に還元することができる。

同時に、中長期的な成長を果たすうえでは、2015年に採択されたパリ協定や持続可能な開発目標を示すSDGs（Sustainable Development Goals：持続可能な開発目標）の考慮など、サステナビリティの視点も欠かせない。中長期的な成長と環境・社会への正のインパクトを両立しながら持続可能な形で事業を営むことは、一時的なコスト増加などにつながったとしても、結果的に株主や顧客をはじめとするステークホルダー（利害関係者）からの信頼獲得につながり、長いスパンで企業価値増大のスパイラルを生み出すと考えられる。別の言い方をすると、CSR（Corporate Social Responsibility：企業の社会的責任）の発想ではなく、マイケル・ポーターによって提唱されたCSV（Creating Shared Value：共有価値の創造）の発想が重要で、営利法人である株式会社は社会課題の解決を通じて、経済的価値と社会的価値を統合的に創造することが求められている。

不確実性の高まるニューノーマルな時代においては、多様性のある価値観を許容する市民社会からの信認を得るために、サステナビリティの考慮はいっそう重要な要素になる。サステナビリティには、企業が目指すべきゴールであるSDGs経営と機関投資家の普遍的な投資哲学であるESG（Environmental Social Governance：環境・社会・企業統治）投資を統合する発想が欠かせない。

同時に、経営の監督を適切に果たすコーポレートガバナンスの構築とサステナビリティを両輪とする「サステナビリティ・ガバナンス」の構築が日本経済を支える礎となるであろう。サステナビリティ・ガバナンスを構築するうえでは、独立社外取締役によるガバナンス、株主（機関投資家）によるガバナンスに加え、世論・国際機関・政府・経済界・NGO・NPO・イニシアティブの視点を意識したオリジナルなガバナンスの構築もステークホルダーからの支持を得るうえで欠かせないファクターとなる。

日本のコーポレートガバナンス・コードがはじめて制定された年は、パリ協定やSDGsの策定と同じ2015年である。一見すると両者には何の連続性もないようにみえるが、鳥瞰的な視野に立ち、市場メカニズムを重視する資本主義経済がもたらした歪みを修正する動きが世界規模で生じていると捉えれば、国内でコーポレートガバナンス改革に向けた機運が生じたことと同時期に、持続可能な経済・社会の構築に係るパリ協定やSDGsが策定されたことは、ただの偶然であるとは言い切れない。それら2つの要素を統合したサステナビリティ・ガバナンスの構築は、時代の要請に沿ったものであるともいえるであろう。

日本のコーポレートガバナンスの現在地

現在の日本のコーポレートガバナンスの課題は、どこにあるだろうか。コーポレートガバナンスにおける日本の現在地と課題を知るうえで、ACGA（Asian Corporate Governance Association：アジア企業統治協会）がCLSA証券と共同で2年に1度発表しているアジア各国のコーポレートガバナンス評価（CG Watchレポート）は、一つのメルクマールとなる。過去3回の結果をみると、日本は2016年から2018年にかけて4位から7位まで順位を落とし、2020年はマレーシアと同率5位と前回から若干の改善がみられた。ただし、欧米との比較以前に、アジアの中でも日本のコーポレートガバナンスの評価は決して高くないという結果であることに変わりはない。

2016年から2018年にかけて日本が順位を落とした理由として、ソフトローの強化は進展しているものの、ハードローにおいて買収規則に関する少数株主の保護や役員選任のプロセス、役員報酬の開示が不足している点などを指摘していた。前述のとおり、日本では2019年1月に「企業内容等の開示に関する内閣府令」が改正され、2020年3月期の有価証券報告書の記述情報などにおいて、いわゆるMD & A（Management Discussion and Analysis：米国の経営状況開示ルール）やCD&A（Compensation Discussion and Analysis：米国の役員報酬開示ルール）などを参考とする諸項目につき、さらなる開示の拡充が求められており、CG Watch 2020においてその部分の改善は認められている。

他にも、2018年からコーポレートガバナンス報告書において、顧問や相談役に関する情報の記載が求められるようになった点についても改善を認めている。一方、協働エンゲージメント（複数の機関投資家が協働して行う建設的な対話）において許容される行為とそうでない行為に線引きを行う具体的なガイドラインの策定や、株主総会の開催日が集中している点などは進歩がみられないとしている。

他国の状況に目を向けると、CG Watch 2018ではマレーシアが4位につけ、以前の調査から最もコーポレートガバナンスを改善させた国として評価されている。新しい政権が前首相を逮捕するなど汚職行為の防止に注力していることに加え、2017年4月にコーポレートガバナンス・コードを改訂した点などが

CG Watch 2018で評価されている。改訂されたコーポレートガバナンス・コードでは新たに“Comprehend, Apply, and Report（CARE)”という考え方が明示され、企業は各原則の精神や意図を深く理解したうえで、形式的な対応にとどまらず実質的に原則を適合し、開示を行うように求めている。さらに企業がコーポレートガバナンス・コードの原則およびプラクティスを採用しない場合、どのような代替的手法を採用するか、また採用しない場合いつまでにどのような方法を採用するか、期限の明示を求めている。ただし、CG Watch 2020においてはマハティール前首相の辞任に伴い、マレーシアの政局が不安定になったことなどを要因として、日本と同率の5位に留まっている。

CG Watch 2020において、最も注目されている国は台湾である。ESGリスクへのレジリエンス（強靭さ）を備えたコーポレートガバナンスのエコシステムを構築するため、3カ年にわたる“Corporate Governance 3.0 - Sustainable Development Roadmap”を2020年8月に発表したほか、GRIスタンダードに即したCSR報告の義務化の対象企業を拡大するなどの施策を打ち出している。”Corporate Governance 3.0 - Sustainable Development Roadmap”においては、5つのアクションプランが打ち出されており、その中の一つとして「サステナビリティ・ガバナンスの企業文化を深化させると共に、（サステナビリティ・ボンド、ソーシャルボンド、グリーンボンドなどの）多様な金融商品を供給する」方針が打ち出されている。コーポレートガバナンスに関しては、評価指標の継続的な最適化や中小企業を対象としたコーポレートガバナンスのランキングを策定する旨を掲げている。

一般的に、コーポレートガバナンスは企業のボードガバナンス（取締役会改革など）のベストプラクティスが集積して、それがソフトローであるコーポレートガバナンス・コードとして取り込まれ、そして、ソフトローの実務の定着を待って、会社法や上場規則というハードローの規律づけがなされることにより進化を遂げてきた側面がある。日本は、ソフトローが定着し始め、ハードローの規律づけがなされる段階に到達しはじめているとも考えられる。また、米国におけるMD&AやCD&Aのように、将来を予測した経営戦略や報酬戦略について有価証券報告書などで開示を求める動きも顕在化している。日本の誇るコーポレートガバナンスのベストプラクティス企業が、積極的にサステナビリティ・ガバナンスにかかる未来財務情報を開示することで、行政・経済界が一体となった取り組みを促し、世界からの日本のコーポレートガバナンスの評価を向上させることが王道であろう。

欧米におけるコーポレートガバナンスの発展の歴史

日本のコーポレートガバナンスのあるべき姿を考えるうえで、欧米諸国のプラクティスは歴史を経て洗練されたものになっており、大いに参考になる。それらのプラクティスを企業や機関投資家が自らのポリシーと融合させることで、自社のオリジナルなコーポレートガバナンスの取り組みをさらなる高みへ導くことができると考える。同時に、我々が体験していない過去の歴史を学ぶことで、コーポレートガバナンスのプラクティスにおいて早い段階で欧米諸国にキャッチアップできるであろう。本節では、欧米企業においてコーポレートガバナンスのプラクティスがどのような経緯を経て洗練されてきたかを振り返る。

①欧州（主に英国）のコーポレートガバナンスの歴史

コーポレートガバナンス・コード策定に至るまでの英国のソフトローの歴史を概観すると、1992年に発表されたキャドバリー報告書が原点にあたる。報告書作成のために1991年に組成されたキャドバリー委員会では、当初ポリー・ペック社などの不正会計を受けて会計問題を焦点に議論が進められていたが、委員会開催期間中にBCCI（Bank of Credit and Commerce International）の不正、大手メディア企業のマクスウェルによる従業員年金の不正流用など不祥事が相次ぎ、コーポレートガバナンス全体を議論の対象とすることになった。キャドバリー報告書では、コンプライ・オア・エクスプレイン（遵守せよ、さもなくば、説明せよ）のアプローチを採用しており、取締役会議長とCEO（Chief Executive Officer：最高経営責任者）の理想的な関係性や非業務執行取締役、監査人のあるべき役割について記載がみられる。また、機関投資家のコーポレートガバナンスへの関与についても記述があり、戦略、パフォーマンス、取締役会のメンバー、マネジメントの質についての経営陣との定期的な意見交換などを求めている。さらに1998年には、キャドバリー報告書、役員報酬制度の明示などを求めたグリーンブリー報告書、ハンペル報告書の内容を併せて、企業および機関投資家の行動指針を示す統合規範（Combined Code）が制定された。その後、2007年の欧州のBNPパリバショックに端を発し、最終的に米国リーマン・ブラザーズの破綻に至った一連の金融危機により、英国の銀行も経営危機に瀕した。そうした反省をもとに、金融機関のコーポレートガバナンスに関する勧告をまとめたウォーカー報告書が2009年に発表された。報告書は全７章から構成されており主に金融機関のガバナンスについて論じられているが、第５章では機関投資家の役割にも言及がある。報告書の中では、エンゲージメントなどの行動が適切なタイミングや方法によって行われることで機関投資家の長期的なパフォーマンスが改善する可能性を主張している。そして2010年に、過去の報告書および統合規範の内容を基軸とする形でコーポレートガバナンス・コードが策定された。コーポレートガバナンス・コードの中身をみるとコンプライ・オア・エクスプレインのアプローチをはじめ、1992年のキャドバリー報告書から脈々と引き継がれている事項も複数みられる。

続いて、英国のハードローの歴史を1998年まで遡って振り返る。当時、貿易産業省によって取締役の責任対象の拡大や取締役報酬に係る株主の関与など会社法の大幅な改正が必要であるという見解が発表されるとともに、会社法の諮問機関としてCLR（The Company Law Review）が設置された。その後、諮問文書や白書を通じて長年会社法の方向性について検討が重ねられた。たとえば、2000年３月の諮問文書では企業の透明性、公に向けたアカウンタビリティの重要性が指摘され、2005年の貿易産業省による政府白書では、長期的な機関投資家と企業の対話の重要性が強調された。そうした検討のプロセスを経て、2006年11月、会社法の改正に至っている。

近年の会社法に関する動きでは2016年にビジネス・エネルギー・産業戦略省から公表されたグリーンペーパーで、会社法における株主以外のステークホルダーの意見を経営陣の意思決定に適切に反映させるための仕組みの導入が検討項目の一つとして掲げられた。2006年の会社法改正の段階では取締役にステークホルダーの利益を考慮する義務を課しているものの、基本的には株主全体の利益が最優先であった。また、2021年3月には従業員500人以上の上場企業および大規模企業などに対し、TCFD（Task Force on Climate-related Financial Disclosures：気候関連財務情報開示タスクフォース）に基づく開示の義務化を求める会社法改正案の市中協議が実施された。

以上のように、英国では不祥事や金融危機など対処すべき問題に真摯に向き合い続けたことで、ソフトロー、ハードローの両方がともに発展を遂げ、コーポレートガバナンスを支えてきたといえるであろう。欧州の他国をみても、たとえば、ドイツではゼネコン大手のフィリップ・ホルツマンの破綻や非鉄金属大手のメタルゲゼルシャフトの先物取引の失敗などの相次ぐ企業不祥事を契機に、2002年にコーポレートガバナンス・コード（Deutscher Corporate Governance Kodex）が制定された。また、フランスも米国で発生したエンロン事件など海外でのガバナンスに関する不祥事を受けて、2003年に金融安全法を制定している。総じて、英国と同様に不祥事などの困難に直面したことを受けて、モニタリング機能の強化をはじめ政府や企業が自身のあり方を見直してきた側面があると評価できる。

②米国のコーポレートガバナンスの歴史

米国では2000年代前半にエネルギー会社のエンロン（2001年12月）、電気通信事業会社のワールドコム（2002年7月）が粉飾決算を理由に相次いで破綻した。両社の破綻とも、破綻した当時は米国史上最大の倒産であった。また、エンロン事件では大手監査法人のアーサーアンダーセンが事件に関与しており、同社はこの事件を契機に解散に追い込まれている。

エンロン・ワールドコムの破綻を受けて、企業会計・財務諸表の信頼性向上を目的に2002年7月にサーベンス・オクスリー法（SOX法）が制定された。全体としては、報告書に対する経営陣の責任を明確にしたうえで企業統治や内部統制の整備と監査法人の独立性強化を求める内容となっている。具体的には、①経営者に対して年次報告書の開示が適正である旨の宣誓書提出を義務づけたほか、②すべての監査委員会のメンバーは取締役としての地位に基づく報酬以外の報酬などを受け取らない、③1名以上の財務の専門家を監査委員会に入れるか、そうでない場合は財務の専門家を入れない理由を開示しなければならない、④ある会社の監査を行う監査法人が同時に非監査業務を提供することを禁止するなどの規定が盛り込まれた。

また、2008年の投資銀行大手のリーマン・ブラザーズ破綻に象徴される金融危機を受けて2010年にドッド・フランク法が制定された。主には金融規制に関する法律であるが、金融機関のインセンティブ報酬やセイ・オン・ペイ（Say on Pay）などコーポレートガバナンスに関する規定や、人権や環境問題にも関連する紛争鉱物規制などESG全般に関連するトピックも含んでいる。米国も英国と同様に不祥事や金融危機などの困難を乗り越えて、ハードローを中心にコーポレートガバナンスの取り組みを発展させてきたと評価できる。

日本のコーポレートガバナンスはデットからエクイティに変化、令和は「ソサエティ・ガバナンス」の時代に

翻って、日本のコーポレートガバナンスの歴史を辿る。日本の場合、第二次世界大戦直後から90年代初頭までは間接金融を主体とした銀行による監督である「デット・ガバナンス」が主流であった。終戦後、間接金融を主体とした銀行による監督が主流になった背景には、不景気で苦境にあえぐ企業の復興の過程で、銀行が再建整備計画の策定を担うなど大きな役割を果たしたことが主な要因と考えられる。さらに株式や社債の発行による資金調達が一部の大企業しか許されないなど、証券市場が厳しく規制される中、企業の資金調達は銀行借入が中心となっていった。1990年代初頭まで銀行と企業との密接な関係は維持され、銀行が企業を監督する構図が続いた。一方、1980年の外為法改正により内外の資本移動が原則自由になるなど、金融市場は自由化が進み、大企業の資金調達は徐々に資本市場にシフトしはじめた。80年代後半にはエクイティファイナンスが大幅に増加し、発行した株式は事業会社からの要請に前向きに応じる形で銀行をはじめとする金融機関が株式を保有した。東証の主体別保有状況のデータをみると、銀行・信託銀行の株式保有比率は1986年度末の17.4%から1989年度末に21.3%に上昇している。

1990年代半ばに入ると、銀行は不良債権問題の顕在化と財務体質悪化を受けて保有株式の売却を進めた。株式の売却によって銀行の影響力は低下する一方、海外の機関投資家による株式保有は拡大し続けた。この時期は、まさに、「デット・ガバナンス」から直接金融を主体とした株主による監督である「エクイティ・ガバナンス」への世代交代の端境期であったともいえる。2000年代に入るとライブドアによるニッポン放送の株式取得、スティール・パートナーズによるブルドックソースの敵対的買収、村上ファンドによる阪神電気鉄道の株式取得など、株主が経営者と対峙する姿がメディアで報じられ、株主や企業のあるべき姿が議論される場面も増えた。2010年代に入り、安倍政権が2012年に発足すると2013年6月に閣議決定された日本再興戦略において成長戦略の一環としてコーポレートガバナンスの強化が取り上げられた。その後、2014年2月にスチュワードシップ・コードが制定され、翌年の2015年6月にはコーポレートガバナンス・コードが制定された。企業のメインの資金調達が株式に変わっただけでなく、機関投資家と企業の対話の機会が増えるなど、株主視点を意識した経営が日本企業にも浸透するようになった。

一方、株式市場が発展を遂げる中で、あらゆる社会問題が浮き彫りになった。たとえば、格差社会が進展し、国連経済社会局（UN DESA）の「世界社会情勢報告2021（World Social Report 2021）」が指摘するように、特に発展途上国の郊外に住む人々は過度な貧困に苦しんでいる。日本においてもSDGs目標に対する進捗度合いを分析する「サステナブル・デベロップメント・レポート2020（Sustainable Development Report 2020）」によると、「ゴール10：人や国の不平などをなくそう」の項目で、取り組みが後退していると評価されている。背景には、上位10%の所得総額の下位40%の所得総額に対する倍率（パルマ比率）や高齢者の貧困率に関する数値の悪化がある。2011年には、ニューヨークで貧富の格差是正を訴える「ウォール街を占拠せよ（Occupy Wall Street）」という社会運動が起きるなど、格差是正を訴える運動も各地で起きている。

また、人種・民族に関する差別撤廃を求める抗議活動も増えている。ジョージ・フロイド氏の死を発端とした黒人差別撤廃を求める2020年のBlack Lives Matter運動は、その象徴ともいえる。さらに、古くは90年代半ばに米国のアパレル企業において途上国の工場における児童労働や強制労働がNGOによって摘発され、世界的な不買運動につながり業績を悪化させたケースがあったが、近年はウイグル自治区における強制労働の問題などで日本企業を含む一部のグローバル企業は対応を迫られている。世界の潮流として、市民の声が社会や企業を動かす局面が増えているとも考えられる。

さらには、気候変動に関する情報開示を迫る国際的なキャンペーンであるセイ・オン・クライメート（Say on Climate）の動きについて、国際的な機関投資家イニシアティブ・NGO・NPOやアクティビスト・大手機関投資家・株主・メディアなどが支持している。最近では、グローバルに展開するエネルギー会社に対する協働エンゲージメントにおいて、アクティビストが推薦した取締役が選任されたケースもある。機関投資家・団体・個人をはじめ組織の距離が一気に縮まり、個別企業に対して気候変動対応への強化を求める社会的な活動へと変貌を遂げている。アクティビストは、多くの株式を取得しなくても、メディアや年金基金などを通じて、社会や市民に訴えることにより、個別企業に気候変動対応を強化する圧力をかけることも可能となってきている。一方で、環境問題への関心のない団体などが表面上だけ環境問題への高い関心を示して世の中から好評価を得ようとする、グリーンウォッシュ（Green Washing）問題も顕在化している。

そうした現状を踏まえると、これまで国際機関やNGO・NPOなどが担ってきた社会的ニーズへの対応など、令和の時代は株主だけでなく社会・市民の声も反映した「ソサエティ・ガバナンス」の確立が企業には新たに求められると考える。サステナビリティという言葉が浸透する中で、従業員や取引先をはじめ、マルチステークホルダーを意識した経営を企業に求める声が今まで以上に大きくなってきている。2015年に策定されたSDGsの前文では、「我々はこの共同の旅路に乗り出すにあたり、誰一人取り残さないことを誓う（As we embark on this collective journey, we pledge that no one will be left behind）」と記されている。「誰一人取り残さない世界」を実現するために、我々はオールジャパンで立ち上がる必要に迫られている。同時に、企業が「ソサエティ・ガバナンス」を確立していくうえでは、ダイバーシティ・インクルージョン（Diversity & Inclusion：多様性と受容）の推進や従業員への積極的なエンゲージメント、人財開発を目的とした人的資本への投資を、より一層推進していくことが求められるであろう。

新型コロナウイルスの流行がサステナビリティ経営を加速

2020年以降、新型コロナウイルス感染症（COVID-19）が世界各地で猛威を奮っており、2021年8月時点で、世界全体の感染者数は2億人を超え、死者数も400万人を超えている。先進国を中心にワクチンの接種が進み感染拡大を抑止できている地域もあるが、ワクチンが全世界に行き渡るまでには一定の期間が必要なことに加え、変異株も流行しており収束までの道のりはまだ長いと考えられる。

感染症は、国際的には従来から気候変動や自然災害などと並ぶ経営のリスク要因として認識されていた。世界の指導者や経営者が集うダボス会議の開催前にWEF（World Economic Forum：世界経済フォーラム）が毎年作成するグローバルリスク報告書（Global Risk Report）では、発生するとインパクトが大きい上位5個のグローバルリスクの中に、2007年・2008年・2015年は感染症が含まれている。

ただし、新型コロナウイルスが流行する前に想定されていた感染症に関するリスクは、急速に都市化を進めた途上国における蚊を媒介としたマラリアや結核の流行などが主だったとみられ、今回のような世界中に被害を及ぼす大規模な感染症の流行は想定を超えるものであったと考えられる。なお、新型コロナウイルスが流行した後の2020年9月から10月にかけて実施したサーベイをもとに作成された最新のグローバルリスク報告書2021年度版（Global Risk Report 2021）では、感染症は発生すると最もインパクトが大きい事象として取り上げられると同時に、起こりえる可能性が高いリスクとしても異常気象や気候変動対策の失敗などに続いて4番目に挙げられている。

新型コロナウイルスの流行に際し、多くのイニシアティブや政府機関が声明を出した。たとえば、コーポレートガバナンスに関する機関投資家イニシアティブであるICGN（International Corporate Governance Network：国際コーポレート・ガバナンス・ネットワーク）は2020年4月に「Covid-19蔓延下でのガバナンスの優先課題」というプレスリリースを開示した。内容としては、「財務の健全性と支払能力を維持するための短期的な流動性を確保しつつ、従業員の安全と福利を優先する」「従業員・利害関係者・資本の提供者との利害を念頭に、包括的かつ公平なアプローチで資本配分を決定する」など、従業員を意識した経営を企業に求めるものとなっている。英国のコーポレートガバナンス・コードやスチュワードシップ・コードの制定・改訂などを行うFRCも、新型コロナウイルスの感染拡大により不確実性が高まる中、機関投資家が企業からの情報開示を希望する主要5項目を、機関投資家からのフィードバックをもとにまとめ、2020年3月に公表している。主要5項目には、現預金の保有額や短期スパンでの資金調達に関する方針などのほか、将来にわたっての重要な財産や価値創造の源泉の保護の方針も含まれている。具体的には、新型コロナウイルスの影響を踏まえた妥当性のある売上高・利益シナリオの開示や、従業員支援のためのアプローチやサービスの提供が遅延した顧客に対して企業がどのように責任を果たしているかの情報などの開示が有用な可能性があると記されている。総じて、新型コロナウイルス禍では株主への短期的な配当よりも、未来の社会課題解決のためのR&D投資や会社の競争力の源泉である従業員の処遇向上が機関投資家から求められていると考えられる。日本企業にも、新型コロナウイルスに対する企業の危機マネジメント体制の整備や従業員の安全性確保が、ステークホルダーとの対話の中で求められる機会が増えている。

このように、グローバルなイニシアティブからの声明に鑑みるに、たとえば、企業に対して、従業員の雇用維持のためのキャッシュの確保を求めたり、サプライチェーンにおける自国の生産拠点の確保を求めるなど、新型コロナウイルスの流行を契機に、いわゆるESGの「E」に留まらず「S」を大切にすることをBCP（Business Continuity Planning：事業継続計画）を超えて、恒常的に求めていると解釈することも可能である。換言すると、日本的な経営モデルの強みが改めて見直されてきたと評価することもできるのかもしれない。

各国政府機関からは、新型コロナウイルス禍においてもグリーン経済への移行やデジタル技術の確立など、サステナブルな経済構築に向けた取り組みが示されている。EUは、2020年4月に「再生に向けたロードマップ（A Roadmap For Recovery）」を開示している。その中では、欧州の単一市場の深化の必要性などと共に、新型コロナウイルス禍からの経済再開にあたりグリーン経済への移行とデジタル・トランスフォーメーションが中心的な役割を果たすと記述されている。同時に、循環経済（サーキュラーエコノミー）、グリーン技術、デジタル技術への投資が雇用と成長を生み出し、経済回復に向けた国際競争において先行者優位を欧州にもたらすとも記されている。米国も 2021 年 4 月のバイデン大統領の施政方針演説にて、クリーンエネルギーや EV 関連（電気自動車）への投資を含む「米国雇用計画（American Jobs Plan）」という総額 2 兆ドルを超えるインフラ投資計画を発表すると同時に、気候変動は世界規模の戦いであると述べ、パリ協定への再加盟にも改めて言及している。京都議定書で地球の温暖化防止を主導してきた日本は、菅政権において、新型コロナウイルス禍における 2020 年 10 月の所信表明演説で 2050 年までの温室効果ガス排出をネットゼロにする方針が表明された。欧州や米国と同様、日本経済回復の契機も、サステナビリティを意識した政府の取り組みおよび企業経営が有力な柱となりえるであろう。

新型コロナウイルスの流行を契機に、タイムマシンのように一気に社会全体や企業に対するサステナビリティ経営への要請が強まり、地球・社会とアラインとした良き企業市民としての活動が問われているといっても過言ではないであろう。第 8 章で後述しているが、企業が持続的に成長するためには、企業の自律性を促す監督機能を発揮する仕組みが必要であり、その仕組みが「サステナビティ・ガバナンス」である。「サステナビティ・ガバナンス」とは、企業が成長し続けるための「はてしない物語（ネバーエンディング・ストーリー）」であるともいえる。

機関投資家との対話が企業価値向上を複層的に促す

英国では 2019 年 10 月、日本では 2020 年 3 月に機関投資家の行動規範であるスチュワードシップ・コードが改訂された。英国と日本のスチュワードシップ・コード改訂における共通点の一つに、サステナビリティ（ESG）に関する記述が加わった点が挙げられる。英国のスチュワードシップ・コードでは気候変動などの ESG に関する諸問題を含め、投資とスチュワードシップ（対話活動など）を体系的に統合することが求められており、日本のスチュワードシップ・コードでは企業との対話に際し、サステナビリティ（ESG要素を含む中長期的な持続可能性）の考慮が機関投資家に求められている。

機関投資家がサステナビリティを考慮しながらリターンの追求というスチュワードシップ責任を果たすことは、企業が魅力的なビジネスモデルや適切なコーポレートガバナンスの仕組みを創造し、持続的な成長を遂げることと表裏一体の関係にあり、両者は協創すべき存在であると考える。日本においても、コーポレートガバナンスとスチュワードシップの両輪がうまく機能すれば、それらは持続的な企業価値向上を複層的に促すことになる。

日本は、グローバルで主流となりつつある環境・社会・企業統治の持続性に配慮した投資（ESG投資）を行う動きや、エンゲージメントをはじめとするアクティブ・オーナーシップへの取り組みについて、欧米諸国との比較では未だ発展途上の段階にあると考える。ESG投資推進に取り組むGSIA（Global Sustainable Investment Alliance）が発行する、各国のESG投資の現状をまとめたGlobal Sustainable Investment Review 2020によると、日本のESG投資比率は直近の2020年時点で24.3%と、2016年（3.4%）と比べて大きく拡大している。拡大している理由として、GPIFや企業年金連合会が責任投資を推進するPRI（Principles for Responsible Investment：責任投資原則）に署名したことに加え、菅政権による2050年までのカーボンニュートラル達成へのコミットや金融庁・経済産業省・環境省が2021年5月に合同で「クライメート・トランジション・ファイナンスに関する基本方針」を発表したこと、コーポレートガバナンス・コードやスチュワードシップ・コードの改訂などを挙げている。ただし、米国や欧州、カナダなど他地域と比較すると日本のESG投資比率は直近でも最も低い水準にとどまる。

エンゲージメントをはじめとするアクティブ・オーナーシップの取り組みについても、たとえば2021年の株主総会で株主提案を受けた国内上場企業の数は48社（6月総会）にのぼり、過去最高だった前年の55社を下回るものの、引き続き高い水準で推移している。ただし、国内外のアクティビストやNGOなどからの株主提案が多く、国内の大手機関投資家が自ら株主提案を出した事例はほとんどない状況である。また、海外ではPRIが提供するプラットフォーム（PRI Collaboration Platform）やInvesment Association（英国の投資運用会社を代表する業界団体）、Ceres（米国のNGO）などの組織を通じて協働エンゲージメントが盛んに行われているが、国内では機関投資家協働対話フォーラムが精力的に活動しているものの、総じて協働エンゲージメントへの取り組みは限定的である。

欧州では、他地域に先駆けて持続可能な金融（サステナブルファイナンス）に関する規制も導入されている。EUタクソノミーはどのような経済活動や投資がサステナブルであるかを示した具体的な基準であり、対象として機関投資家などの金融市場参加者だけでなく欧州の大企業や各国政府機関も含む。SFDR（Sustainable Finance Disclosure Regulation）は機関投資家をはじめとする金融市場参加者などを対象としたサステナブルファイナンスに関する主要な法規制で、組織レベルや金融商品レベルの双方においてサステナビリティに関連する情報開示を要請するものである。SFDRの中で特に機関投資家への影響が大きいと考えられるのは、持続可能性の観点から金融商品を3つに分類することを要請している点である。EUタクソノミー・SFDR共に日本企業を直接拘束する規制ではないが、当該規制を受ける欧州拠点から日本企業に投資する機関投資家や、機関投資家にデータを提供するESG評価機関がEUタクソノミーやSFDRに関連する情報開示を日本企業に求めるケースが今後さらに増えると考えられる。

環境面に関するEUタクソノミーについて、欧州で運用を行う機関投資家はどのようにタクソノミーを利用したか、投資がどの環境目的に貢献するかに加え、タクソノミーに適合する投資の割合の開示が求められる。機関投資家がタクソノミーに適合する投資の割合を計算できるようにするため、①タクソノミーに適合する売上高の比率、②設備投資額の比率、必要な場合は事業運営費の比率の開示が欧州の大企業に要請されており、日本企業にも同様の開示が機関投資家から要請されると考えられる。

また、最近では社会面のタクソノミー（ソーシャルタクソノミー）に関する議論も進んでいる。2021年7月時点の草案では、経済活動が社会面でサステナブルとみなされるために、①人々の生活のニーズを満たす製品・サービスの提供など「十分な生活水準の奨励」、②差別撤廃、強制労働・児童労働の廃止など「働きがいのある人間らしい仕事の保証」、③製品およびサービスの安全性向上に関する取り組みなど「消費者利益の促進」、④特定の社会的弱者を対象としたトレーニングなど「包括的で持続可能なコミュニケーション」という 4 つの社会目標のいずれかに該当することが必要条件になる見込みである。草案の中では、①のように社会的・経済的人権の尊重に寄与する製品やサービスに関する目標を「垂直的次元（Vertical Dimension）」、②③④のように民間企業の経済活動における人権の尊重と保護を向上させるプロセスに関する目標を「水平的次元（Horizontal Dimension）」と分類している。

SFDR では、金融商品を持続可能性の観点から「サステナブルでない金融商品」「ESG 金融商品（Light Green）」「サステナブル金融商品（Dark Green）」の 3 つに分類している。Light Green、Dark Green と呼ばれる金融商品に分類されるためには、各商品に該当すると考える判断の根拠に加え、環境面を考慮している部分については EU タクソノミーに沿った開示、またサステナビリティにおける主要な負のインパクト（PAI：Principal Adverse Impacts）に関する説明が必要になる。加えて、Dark Green と認められるにはマーケット全体を参照するインデックスとの比較におけるサステナビリティインパクト、インデックスを参照しない場合はサステナビリティ目標の具体的な提示が必要になるなどハードルが高い。なお、一部の機関投資家からは、今後「サステナブルでない金融商品」の販売が従来よりも難しくなるという声がある。

機関投資家が PAI を考えるうえでどの指標を用いるべきかについては、SFDR に関してより具体的な開示方針を定める Regulatory Technical Standards（RTS）に記載されている。2021 年 2 月に公開された RTS の最終案には PAI に関連する 64 の指標が掲載されており、そのうち開示が必須となるのは 18 指標（うち企業を対象とするものは 14 指標）、任意開示のものは 46 指標（うち企業を対象とするものは 33 指標）ある。PAI の指標に関連する情報開示を機関投資家が行うには、日本企業を含むグローバル企業がそれらの指標に関する情報開示を行う必要がある。開示が必須となる指標には、「生物多様性に悪影響を及ぼす領域での活動」や「ジェンダー報酬格差」など、現時点で日本企業がほとんど情報開示を行っていない項目もある。

日本においても金融庁のサステナブルファイナンス有識者会議にて、EU タクソノミーやSFDRが議題には出ているものの、日本でどのようにサステナブルファイナンスの仕組みを構築していくのか具体的な方針はみえておらず、欧州をはじめとする他国より出遅れているのが現状である。サステナブルな国内外の機関投資家の資金を、中長期にわたり高い成長が見込めるサステナブルな日本企業に誘導し、企業価値向上を複層的に促していく仕組みづくりが期待される。

日本企業に投資する機関投資家の中には、確固たる投資哲学に基づいてエンゲージメント・ポリシーを公表のうえ、積極的にサステナビリティに関する事柄をエンゲージメントや投資判断に反映する機関投資家も存在する。たとえば、世界最大の運用機関であるブラックロック（BlackRock）のCEOであるラリー・フィンク氏は2021年に投資先企業に宛てた書簡の中で、自社のパーパスが確立されており、それが顧客・従業員・社会に価値を提供するものであればあるほど、株主にサステナブルな長期的利益を与えることが可能となる旨を記している。同時に、自社の長期的戦略とカーボンニュートラルへの対応がしっかりと結びついている企業は、よい面で際立つとも書かれている。長期視点かつサステナビリティを後押しするエンゲージメントや投資を行う機関投資家を称賛・応援するような、日本社会の枠組みが必要であると考えている。

Sustainability Governance 第7章

パーパスに根差したサステナビリティ経営の実現

内ヶ﨑茂
神山直樹
水谷晶
中川和哉

パーパスをいかに企業のストラテジー・バリューに落とし込むか

現代は、グローバル化・デジタル化・少子高齢化など多くのメガトレンドや多様な価値観のステークホルダー（利害関係者）の増加などによって企業を取り巻く環境が目まぐるしく変化している。それゆえに将来の予測が非常に困難であり、VUCA（ブーカ）な時代であるともいわれる。VUCAは「Volatility：変動性」「Uncertainty：不確実性」「Complexity：複雑性」「Ambiguity：曖昧性」という、4つの単語の頭文字を取ってきたもので、当初は冷戦終結後の不確実な世界情勢を表すために使用された言葉である。

そうした世の中であるからこそ、企業は自らの存在意義を見失わないために、パーパスに根差した経営（パーパス経営）を実現しなければならないと考える。一般的に、パーパスは英語で「目的」と訳されるが、この場合は「存在意義」または「使命」と訳すことが適切であろう。時代が目まぐるしく移ろう中でも、草木が根を生やしやがては花を咲かすように企業が輝き続けるには、パーパスという根源を見失わないことが重要だと考える。パーパスという自社の根源を再確認することにより、長期的にどのようにサステナビリティ経営（持続可能な経営）を推進していくか、その方向性が明瞭になると共に、ステークホルダーにも自社の魅力を伝えやすくなる。近年はアクティビストを含め、機関投資家が企業経営について厳しい追及を行う事例も少なからず存在するが、そうした機関投資家に対してもパーパスに根差した経営の全貌を説明することにより、説得力のある対話が可能になると考える。

パーパス経営を実現するには、根源であるパーパスを軸に最終的に企業が採るべきストラテジー（戦略）、共有すべき価値観であるバリューに落とし込んでいく必要がある。サステナブルなパーパス経営を実現するストーリーとしては、①企業の存在意義を示すパーパスを定め、②目指すべき経営の方向性を示すビジョンを打ち出し、③ビジョンの実現のために自社のマテリアリティ（重要課題）を洗い出した後、④課題解決のために何を社会に提供していくかミッション（行動計画）を定め、⑤ミッションを具体的なストラテジー（戦略）に落とし込み、⑥ストラテジー実現のために同じバリュー（価値観）を共有する、というプロセスを想定している（図表7-1参照）。最上位の階層に位置す

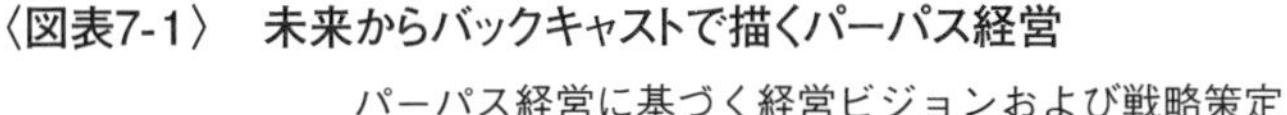
〈図表7-1〉　未来からバックキャストで描くパーパス経営

パーパス経営に基づく経営ビジョンおよび戦略策定

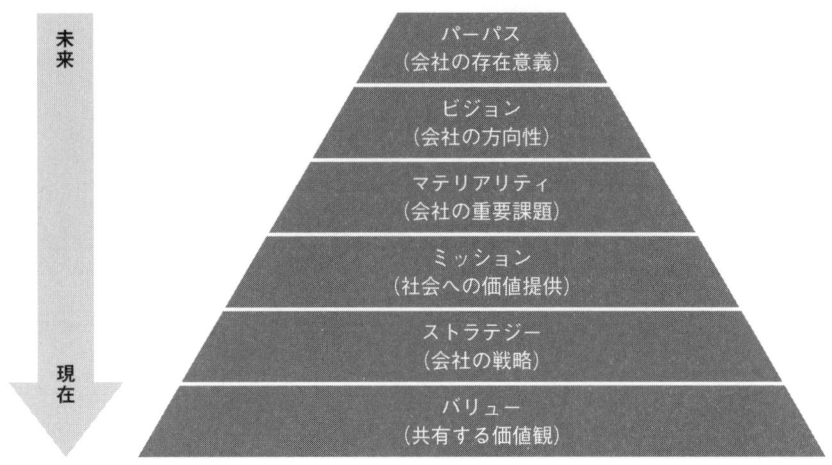

出所: HRガバナンス・リーダーズ作成

るパーパスから根底にあるバリューまで、階層を下るたびに、未来のあるべき姿から現在の目指す姿にバックキャスティングされるストーリーを描くことが、最もステークホルダーからの理解を得られやすいと考えている。

最上位の階層に位置するパーパスは、企業のこれまでの歴史を踏まえながら、これからも未来永劫企業が存続することを想定し、時代を経ても揺らぐことのない存在意義を示す必要がある。人生100年といわれるように、100年後の社会に貢献する企業市民として、未来の社会から選ばれる会社として、目指すべき北極星がパーパスであり、創業理念を超えた最も未来志向な概念であるべきものともいえよう。次の階層にあるビジョンについても、これから取り組むべき長期の経営の方向性を示す羅針盤となるものでなければならない。その次のマテリアリティについては、足元の状況も織り込む必要があるが、同時に長期スパンで気候変動がどのように自社のビジネスに影響を及ぼすかなど、未来に起きることを想定しながらマテリアリティを洗い出す必要がある。

ミッションはマテリアリティを踏まえながら企業が社会に何を提供していくかの行動計画だと解釈しており、少しずつ現時点の状況を織り込む色彩が強くなる。重要な課題であるマテリアリティと行動計画であるミッションの両方が特定されて、はじめて企業が取り組むべきストラテジーがみえてくる。そのストラテジーを実現するために、現時点で共有すべき価値観であるバリューを企業に浸透させる必要があると考える。

ここで示したのはあくまでも一例であり、たとえばバリューがより企業の風土に重きを置くカルチャー（企業文化）という言葉に変化するなど企業によって解釈や定義が異なることも十分にありうる。最終的には自社の創業からの歴史や社是なども考慮したうえで、ステークホルダーから共感が得られるオリジナルなパーパス経営を定義し、それを実現することが重要であろう。「企業文化は戦略に勝る」という、ピーター・ドラッカーの有名な言葉があるとおり、長期的な戦略実現のためには、パーパス経営に向けて、人と組織とカルチャーが統合的に連動することが肝要である。近年の CSV（Creating Shared Value：共有価値の創造）経営の考え方にも通じるが、パーパス経営を企業文化のレベルまで浸透・定着させることが、経営戦略に勝る重要なものになると考えている。

グローバルではパーパス・ビジョン・ミッション・バリューといった言葉の定義が多様化していることを背景に、定義を統一しようとする動きもある。オックスフォード大学や UC バークレーなどの学術界・機関投資家・法律事務所・コンサルティングファームなどから成る EPI（Enacting Purpose Initiative）は、2020 年 8 月　に“ENACTING PURPOSE WITHIN THE MODERN CORPORATION”を発表している。レポートの中には取締役会がどのようにパーパスを設定するかに関する方針に加え、パーパス・ビジョン・ミッション・バリューに関する捉え方が多様であることから、EPI が考える各々の言葉の定義を発表している。パーパスについては“Why the organization exists（なぜ組織が存在するか)”、ビジョンについては“The aim of the organization（組織の目標)”、ミッションについては“What the organization will produce（組織は何を生みだそうとしているか)”、バリューについては“How the organization will operate（どのように組織は運営されているか)”、という言葉で定義しており、それぞれの言葉について何を意図しているかを詳細に記している。同時に、パーパスをアクションやアウトカムにつなげるため SCORE というフレームワークを提示している。SCORE は、Simplify（パーパスをシンプルで説得力のあるものにする)、Connect（パーパスを戦略と結び付ける)、Own（自社のパーパスを組織全体で共有する)、Reward（パーパスのある行動にインセンティブ付けをする)、Exemplify（生きたパーパスを浸透させる）という5つの英語の頭文字を取ったものになる。パーパス・ビジョン・マテリアリティ・ミッション・ストラテジー・バリューを根本から定義するにあたり、EPIの各用語の定義を一部参考にしている。

パーパス策定の重要性については、すでに複数の公的機関や企業が認識をしている。英国のFRCが2016年に発表した"CORPORATE CULTURE AND THE ROLE OF BOARD"というペーパーでは、複数の英国企業の取締役会議長が、何のために企業が存在するか、なぜ存在するかというパーパスを明瞭にすることは、企業が成功を遂げるための出発点であると認識している旨が記されている。財務的な利益を超えた社会全体に便益をもたらすというパーパスを定義し、それを広めることは従業員の意欲を向上させ、顧客と信頼関係を築くことを可能にするとも記述している。同時に、パーパスを実現するためのストラテジーが企業のバリューやカルチャーと結び付いているべきであり、決して孤立させてはならないとも書かれている。

パーパス経営を体現している企業の事例として、デンマークの製薬会社ノボノルディスクが挙げられる。同社は、会社のパーパスとして「変革を推進し、糖尿病やその他の深刻な慢性疾患を克服すること」を掲げている。糖尿病を中心とした疾患領域に特化したビジネスを展開し、インスリンの世界シェアが50%を超え、マーケットリーダーとしての地位を確立している。患者やパートナーからの洞察をもとに、アイデアを治療だけではなく、糖尿病の予防薬にも積極的に活かしている。売上高の約8割を糖尿病領域が占めており、集中的な研究開発体制が奏功し、2016〜2020年のROEが毎年70%を超えるほど資本効率性が高い。同社のESG活動として、①世界でいち早く環境報告書を策定しサプライヤーも含めたカーボンニュートラル達成への取り組み、②医薬品へのアクセス向上を目的とした途上国への寄付や安価に医薬品を供給する活動、③大株主のノボノルディスク財団（資本金約30%、議決権約80%）による科学的・人道的な目的での寄付が有名である。明確なパーパスに沿った具体的な経営戦略を策定し、パーパスと経営戦略を統合し、サステナブルな成長を果たしている好事例である。

海外では、パーパスを定款に盛り込む事例も出てきている。フランスでは、2019年5月に公布されたPACTE法によって、企業の活動が社会と環境に及ぼす影響について考慮する義務が明記されると同時に、定款にて自社のパーパスおよび環境面、社会面での目標を記載する「Entreprise à Mission（使命を果たす会社）」と呼ばれる形態を採用することができるようになった。たとえば、フランスの食品会社であるダノンは、2020年6月に上場企業としてはじめて人々の健康を保つことと地球環境の保護とは依存関係にあるという信念を反映したパーパスおよび環境面、社会面に関する目標を定款に含めている。定款の変更については、年次総会で99%以上の賛同を得るなど多くの株主から支持された。他にもフランスの化粧品・美容ブランドであるイヴロシェを含むロシェグループやファッションブランドのエーグルなども「Entreprise à Mission（使命を果たす会社）」として定款にパーパスおよび環境面、社会面での目標を記載している。

江戸時代中期の近江商人の活動理念として、「買い手よし、売り手よし、世間よし」という「三方よし」の考え方がある。日本においては古くから「世間よし」という形で多くのステークホルダーへの配慮が込められていたと考えられる。現代では、それに「作り手よし、地球よし、未来よし」という考え方が加わり、「六方よし」が日本企業のあるべき姿として語られることが多い。「六方よし」という考え方が広まった背景には、日本において古くから文化として根づいていた「三方よし」における限られたコミュニティの利益を尊重する考え方から世界観が広がり、「作り手」（取引先）、「地球」、「未来」に拡大したと解釈している。

また、江戸時代の商人が商売で得た利益を、私塾を開設して、未来の社会を創る子供に社会や経済の仕組みを教えたり、町の川に橋を架けて、市民のインフラを構築するなど、まさに、未来への架け橋のために利益を活用するという哲学や思想が日本の商人には根づいていた。そのような哲学や思想が経営理念として受け継がれ、世界の創業100年の約4割、200年以上の約6割は日本企業であるように、日本は長寿企業大国といわれている。長寿企業であるための要件については、様々な研究がされているが、特に、創業理念が経営理念として継承されていること、地域密着型で顧客との信頼関係が構築されていることが大きく寄与しているともいわれており、江戸時代の商売の考え方が根底にあると思われる。

一方、米国は従来からアングロサクソン型資本主義の色彩が強く、特に1981年にレーガン政権が誕生してからはM&Aに関連する規制緩和などを背景に市場重視の政策が採られ、株主第一主義の考え方が一層広まった。ただし足元では、アップルやウォルマートをはじめ米国の多くの主要企業が加盟する経済団体であるビジネスラウンドテーブルが2019年に発表した「企業の目的に関する声明」において、従来の株主第一主義から脱却し、従業員や取引先、顧客なども含めたステークホルダー資本主義に転換する方針が示された。ステークホルダー資本主義の考え方は「六方よし」の考え方と似通っているが、従来から「買い手」、「売り手」、「世間」に配慮をしていた日本と「株主第一主義」を謳っていた米国とでは、そこに至るまでの経緯が大きく異なる。多くのステークホルダーに配慮した「六方よし」の考え方は、世界観が拡大しただけで、古来から日本に馴染みのある考え方であるともいえるであろう。

たとえば、日本人に広く知られている渋沢栄一の「論語と算盤」をみても、道義を伴った利益の追求や、自分より他人を優先し公益を第一にするという考え方が主張されており、古くから「道義」や「公益」を重んじる日本人の価値観が反映されていると考える。古来から「道義」や「公益」を重んじていた日本企業が、改めてパーパス経営を意識し、多様なステークホルダーの考え方を反映させながら、「六方よし」の経営を実践していくことは、世界に比類ない地球に貢献するアースドリブンなエクセレントカンパニーを生み出す鍵になると考える。

換言すると、米国流の長期的な株主利益の最大化のためのステークホルダー資本主義と、日本流の「六方よし」を前提としたサステナビリティ資本主義とでは、源流も展開も異なる。

サステナビリティの観点からマテリアリティを特定する

マテリアリティは、パーパスに根差したビジョンの実現を行ううえで解決す

〈図表7-2〉　マテリアリティ・マップの策定事例

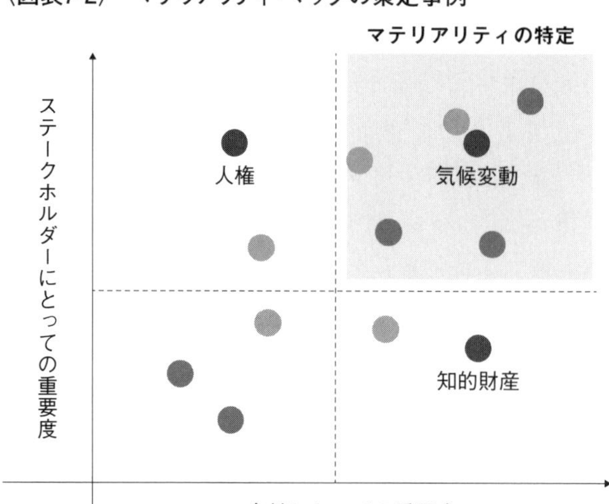

出所: HRガバナンス・リーダーズ作成

べき重要課題であると共に、その内容が企業のミッション・ストラテジー・バリューにも影響する。マテリアリティは、パーパス・ビジョンとミッション・ストラテジー・バリューをつなぐ架け橋として非常に重要な意味を持っており、いかにしてマテリアリティを特定するかが、企業の存続を左右しうる。

マテリアリティという言葉は、英語で物事の重大さや重要な課題のことを意味する。マテリアリティという考え方自体は、企業会計における「重要性の原則」がもとになっていると考えられている。「重要性の原則」とは、重要性の高いものは詳細に、乏しいものは簡便に会計処理を行うという原則である。

サステナビリティの観点からマテリアリティを認識するうえでは、①企業にとっての重要度、②ステークホルダーにとっての重要度という2つの軸に基づいて、取り組むべき課題に優先順位をつけていく考え方が一つの有力な選択肢になる（図表7-2参照)。①の企業にとっての重要度は、パーパスに根差し、経営の方向性を示すビジョンを実現するうえで、何が課題になっているかを企業の立場から認識し、その重要性を評価することになる。一方、②のステークホルダーにとっての重要度は、機関投資家・NGO・NPO・公的機関などの各ステークホルダーとのエンゲージメント（建設的な対話）を通じて、ステークホルダーの関心度合いを見計らい、重要性を評価することになる。

企業の抱える課題を2つの軸に基づいて散布図の上にマッピングすると、右上に位置する課題は企業とステークホルダーの両方が問題意識をもつ重要性の高い課題、つまりマテリアルな課題である。たとえば、図表7-2の事例では、気候変動に関する課題が企業とステークホルダーの双方が重要視するマテリアルな課題となる。

一方、右下に位置する課題は、企業にとってはパーパスに根差したビジョンを実現するうえで重要なものの、ステークホルダーの関心や問題意識はさほど高くない課題になる。もしもステークホルダーの認識が誤っているのであれば、その認識を正すために企業は積極的な情報発信を行う必要があると考えられる。また、左上に位置する課題はステークホルダーの関心や問題意識は高いが、企業にとって重要でないと考えている項目になる。言い換えれば、ステークホルダーと自社の認識に齟齬がないか、パーセプションギャップ（認識のずれ）を定期的に確認する価値がある課題であるといえる。図表7-2の事例でいえば、知的財産の保護や活用は右下に位置しているため、ステークホルダーへの積極的な意見の発信を検討すべき項目になり、人権への対応は左上に位置しているため、ステークホルダーと自社の認識に齟齬がないか、定期的に確認する必要がある課題であると考えられる。

もちろん、企業を取り巻く業界環境に大きな変化が生じたり、ステークホルダーの関心が他の項目に移るなど企業にとってマテリアルな課題は時間の経過と共に変化すると考えられる。不確実性の高まるネクストノーマルな社会では、多様性の効いた取締役会が主導して、マテリアリティを定期的に見直すプロセスを導入し、時流を捉えたマテリアリティの設定を心がける必要がある。

IIRC・GRI・SASBが提示するマテリアリティの定義

サステナビリティ情報の開示基準を設定する団体としてIIRC（International Integrated Reporting Council）、GRI（Global Reporting Initiative）、SASB（Sustainability Accounting Standards Board）などが挙げられる。これらの団体は、マテリアリティについても各々異なる定義をしている。

各団体のマテリアリティの定義を紹介する前に、IIRC・GRI・SASBがどのような団体であるかを簡潔にまとめる。IIRCは統合報告書を作成するための国際的なフレームワークを示しており、個々の課題における開示すべき内容やKPI（Key Performance Indicator：重要業績評価指標）などを具体的に定めない原則主義を採用している。最も大きな特徴は、「オクトパスモデル」と呼ばれる価値創造プロセスを提示していることである。IIRCでは資本を財務資本、製造資本、知的資本、人的資本、社会・関係資本、自然資本の6つに分けて分類しており、これらの資本を、①インプットとして利用し、②事業活動を通して、③（製品などの）アウトプットに変換、最終的にそれらは資本の増加をもたらす、④アウトカムとなる。インプットした6つの資本とアウトカムとして現れた6つの資本がタコの足のように図示されている点をとらえて、オクトパスモデルと呼ばれている。

GRIはサステナビリティ報告書のガイドラインとなり、IIRCが財務面と非財務面の両方を含むのとは対照的に、GRIは非財務面に特化したガイドラインである。GRIは1997年にボストンで設立され、当初は責任ある環境行動原則への企業の遵守を確保できる説明責任メカニズムの策定を目的としていたが、その後、経済・社会・企業統治の問題を取り扱うよう拡大している。構成としては、共通スタンダードおよび経済・環境・社会に関する項目別のスタンダードの2種類に大きく分けられる。IIRCと異なり、各々のトピックについてどのような項目を開示すべきか詳細に記す細則主義を採用している。現在、グローバルで最も主流なサステナビリティ情報開示基準であると考えられる。2021年10月には、はじめて石油・ガスセンターに関するセクター別スタンダードを公表し、最終的には、40セクターについてスタンダードを公表する予定となっている。

SASBは2011年に設立されており、企業の情報開示の質向上に寄与し、中長期視点の投資家の意思決定に貢献することを目的に、将来的な財務インパクトが高いと想定されるESG（Environment Social Governance：環境・社会・企業統治）要素に関する開示基準を設定している。GRIと異なるのは、非財務情報の中でも財務インパクトが高いと想定される項目に特化している点である。元々は米国企業のための開示基準を志向していたが、現在はグローバル企業のための開示基準を志向している。SASBを最も特徴づけているのは、11のセクター、77の産業毎にどの情報がマテリアルでどのように開示をすべきか詳細に記されている点である。財務インパクトが高いと想定されるESG要素にフォーカスしていることから、機関投資家がSASBのフレームワークに基づいた情報開示を企業に求めるケースは多い。

各開示基準のマテリアリティの特定・開示のプロセスについてみていくと、IIRCは、①価値創造能力に影響を与える可能性を踏まえて関連性のある事象を特定した後、②関連性のある事象の重要度を価値創造に与える既知の影響または潜在的な影響という観点から評価、③相対的な重要度に基づいて事象を優先づける、④重要性のある事象に関して開示情報を決定するというプロセスを踏んでいる。一方、GRIは組織が経済・環境・社会に与える著しいインパクトを反映している項目、またはステークホルダーの評価や意思決定に対して実質的な影響を及ぼす事象をマテリアルな項目として開示するよう推奨している。なお、重要性の評価については組織全体のミッション、社会からの期待・経済・環境・社会に与える著しいインパクト、ステークホルダーの評価や意思決定に対する影響などを考慮するとも記されている。2006年のGRIガイドラインにて、はじめてマテリアリティに関して言及がなされた。現在のGRIスタンダードでは企業の抱えるサステナビリティ課題の優先順位をつけるうえで、「組織の経済・環境・社会に与えるインパクトの著しさ」を横軸、「ステークホルダーの評価や意思決定に対する影響」を縦軸にとったマテリアリティ・マップの作成が参考事例として記されている。2021年の共通スタンダードの改訂では、マテリアティ特定のために、①組織における背景を理解する、②実際のインパクトと潜在的インパクトを特定する、③インパクトの重大さを評価する、④レポーティングにおいて最も重大なインパクトを優先づけするという4つのステップが示されている。

SASBは、企業の財務状況や業績に影響を与える可能性が合理的に高いものをマテリアルな課題としている。同時に、産業別にマテリアルな課題を特定する際は、投資家がその課題に関心を持っているという証拠と、その課題が同じ産業に属する企業に影響を与える可能性があるという証拠に基づいて判断している。たとえば、11のセクターのうち消費財のセクターについては「製品品質・製品安全」、「製品およびサービスのライフサイクルへの影響」、「サプライチェーンマネジメント」のトピックについてマテリアリティが高いと特定されている。各セクターはさらに複数の産業が紐づいており、たとえば、消費財のセクターの下にはアパレル・アクセサリー・履物などを含む7つの産業がある。7つの産業のうち半分以上の産業で重要であるとみなされているトピックを、消費財のセクターとしてもマテリアリティが高いと判断している。

各団体のマテリアリティに関する解釈を比較すると、IIRCとSASBは投資家の視点からマテリアリティを特定しているのに対し、GRIはマルチステークホルダーの視点からマテリアリティを特定している点が大きな違いである。企業は自らのマテリアリティを特定・開示するにあたり、IIRC・GRI・SASBと照らし合わせながら、自社の考え方がステークホルダーを魅了するものであるか検証することが求められるであろう。特に、SASBについては産業ごとのマテリアリティに応じてどのような項目を開示すべきか記されており、大いに参考になる部分がある。

マテリアルな課題への取り組みが、株式市場の評価にも影響するという研究もある。Mozaffar Khan et al. の“Corporate Sustainability: First Evidence on Materiality”（2016）によると、企業のサステナビリティ課題についてマテリアルか否かをSASBに基づいて分類し、課題への取り組みと企業の株価パフォーマンスとの関係を検証した。結果として、マテリアルなサステナビリティ課題を上手にマネジメントしている企業は、そうでない企業のパフォーマンスを有意に上回っており、サステナビリティ課題への投資が株主価値を高めるものであることが示されている。同時に、マテリアルな課題に重点的に注力し、マテリアルでない課題には取り組みが劣る企業、つまり重点課題とそうでない課題の取り組みにメリハリをつけている企業のパフォーマンスが最も優れているという結果が出ている。

また、協働エンゲージメントを支援する機関投資家協働対話フォーラムの資料によると、IIRCなどが定義する投資家視点のマテリアリティを統合報告書に開示している企業群は、投資指標である株価純資産倍率（PBR）、自己資本利益率（ROE）が他のグループより高いという結果も出ている。マテリアリティ解決に向けた取り組みはパーパスに根差したビジョンの実現を行ううえでも重要であると同時に、株式市場からの評価に影響する可能性も十分にあると考えられる。

サステナビリティ情報の開示における足元の潮流と未来像

2020年後半から、サステナビリティ情報の開示において新たな潮流が生まれつつある。主な出来事の一つとして、サステナビリティ情報の開示基準を設定する主要な5団体（CDP・CDSB・GRI・IIRC・SASB）が包括的な企業報告の実現に向けて協働する方針を2020年9月に発表したことが挙げられる。共同声明では、冒頭にサステナビリティ情報の開示が財務情報の開示よりも複雑な理由として、サステナビリティ情報の利用者が多様であること、サステナビリティに関するトピックは、情報利用者の関心などにより時にゆっくりと、時に急速に性質が変化すること、サステナビリティ情報とレーティング・指標などを混同する誤解が一般的にあることを指摘している。そうした状況を踏まえて、5団体は協調に向けた3つの方向性を打ち出している。1つ目は、各々のフレームワークと基準を補完的かつ付加的に適用する方法についてのガイダンスの作成、2つ目はサステナビリティ情報のガイダンスに関するビジョンの共有、3つ目はビジョンの実現に向けて邁進するという共同のコミットメントと他のステークホルダーと緊密な関係を築くことへの意欲の表明である。

5団体が発表した共同声明では情報開示における「重要性（マテリアリティ）」の概念について、2種類に分けている。一つは企業の行動が経済や環境などに与えるインパクトを基とするマテリアリティ、もう一つはサステナビリティに関するトピックのうち、企業価値の創造に影響しうるという視点でのマテリアリティである。このような価値観を反映したうえで、共同声明では「ダイナミック・マテリアリティ」の概念が提唱されている（図表7-3参照）。報告されるべき課題について境界線が点線になっている理由は、ある時には重要でなかったトピックが重要とみなされるなどマテリアリティが動的（ダイナミック）な概念であることを示している。また、各フレームワークが報告されるべき課題のうち、どの領域をカバーするかについても共同声明の中で示されている。

〈図表7-3〉　ダイナミック・マテリアリティ

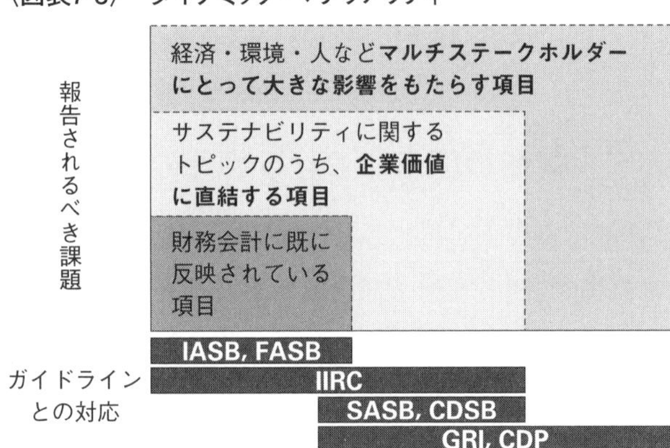

出所：CDP, CDSB, GRI, IIRC and SASB "Statement of Intent to Work Together Towards Comprehensive Corporate Reporting" より HRガバナンス・リーダーズ作成

共同声明が発表された後、2020年11月にはIIRCとSASBが合併し、Value Reporting Foundationという新たな組織を立ち上げることが発表された。これまでの各々のフレームワークが変わることはないが、今後はIIRCの提唱する6つの資本（財務・製造・知的・人的・社会関係・自然）の概念とSASBの提唱する5つのディメンション（環境・社会資本・人的資本・ビジネスモデル＆イノベーション・リーダーシップ＆ガバナンス）がどのように結び付くかをより明瞭にしていく方針を公にしている。どちらも長期的な企業価値創造に関する報告に焦点をあてているほか、IIRCは原則主義、SASBは細則主義を採用しており、両者は補完しあえる存在であると考えられる。

傘下に国際会計基準審議会（IASB）を有し、国際財務報告基準（IFRS）の開発を行うIFRS財団も、2020年9月に国際的なサステナビリティ基準を開発するための新しいサステナビリティ基準審議会を創設する方向性を示している。創設の背景には、サステナビリティ報告が多様な利害関係者にとって重要度を増しつつあり、サステナビリティ報告における一貫性および比較可能性を改善する緊急の必要性があるためであるとされている。そうした中、現状維持を貫いたり、既存の取り組みの進行役となるより、サステナビリティ基準審議会を設置し、既存の取り組みと協力しながらそれらの作業を基礎とする基準設定主体となることが最善だとの判断に至っている。現時点では、一番はじめに投資家や規制当局にとって重要度が増大している気候リスクに焦点をあてて、国際的なサステナビリティ報告の基準を策定することが提案されている。また、企業価値に重大な影響を及ぼすサステナビリティ情報である「シングル・マテリアリティ」だけでなく、GRIスタンダードのように企業自体が環境や社会に及ぼす影響についても報告すべきという「ダブル・マテリアリティ」の考え方もあるが、作業の複雑性を増大させることから、当初は投資家などに目的整合性のあるサステナビリティ情報である「シングル・マテリアリティ」に注力し、徐々にどのように報告範囲を拡大すべきかを検討するとされている。足元では、2021年のうちに国際サステナビリティ基準審議会（ISSB）が設置され、2022年3月に気候変動に関する基準の草案が公表される予定となっている。

一方、IFRS財団の考えと異なり、「ダブル・マテリアリティ」を重視する潮流も起きている。欧州では2021年4月にサステナビリティ情報開示に関する新たな指令としてCSRD（Corporate Sustainability Reporting Directive）の案が公表され、「ダブル・マテリアリティ」の考え方を適用していくスタンスが明瞭化された。2021年9月に改訂されたICGNグローバル・ガバナンス原則においても、マテリアリティが技術革新や規制の進展などに時間の経過とともに進化するという「ダイナミック・マテリアリティ」の考え方への配慮と共に、企業として可能であれば「ダブル・マテリアリティ」に基づいたサステナビリティ報告の実施が推奨されている。2021年9月のICGNグローバル・ガバナンス原則の改訂は、「シングル・マテリアリティ」と「ダブル・マテリアリティ」の考え方をめぐる対立構造に一石を投じたとも考えられる。

英国のFRCにおいては、企業報告の将来のあり方を検討するプロジェクト（Future of Corporate Reporting Project）が始動している。2020年10月にFRCは、"A Matter of Principles: The Future of Corporate Reporting" という新たな企業報告フレームワークに関するディスカッションペーパーを公表した。FRCは企業とステークホルダーのコミュニケーションにおいて、①現在の戦略報告書（Strategic Report）を進化させ、より簡素化した事業報告書（Business Report）、②財務諸表（Financial Statements）、③公益報告書

(Public Interest Report）の3つが最も重要な目的を果たす報告書になることを提案している。そのうえで、事業報告に関する詳細や特定のステークホルダーにターゲットを絞ったものなど、目的に応じて追加の報告書（Network Reports）を出すことを提案している。さらに、ディスカッションペーパーの中ではFRCが考える新たな開示フレームワークの考え方が示されている。従来は主要なユーザーである投資家に向けた開示フレームワークになっていたが、これからは目的志向で開示フレームワークを考え、各々の目的に応じて報告書の構造やマテリアリティなどを定義する方向性に切り替えていくことが提案されている。多様なステークホルダーを意識する点や、よりエッセンスを抽出し、簡素化した報告を行うという点などは、サステナビリティ情報の開示基準に関する5団体の共同声明やIIRCとSASBの合併の潮流と類似した部分があると考えられる。

これまで、サステナビリティ情報の開示基準に係る足元の動向についてみてきた。今後はサステナビリティ情報の開示において、3つのCが重要なトレンドになると予想する。3つのCとは、①Be Clear（明瞭であれ)、②Be Concise（簡潔であれ)、そして③ Be Comparable（比較可能であれ）である。

Be Clearについては、サステナビリティ情報開示基準を参照しながら、自社にとってマテリアルなトピックを特定し、それらを明瞭に開示することが今後は求められると予想する。5団体による共同声明では、ある時には重要でなかったトピックが重要とみなされるなどマテリアリティの概念が動的（ダイナミック）であることを示したうえで、企業が報告すべき課題を分類している。そうした考え方を参考にしながら、どのように自社のオリジナルな開示を行うべきか検討することが求められる。

Be Conciseについては、FRCが戦略報告書（Strategic Report）を進化させ、重要な箇所に絞って簡素化したBusiness Reportの発行を提案しているように、今後は異なるステークホルダーに対して要点を押さえ、簡潔にわかりやすく説明することが求められると予想する。たとえば、統合報告書の内容を簡素化し、その他の報告書を通じて必要なデータの開示などを補足的に行うのも選択肢の一つであると考えられる。

最後に、Be Comparableについては、データの開示に際し、比較可能性を意識しながらどの範囲においてどのようなメソドロジーを用いて集計したかを明らかにする必要がある。たとえば、温室効果ガスの排出についてはグローバルで受け入れられているGHGプロトコルなどを参照したうえで、どの範囲で温室効果ガスの数値を計測しているか、比較可能な形で記載することが求められると考えられる。情報開示の未来像を先取りし、開示に取り組む企業は、ステークホルダーからも高い評価を受けると考える。

コーポレートガバナンス・コードが求める TCFDのフレームワークに基づいた情報開示

2021年6月に、日本のコーポレートガバナンス・コード（企業統治指針）が7年目を迎えて、2度目の改訂が行われた。今回の主な改訂内容は、取締役会の機能強化、中核人材のダイバーシティ（多様性）の促進、サステナビリティの強化にある。特に、プライム市場の上場企業においては一段高いガバナンスの水準が期待されており、独立社外取締役の3分の1以上の選任などが求められている。つまり、プライム市場の上場企業は、グローバルオーナーシップ・カンパニーとして、世界のESG資金を呼び込み、当該資金を活用して、環境・社会に優しいサステナブルな成長が期待されており、グローバル標準のコーポレートガバナンスのスーツを着ることが求められているといえよう。

では、サステナビリティの一丁目一番地である気候変動にかかるリスクについて、簡単に触れておきたい。地球の環境容量を表す指標であるエコロジカル・フットプリントに関して、WWF（World Wildlife Fund for Nature：世界自然保護基金）による2010年の発表資料によれば、人間の経済活動で排出される二酸化炭素（CO2）の量は、1970年の時点で地球上の森林によって吸収できる量を超えており、現在の経済活動を続けると、2030年には約地球2個分、2050年には約地球3個分の容量が必要になると予想している。そして、世界気象機関（WMO）および国連環境計画（UNEP）により設立されたIPCC（Intergovernmental Panel on Climate Change：気候変動に関する政府間パネル）は、2014年11月の第5次評価報告書において、気温上昇で表面化する8つのリスクとして、①高潮や沿岸部の氾濫、海面水位上昇による健康障害・生計崩壊のリスク、②内陸洪水による大都市住民の深刻な健康障害や生計崩壊のリスク、③極端な気象現象による電気・水供給・保健などのインフラ機能停止のリスク、④極端な暑熱期間による都市住民・屋外労働者の死亡・罹病のリスク、⑤貧しい住民の温暖化・干ばつ・洪水・降水の変動による食料不足のリスク、⑥水資源不足に伴う農業生産性の低下による農村の生計のリスク、⑦海洋・沿岸の生態系・生物多様性がもたらす財・機能・サービスが失われるリスク、⑧陸域・内水の生態系・生物多様性がもたらす財・機能・サービスが失われるリスクを指摘している。さらに、2021年8月に発表された同第6次評価報告書では「人間の影響が大気、海洋および陸域を温暖化させてきたことには疑う余地がない」と、地球温暖化の要因は人間活動にあると断言している。そして、世界平均気温は少なくとも今世紀半ばまでは上昇を続けて、今後数十年間に二酸化炭素・温室効果ガスの排出が大幅に減少しない限り、21世紀中に地球温暖化は1.5℃および2℃を超えると予測している。継続する地球温暖化は、極端な高温・海洋熱波・大雨・干ばつの頻度と強度、強い熱帯低気圧の割合、北極域の海氷・積雪・永久凍土の縮小、世界的なモンスーンに伴う降水量・降水・乾燥現象の影響をさらに大きくすると指摘している。

このような背景を踏まえると、もはや企業は経済価値の最大化だけを念頭においた経済活動をする訳にはいかない。また、公害などの負のインパクトを社会に与えないような経済活動をするだけでも足りない。企業は外部不経済を最小化しつつ、社会の一員として社会課題を解決する中で経済活動を見出していかなければならない存在であることが求められる。

今般のコーポレートガバナンス・コードの改訂におけるサステナビリティの取り組みでは、気候変動に関してTCFD（Task Force on Climate-related Financial Disclosures：気候関連財務情報開示タスクフォース）またはそれと同等の国際的枠組みに基づく開示の質と量を求める旨が補充原則3-1③に追加されている。「コーポレートガバナンス・コードと投資家と企業の対話ガイドラインの改訂について」によると、同等の国際的枠組みとは、IFRS財団が現在策定を試みている「サステナビリティに関する統一的な開示の枠組み」などを指すと解釈されており、現時点ではプライム市場の上場企業にTCFDに沿った情報開示を求めていると考えられる。

TCFDは、本章でこれまで紹介したIIRC・GRI・SASBと比べ、気候関連に関する財務的影響などの情報開示にフォーカスしている点が大きく異なる。これまで国内では、E（環境）、S（社会）、G（企業統治）を別々に議論するケースが多数であった。一方、今回のコーポレートガバナンス・コードの改訂では気候変動や人的資本、また人権の尊重に関しても言及があるなど、EやSがGに入り込む時代が到来していると考えられる。

また、大手機関投資家もTCFDに沿った情報開示を求めている。2021年1月に、世界最大の運用会社であるブラックロック（BlackRock）のCEO（Chief Executive Officer：最高経営責任者）を務めるラリー・フィンク氏が投資先企業のCEO宛に書簡を出している。その中で、自社のビジネスモデルが温室効果ガスの排出を抑制するネットゼロ経済に整合的なものに変革されるための計画を開示することなどと共に、TCFDに準拠した情報開示を支持する旨が記されている。他にも、ゴールドマン・サックス・アセット・マネジメント（Goldman Sachs Asset Management）やティー・ロウ・プライス（T. Rowe Price）などの大手機関投資家も、TCFDに沿った情報開示を投資先企業に促している。

TCFDはG20の要請を受けて金融安定理事会（FSB）が気候関連の情報開示および金融機関が採るべき対応・情報開示を検討するため、2015年12月に設立された。その後、2017年6月に最終報告書が公表されており、企業などに対して気候関連のリスク・機会を特定したうえで、それらを経営戦略・リスク管理に反映しながら財務上どのような影響を及ぼすか把握し、財務報告書に開示することを求めている。気候関連リスクに関しては、低炭素経済への「移行リスク」と自然災害の発生による「物理的リスク」に分かれる。移行リスクはさらに、①温室効果ガス排出量削減のためのカーボンプライシングメカニズムの施行などを指す「政策・法規制リスク」、②既存製品の低炭素オプションへの置換、新規技術への投資の失敗などを指す「技術リスク」、③消費者行動の変化などを指す「市場リスク」、④低炭素経済への移行に際し、産業や企業が批判されることなどによる「評判リスク」の4つに分類される。一方、物理的リスクについては、①サイクロンや洪水など異常気象事象の発生に起因する「急性リスク」、②海面上昇や平均気温の上昇など長期的なシフトを指す「慢性リスク」の2つに分類される。気候関連機会に関しては、①エネルギー利用効率向上をはじめ原料の生産・流通・輸送プロセスなどの改善で操業経費削減、生産力増大などに貢献する「資源の効率性」、②クリーンエネルギーへのシフトなどからエネルギーコスト軽減などを実現する「エネルギー源」、③低排出型の新たな製品の開発などを行い、より多くの収入を得る「製品・サービス」、④新たな市場に関する機会をみつけることで低炭素経済への移行に際し、よりよいポジションを取る「市場」、⑤よりよく気候関連のリスクを管理し、機会を捉えられるようにする「レジリエンス」の5つに分類される。

TCFDで求められる情報開示を分類すると「ガバナンス」「戦略」「リスク管理」「指標と目標」の大きく4つに分けられる（図表7-4参照)。「ガバナンス」においては、気候関連のリスク・機会についての取締役会による監視体制や、それらを評価・管理するうえでの経営者の役割の説明が求められる。「戦略」については短期・中期・長期に分けて気候関連のリスク・機会を説明した後、それらがビジネス・戦略・財務計画に及ぼす影響の説明が求められるほか、2℃以下に気温上昇が抑えられることを想定した低炭素経済への移行シナリオ、場合によっては物理的気候関連リスクの高まるシナリオを考慮し、組織の採る戦略がどれだけ気候関連のリスク・機会に対してレジリエンスを有しているかを記載することが求められる。「リスク管理」では気候関連リスクを識別・評価するプロセス、それらを管理するプロセスについての記載が求められているほか、「指標と目標」では気候関連のリスク・機会を評価する際に用いる指標とその実績の説明、またスコープ別の温室効果ガスの排出量の開示も求められる。

TCFDが2020年10月に発表した“2020 Status Report”では、TCFDの各指標に関する企業開示の現状につきAI技術を用いて調査しており、気候変動のリスク・機会については4割以上の企業が開示している。一方、開示が悪い指標を順番にみると、シナリオ分析などを踏まえた戦略のレジリエンスは7%、総合的リスク管理との統合が17%、取締役会による監督が24%と、他指標より相対的に低い数値が出ており、改善の余地があると考えられる。

TCFDに関する今後の情報開示における方向性として、①シナリオ分析の普及、②ガバナンス体制の整備、③財務インパクトに係る情報発信の3つが議論の焦点になると考える。

〈図表7-4〉　TCFDで求められる開示項目の一覧

基礎項目	推奨開示項目
①ガバナンス	a）気候関連のリスク・機会についての取締役会による監視体制を説明
	b）気候関連のリスク・機会を評価・管理するうえでの経営者の役割を説明
②戦略	a）識別した短期・中期・長期の気候関連のリスク・機会を説明
	b）気候関連のリスク・機会がビジネス・戦略・財務計画に及ぼす影響を説明
	c）2℃以下シナリオを含む様々な気候関連シナリオに基づく検討を踏まえて、戦略のレジリエンスを説明
③リスク管理	a）気候関連リスクを識別・評価するプロセスを説明
	b）気候関連リスクを管理するプロセスを説明
	c）気候関連リスクを識別・評価・管理するプロセスが組織の総合的リスク管理にどのように統合されているか説明
④指標と目標	a）戦略とリスク管理プロセスに即して、気候関連のリスク・機会を評価する際に用いる指標を開示
	b）Scope1・Scope2・Scope3の温室効果ガス（GHG）排出量と、その関連リスクを開示
	c）気候関連のリスク・機会を管理するために用いる目標、目標に対する実績を説明

出所：Recommendations of the Task Force on Climate-related Financial Disclosures よりHRガバナンス・リーダーズ作成

シナリオ分析については、TCFDが最終報告書と別にガイダンスを出しており、そこではシナリオ分析を行ううえで実施すべき6つのステップが紹介されている。具体的には、①土台になるガバナンスを整備したうえで、②将来のリスク（機会）の重要度の評価を行い、③入力変数・分析手法などを含めシナリオ群の定義を検討し、④各シナリオが組織の戦略的・財務的なポジションにどのような影響を及ぼすかを考察する。その後、⑤ビジネスモデルやポートフォリオの変革を含めた対応策を定義し、⑥プロセスの文書化および分析結果や経営上の選択肢などについての情報開示が提案されている。"2020 Status Report"が示すように、TCFDに賛同している企業の中でも実際にシナリオ分析に関する開示を行う企業は少数に留まっており、今後はシナリオ分析のさらなる普及が期待される。また、現時点ではシナリオ分析を行ううえで産業革命の時期と比べて平均気温が2℃上昇するシナリオ、4℃上昇するシナリオを想定するケースが一般的であるが、先進的な企業は1.5℃上昇するシナリオを想定し、情報開示を進めている。米国のバイデン政権、日本の菅政権も 2050 年までのネットゼロ達成にコミットしているほか、EUでは2050年までのネットゼロの目標を欧州気候法に加える形で法制化している。各国政府が 2050 年までのネットゼロをコミットし、1.5℃上昇に抑え込むことを前提に政策を推進する中で、日本企業も 1.5℃の世界を想定し、そのシナリオに沿った情報開示を前向きに検討する価値があると考える。

なお、気候変動に限らず、少子高齢化や DX 化など社会のメガトレンドが産業や企業に及ぼす影響をシナリオ分析し、それを踏まえて自社のアクションプランや投資を検討するプロセスが重要であると考えている。たとえば、オランダのエネルギー会社であるロイヤル・ダッチ・シェルは、1970 年代における石油危機、1980 年代におけるソ連崩壊が自社に及ぼす影響についてシナリオ分析を行い、それを経営に活かしている（第 9 章参照）。

TCFD が推奨するガバナンス体制に関する開示の詳細をみると、気候関連問題につき取締役会や委員会が報告を受けるプロセスと頻度に加え、企業の戦略や計画などにおいて気候関連問題が考慮されているか、気候関連問題に対する取り組みのゴールと目標への進捗状況をどのようにモニターし監督するのかという説明を検討する必要があると記載されている。プライム市場への上場予定企業のうち、時価総額が大きくない企業では、監督以前に気候関連問題に対する取り組みのゴールを設定していないケースも多いとみられ、今後取り組みのゴールの設定が必要になると考えられる。シナリオ分析においても、実施すべきステップの冒頭に位置づけられている項目がガバナンスの整備になる。第 8 章でも示すサステナビリティにかかる委員会や担当役員の設置なども含め、気候変動を中心としたサステナビリティに関する問題について、どのようにガバナンスを効かせるのか、日本の企業は前向きに検討する必要がある。

財務インパクトに係る情報発信について、TCFD は気候関連のリスク・機会を特定したうえで、それらを経営戦略・リスク管理に反映しながら、原則として財務報告書において財務上の影響に関する開示を求めている。ただし、現時点では日本の財務報告書にあたる有価証券報告書において TCFD の枠組みを用いた情報開示が進んでいるとは言い難い。有価証券報告書で TCFD につき言及をしていたとしても、成長ストーリーとして語られておらず、リスクの点に限られているなど、統合報告書などにおける情報量と比較すると非常に少なくなっている。金融庁がオブザーバーを務めているサステナブルファイナンス有識者会議でも、機関投資家からTCFDの枠組みを用いた有価証券報告書での開示の必要性について問題提起がなされている。一方、有価証券報告書には虚偽記載への罰則があり、企業がTCFDに基づいて有価証券報告書に情報を記載するのは、特にシナリオ分析など未来の予測が入る部分などについて困難であるという意見もある。いずれにせよ、気候変動に際し、企業にどの程度の財務的なインパクトが生じるか、という情報は投資家をはじめ多くのステークホルダーが必要としている。それらの情報を統合報告書などいずれの開示媒体でもよいので、まずは発信することが重要であると考えられる。同時に、気候変動を含めサステナビリティを実現するために、マテリアリティ解決型の経営戦略と、当該戦略の遂行を監督するガバナンスの両輪について、統合報告書などの開示資料で統合的に記述することが求められるであろう。

Sustainability Governance 第8章

日本版サステナビリティ・ガバナンスの構築

内ヶ﨑茂
神山直樹
水谷晶
中川和哉

サステナビリティ経営を モニタリングする仕組みが求められている

「雇用を創出し、排出を削減し、世界的な気温上昇を1.5度に抑えることを追求するグリーン革命を支援することにより、我々の地球を守る。我々は、2030年までの20年間で我々全体の排出を半分に抑え、2025年までに気候資金を増加および改善させつつ、遅くとも2050年までのネット・ゼロにコミットするとともに、2030年までに陸地および海洋の少なくとも30%を保全又は保護することにコミットする。我々は、将来の世代のために地球を守るという我々の責務を認識する。」

2021年6月のG7サミット（主要7カ国首脳会議）における、共同宣言からの抜粋である。米国において、パリ協定を離脱するなど温暖化防止のための政策に否定的なトランプ大統領が退き、バイデン大統領が就任したことで、日本を含む主要7カ国はグリーン経済の構築、そして地球・社会を守るという責務に向けて一枚岩になったと考えられる。

地球・社会が抱える問題は、温暖化だけではない。ジェンダーや人種に基づく差別、格差社会の克服、人権の問題など多岐にわたる。各国政府が指針を示し、解決できる問題もあるが、私たちの生活は企業に支えられる部分も大きい。たとえば、米国アップルのスマートフォン「iPhone」は世界中で使われ、ダノンのミネラルウォーター「エビアン」は世界中で飲まれている。iPhoneは数千個の部品から製造されており、世界のサプライヤーが環境や社会に配慮したものづくりにこだわり、災害時の緊急連絡など社会貢献的な活用への期待も高まっている。エビアンは約200年以上も守り抜かれたフレンチアルプスで育まれた自然の恵みであり、地域住民はこの清らかな水を将来に残すため様々な環境保護活動に取り組んでいる。それらを提供する企業の活動が、環境に優しく人権にも配慮するなどのサステナブルなものでないと、地球・社会を守ることは難しくなる。企業には、社会的な貢献や責任を果たしながら、持続的に成長を果たすことが求められているといえよう。それこそが、「サステナビリティ経営（持続可能な経営）」であると考える。

一方、第6章で述べたように、今日一般的な会社形態となっている営利法人の株式会社というシステムは二重の無責任をはらんでいると考えられる。たとえば、本来は企業として中長期的に温室効果ガスの排出抑制に取り組まなければ、温暖化防止につながらないだけでなく、中長期的に炭素税が課されるなどコスト負担が生じ、財務的に悪影響を及ぼす可能性も十分にありうるが、経営者が短期的な利益に集中するあまり排出抑制に向けた取り組みを怠る可能性もある。そうした経営者のモラルハザード（倫理の欠如）を防ぐには、取締役会がサステナビリティ経営についてモニタリング（監督）を効かせていく仕組みが必要であると考えられる。その仕組みこそが「サステナビリティ・ガバナンス」であり、取締役会の役割と責任（Roles and Responsibilities）は、サステナビリティ・ガバナンスの強化にあるといっても過言ではないであろう。

サステナビリティ・ガバナンスの重要性については、グローバルでも既に認識されている。大手機関投資家のメンバーを中心に、コーポレートガバナンスに関する情報提供や政策への提言などを行うICGN（International Corporate Governance Network：国際コーポレート・ガバナンス・ネットワーク）は、2021年9月にICGNグローバル・ガバナンス原則を改訂している。その中で、主要な改訂項目の一つとして新たにサステナビリティ・ガバナンス（Governance of Sustainability）に関する記載が加わっている。具体的には、企業のサステナビリティ・ガバナンスのオーナーシップをとる取締役会の責任ならびに企業の戦略、オペレーション、監督とサステナビリティの統合を図る取締役会の責任を明確にすることを定めている。その他にもICGNグローバル・ガバナンス原則では企業のパーパス（存在意義）についても新たに改訂を行い、取締役会と経営陣が企業のパーパスを明確にして開示するよう奨励すると同時に、パーパスが企業の経営戦略やイノベーションを導くものであることを求めている。換言すると、環境・社会・経済の統合的な価値を最大化するために、取締役会の役割はパーパス実現のために骨太の方針（サステナビリティ方針）を策定することにあり、取締役会の責任はサステナビリティ経営を監督することにあるといえる。

大手機関投資家も、サステナビリティ・ガバナンスについて企業にエンゲージメント（建設的な対話）を行うケースが多い。2019年9月、2021年2月から3月にかけてアセットオーナーを含む大手機関投資家約20社にエンゲージメント・プラクティスについてヒアリングを行ったところ、多くの機関投資家がサステナビリティ・ガバナンスの構築をエンゲージメントの議題に挙げた経験を有していた。たとえば、サステナビリティに関する取り組みやKPI（Key Performance Indicator：重要業績評価指標）の進捗について取締役会がどのように監督を行っているか、サステナビリティに関する担当役員を設置しているか、などを尋ねているケースがあった。

サステナビリティ経営に積極的に取り組むグローバル企業は、サステナビリティ・ガバナンスの構築にも積極的に取り組むケースが多い。たとえば、米国の医薬品会社であるジョンソン・エンド・ジョンソンは“Sustainability Governance”について「明確な説明責任の連鎖を持つ強固なガバナンス構造により、当社のコミットメントとステークホルダーの期待の両方を実現することができる」と記している。TCFD（Task Force on Climate-related Financial Disclosures：気候関連財務情報開示タスクフォース）においても、気候関連問題に対する取り組みのゴールと目標への進捗状況を、どのように監督するかという説明を検討する必要があると記されている。日本でも2021年6月のコーポレートガバナンス・コードの改訂においてサステナビリティ重視の姿勢が明瞭に打ち出されたことを契機に、「サステナビリティ経営」に取り組もうとする機運は企業の規模を問わず見受けられるようになった。今後は、その取り組みをモニタリングする「サステナビリティ・ガバナンス」の構築がさらに注目を集めると考える。

サステナビリティ委員会の設置が今の日本には必要

サステナビリティ経営をモニタリングするサステナビリティ・ガバナンスは、どのような形で構築されていくべきであろうか。サステナビリティ経営を監督するガバナンス・システムとしては、取締役会内にサステナビリティ委員会を設置して、当該委員会の構成員である独立社外取締役がリーダーシップを発揮するプラクティスが欧米企業では主流になりつつある。本節では国連環境計画・金融イニシアティブ（UNEP FI：United Nations Environment Programme Finance Initiative）が提示している「サステナビリティ・ガバナンス」の目指す姿とその発展プロセスに基づき、サステナビリティという堅実な企業文化を促進するガバナンスの慣行を段階別に定義し、その中で多くの企業で取り入れている「サステナビリティ委員会」の役割と効果を説明する。

①サステナビリティ・ガバナンスのゴール

国連環境計画（UNEP）の傘下にあるUNEP FIは、企業がサステナビリティ文化を促進するためにはサステナビリティをコーポレートガバナンスに組み込む必要があると主張し、2014年に発行した“Integrated Governance – A new model of governance for sustainability ”において、「統合ガバナンス」というフレームワークをゴールとして提唱した。「統合ガバナンス」とは、サステナビリティ課題が、企業のガバナンスに完全に統合されている状態であり、長期的にはそれらの課題が企業価値を創出し、ステークホルダー（利害関係者）への利益を保証する形に統合されたシステムを意味する。

同機関は、最終的に企業が目指すべき「統合ガバナンス」を構築するまでの段階を3つに分けることで、最終ゴールに至るための道のりを企業に提示している。

第1段階はサステナビリティが取締役会の議題として取り扱われずに、その活動や責任が取締役会から離れたチームに任されている状態であり、多くの日本企業が当段階に該当する。第1段階から第2段階に発展するためには、まずサステナビリティを取締役会の議題の一部として含めることが必要である。第2段階にある企業はサステナブルな戦略を検討するための取締役会レベルの委員会を持つか、CSO（Chief Sustainability Officer：最高サステナビリティ責任者）を指名する。また、KPIを設定しサステナビリティ課題への会社の対応を評価し、当該活動内容をまとめたサステナビリティ報告書を発行する。さらに第3段階に進むためには、取締役会の全構成員がサステナビリティ戦略の策定に寄与し、実現に向けた責任感を持つことが必須である。第3段階の成熟したガバナンス構造を持つ企業はCSR（Corporate Social Responsibility：企業の社会的責任）・ESG（Environment Social Governance：環境・社会・企業統治）・SDGs（Sustainable Development Goals：持続可能な開発目標）などのサステナビリティに特化した取締役会レベルの委員会を持つ必要もないほど、サステナビリティが取締役会をはじめ会計・財務・戦略・オペレーション全体に統合されている。

持続可能な開発のための世界経済人会議（WBCSD：World Business Council for Sustainable Development）は、第3段階の「統合ガバナンス」を実現している企業としてドイツのSAPを挙げている。同社は2008年より、サステナビリティに係る機会とリスクを適切に取り扱うために、サステナビリティ課題に対するアプローチの体系化を試み、サステナビリティ報告書も発行し始め、2012年以降、環境と社会の情報をアニュアルレポートに組み入れた統合報告書へと発展した。2009年には新たなサステナビリティ戦略を公表するとともに、関連目標達成に貢献することを管理する内部ガバナンスフレームワークのサステナビリティカウンシルを設立した。そこでは、最高サステナビリティ責任者（CSO）がリードする企業活動のすべてが、サステナビリティを優先事項としている。当時から、CSOはCEO（Chief Executive Officer：最高経営責任者）と取締役で構成された委員会へ関連内容を直接報告する役割も持っていた。現在ではステークホルダーも交えたサステナビリティアドバイザリーパネルを設け、サステナビリティを同社のコアビジネスに組み込む方法について、内部・外部の多方面の視点から議論を実施している。

②サステナビリティ委員会の設置

サステナビリティが企業戦略の核心的な位置を占め、各取締役と事業部門分野代表が戦略の実現に対し強い責任感を持つ第3段階の「統合ガバナンス」はどの企業も目指すべきガバナンスの姿である。しかし、第1段階にとどまっている企業や、サステナビリティの重要性に対しいまだ行動が取れず認識レベルにとどまっている企業にとっては、直ちに「統合ガバナンス」を実現するということは容易なことではない。そのために第2段階を踏み台に、まずはサステナビリティ課題を取締役会の議題に挙げることからはじめることで、より実現性の高い対策を徐々に議論することができる。第2段階の実現においては、取締役が直接携わり、当該対策を策定・監督・報告する委員会の設置が最も有効

〈図表8-1〉　サステナビリティ委員会と取締役会の関係性

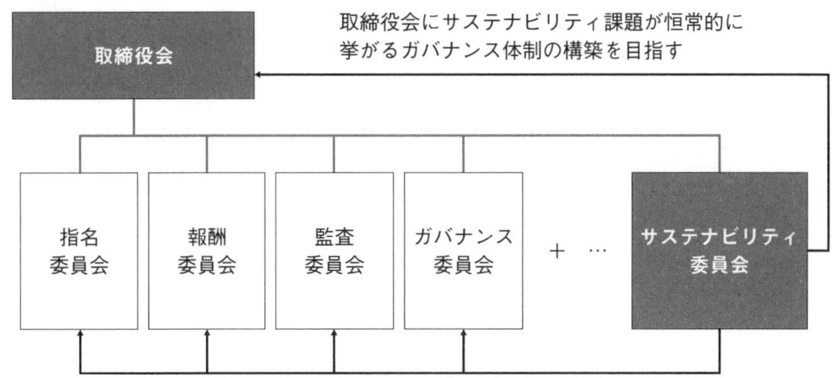

出典：UNEP FI "Integrated Governance 2014"よりHRガバナンス・リーダーズ作成

な方策である。サステナビリティ委員会の設置により、サステナビリティ課題の監督への責任意識を全取締役会メンバーが持つようになり、取締役会レベルの議論が可能になる。

まずサステナビリティ委員会は、取締役会に対し、サステナビリティ活動の提案や計画を提出するだけではなく、サステナビリティ目標値を設定しプロセスの監督の報告を行う。監査委員会とはESG関連情報の正確な報告・監督のために協働し、報酬委員会とは適切なインセンティブ報酬の決定やパフォーマンスのレビューにESG関連の目標値を導入するための協議を行う。最後に、指名委員会とは、ビジネスにおける重要なサステナビリティ課題を理解し、取締役に要求されるサステナビリティの専門性を識別するために連携する（図表8-1参照）。

サステナビリティ委員会の設置は「統合ガバナンス」実現に至る過程として有効な方法にもかかわらず、欧米企業と比較して日本企業の活用は少ない現状にある。スペンサー・スチュワートの英国企業の取締役会調査（2020年）によると、FTSE150の中でESG関連の委員会を設置している企業は29%に至る。グラスルイスの報告によると、フランス企業で環境問題や社会課題を監督する委員会を持つ企業は、CAC40の35社のうち25社であった。HRガバナンス・リーダーズの調査（2021年9月）では、日本企業JPX日経インデックス400採用企業のうちサステナビリティ関連委員会を設置している企業は84社にと

〈図表8-2〉 サステナビリティ委員会のモデル事例

役割	• 取締役会から権限移譲を受けて、以下事項につき、3カ年計画で審議・決定のうえで取締役会に報告 ①パーパス・マテリアリティの再定義　②長期的なビジネスのシナリオ分析 ③コーポレートガバナンス方針の策定　④取締役会のスキル・マトリックス策定 ⑤人財・事業・知財ポートフォリオ方針の策定　⑥戦略・リスク方針の策定 ⑦**サステナビリティの実効性向上**　⑧組織風土・企業文化の改革 ⑨ステークホルダーとのエンゲージメント強化　⑩取締役会の実効性向上
委員構成	全員が独立社外取締役で、委員長はリードディレクター（筆頭独立社外取締役）が担う（CEOなど適宜オブザーバー参加）

出典：HRガバナンス・リーダーズ作成

どまる。英国とフランスのデータとは母数が異なるため単純比較はできないが、日本企業ではサステナビリティ委員会の設置を通じたサステナビリティ・ガバナンスの強化の余地が大きいといえる。

たとえば、日本でも2020年8月に経済産業省から、「サステナビリティ・トランスフォーメーション（SX）（企業の稼ぐ力の持続性と将来的な社会の姿や持続可能性を同期化させる経営や対話）」の重要性が提唱されると同時に、2021年6月に改訂された「投資家と企業の対話ガイドライン」1-3において、「取締役会の下または経営陣の側に、サステナビリティに関する委員会を設置するなど、サステナビリティに関する取り組みを全社的に検討・推進するための枠組みを整備しているか」との記載が追加されている。世界のメガトレンドを踏まえたSXを全社的に取り組む課題として位置づけ、SXの有効な方策としてサステナビリティ委員会の活用が例示されていると考えられる。図表8-2にサステナビリティ委員会のモデル事例を挙げているように、当該委員会で扱うべきテーマは多岐にわたり、たとえば、10項目のすべてを扱うのであれば、中期経営計画と同様に3カ年計画で優先順位を明確にして取り組むべきものである。当該委員会には、パーパスやマテリアリティ（重要課題）の実現のために中長期視点での経営計画とサステナビリティ・ガバナンス計画を統合的に策定し、長期的なビジネスのシナリオ分析の実践、多様なステークホルダーとのエンゲージメントを強化するなど、各社のオリジナルな役割が期待されている。

モニタリング型のコーポレートガバナンスの構築

サステナビリティ委員会の設置を通じたサステナビリティ・ガバナンスの強化について述べてきたが、本節ではサステナビリティ・ガバナンスを実現する礎となるモニタリング型のコーポレートガバナンスについて考える。

これまでの日本企業のコーポレートガバナンスは、監査役会設置会社に代表されるマネジメント型が主流であった。マネジメント型とは、取締役会が個別の業務執行に関する意思決定を担うモデルのことであり、取締役会のメンバーが経営執行を担う TMT（Top Management Team：最高経営層）のメンバーと重複している割合が高い。伝統的日本企業において「取締役執行役員」という肩書は一般的である。もちろん多数の「取締役執行役員」がいる監査役会設置会社でも、経営の執行と監督の役割分担を明確にして、モニタリング型のコーポレートガバナンスを志向する企業は増えている。ただし、そうした企業は機関投資家をはじめとするステークホルダーから、執行と監督の役割を一体的に行うマネジメント型のコーポレートガバナンスの体制であるととらえられてしまうリスクが高い。

一方、英国や米国ではモニタリング型のコーポレートガバナンスが主流である（図表 8-3 参照）。CEO や CFO（Chief Financial Officer：最高財務責任者）などを除き、取締役会と経営執行を担う TMT がメンバーの重複なく構成され、取締役会は大局的な経営の方向性の決定と監督に注力する。一方、CEO を筆頭とする TMT に業務執行に関する大幅な権限移譲を進める。同時に取締役会の諮問に基づきサステナビリティ委員会をはじめ、独立社外取締役を中心とする多くの専門委員会を設置して、各委員会が監督指針を策定して、経営に関する重要課題を客観的かつ重点的に議論・監督する。CFO や COO（Chief Operations Officer：最高執行責任者）、CLCO（Chief Legal and Compliance Officer：最高法務コンプライアンス責任者）など各領域で最高責任者を定める CxO 制度を導入し、TMT のメンバーのミッション・ステートメントやジョブ・ディスクリプションを明瞭にしながら、取締役会は経営執行の監督に徹する姿勢を外部に客観性を持って示すケースも多い。サステナビリティ経営を推進するために CSO（Chief Sustainability Officer：最高サステナビリティ責任

〈図表8-3〉 理想的なモニタリング型のコーポレートガバナンス・モデル

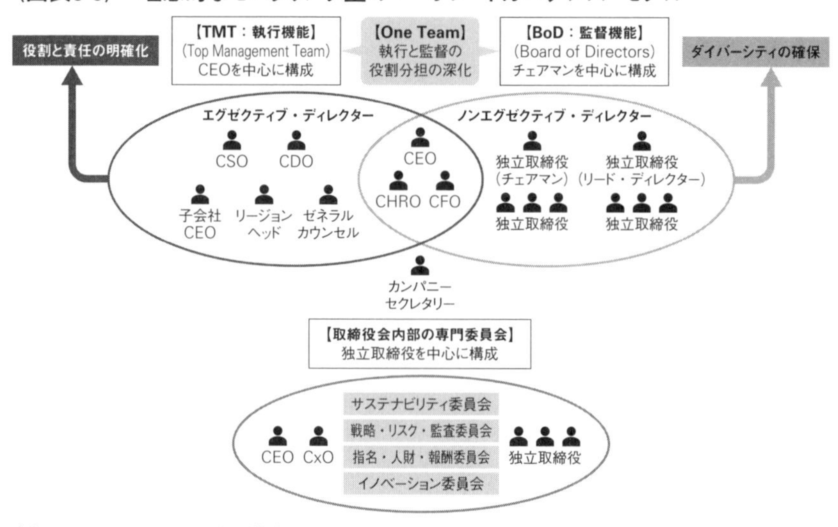

出典：HRガバナンス・リーダーズ作成

者）という形でサステナビリティの取り組みに責任を持つ担当役員を配置することも一案として考えられる。

モニタリング型のコーポレートガバナンスを実践することで、経営についてより客観的な判断をできる可能性が高まると考えられる。たとえば、マネジメント型のコーポレートガバナンスの体制を採る場合、事業の撤退・売却の判断についてその事業を執行役員として管掌する取締役を交えて議論を行わなければならない場面も出てくると考えられる。一方、モニタリング型のコーポレートガバナンスの体制を採る場合、業務執行に携わるメンバーが限られている分、取締役会において売上高・利益の推移や資本収益性・資本コストなどの数値を踏まえ、事業の撤退・売却について客観的な議論を行いやすいと考えられる。英国ではコーポレートガバナンス・コード、米国では上場規則によって、取締役会の過半数のメンバーが独立社外取締役によって構成されるケースが多く、日本の現状と比較して、より社外の声が反映されやすい環境になっている。また、独立社外取締役は、株主総会で選任されたステークホルダーの代表であるとの見方もできる。つまり、モニタリング型のコーポレートガバナンスは、ステークホルダーの代表である独立社外取締役を中心に会社全体の方針を決めたうえで、その方針が実行されているかを監督する仕組みであるとも考えられる。だからこそ、モニタリングモデルは株主以外のステークホルダーも重視するサステナビリティ経営と親和性があると考えられる。

HR ガバナンス・リーダーズは、早稲田大学商学学術院教授の久保克行氏らと共に、「日本企業のトップマネジメントチーム・取締役会改革の方向性〔上〕」（旬刊商事法務 2021 年 2 月 5 日号）にて、日本企業と英国企業の取締役会と TMT の現状について分析をしている。日本企業における取締役会と TMT のメンバーの重複について調べたデータを概観すると、TOPIX100 の構成企業で重複率（取締役会と TMT の重複人数÷取締役会人数）が 59.6%、JPX 日経 400 の構成企業では 50.9%、東証一部全体では 38.6% と、規模が大きくなるほど重複率が高いという結果が出ている。一方、英国企業においては FTSE100 の構成企業で 22.0%、FTSE350 の構成企業で 20.9%、全上場企業で 24.4% と総じて重複率が日本と比べて低い水準にある。英国の方が、日本よりもモニタリング型のコーポレートガバナンスへの移行が着実に進展している証左と考えられる。また、CxO 制度を導入する日本企業の割合についても、英国と比較してどの規模でみても明瞭に低い傾向がみられた。FTSE100 の構成企業では 90.4% が CxO 制度を導入する一方、TOPIX100 の構成企業では 56.6% と 6 割を切る水準にとどまる。上場企業全体でみると、英国では 61.7% が導入する一方、東証一部上場企業では 20.0% にすぎない。CxO 制度を導入する形で業務執行の責任を明瞭にする日本企業も、TOPIX100 などに数えられる大企業を除けば、現時点で少数派であるといえる。2021 年 6 月に改訂された日本のコーポレートガバナンス・コードにおいては、取締役会と TMT のメンバーの高い重複率について特に問題提起はされていないが、モニタリング型コーポレートガバナンスへの移行を考えるうえで監督と執行の役割分担を進めることは今後の日本企業の大きな課題であると考える。

その他にも 1 社あたりの平均人数については、TOPIX100 の構成企業では TMT の人数（23.6 人）が取締役会の人数（11.6 人）の約 2 倍に達している。一方、東証一部全体でみると取締役会の人数（8.1 人）が TMT の人数（7.8 人）を上回る。日本企業の場合、規模が大きくなるにつれて TMT の人数は取締役会の人数を上回るペースで拡大する傾向があると考えられる。翻って英国企業の場合、FTSE100の構成企業ではTMTの人数が7.9人、取締役会の人数が11.9人、全上場企業でもTMTの人数が4.0人、取締役会の人数が6.8人と一貫して取締役会の人数がTMTの人数を上回っている。規模が拡大するにつれ、取締役会の人数と比べてTMTの人数が大きく増えるのは、日本企業の一つの特徴であると考えられる。日本企業の場合、企業規模の拡大に際し、広範な事業に対応する形で業務執行を担う人財を配置する一方、英国企業は事業が広範に及ぶ場合でも業務執行の責任を担う人財を厳選し、指揮系統が明瞭になるよう配慮しているとも推測される。

ダイバーシティの重要性

日本企業は、女性管理職比率や女性取締役比率をはじめ欧米と比較してダイバーシティの観点で遅れをとっているといわれている。ただし、最近は多様な視点を取り入れたダイバーシティ経営を推進する動きが国内でも生じはじめている。たとえば、2018年6月に経済産業省はダイバーシティ経営の実践に向けて「ダイバーシティ2.0行動ガイドライン」を改訂した。行動ガイドラインでは、ダイバーシティについて、①ダイバーシティポリシーの策定など「経営戦略への組み込み」、②「推進体制の構築」、③ダイバーシティ経営の取り組みを適切に監督する「ガバナンスの改革」、④「全社的な環境・ルールの整備」、⑤「管理職の行動・意識改革」、⑥「従業員の行動・意識改革」、⑦「労働市場・資本市場への情報開示と対話」という7つのアクションを求めている。また、2021年6月のコーポレートガバナンス・コードの改訂でも「企業の中核人材の多様性の確保」が主要な改訂項目の一つとなり、中核人材の登用等における多様性の確保についての考え方と自主的かつ測定可能な目標を示すこと、多様性の確保に向けた人材育成方針と社内環境整備方針をその実施状況と併せて開示すべきである旨などが記されている。こうした国内動向を踏まえながら、本節では従業員や取締役のダイバーシティについて考察を行う。

①従業員のダイバーシティ

サステナビリティ・ガバナンスを構築するうえで、従業員のダイバーシティの確保は3つの重要な意義を有すると考える。

第一に、マネージャー層のダイバーシティの確保は、将来の経営層のサクセッションプラン（後継者育成計画）を構築するうえで極めて重要である。不確実性の高まるニューノーマルな社会においては、経営陣のダイバーシティを強化することがリスクをチャンスに変えるビジネスモデルの構築に欠かせない。米国企業でも日本同様に、業績の安定している平時にはCEOの内部登用が多いといわれており、CEO候補のプール人財においては多様なキャリアを有する幹部や管理職の従業員を多数抱えている。CEOの人財要件を明確にして、各CxOのミッション・ステートメントやジョブ・ディスクリプションを可視化することで、多様性のある人財開発への道程が明確になると考えている。

第二に、企業の中に多様な視点を取り入れることで、新たな商品・サービスを生み出すなどのイノベーションが促進されたり、不合理あるいは危険な意思決定を容認する集団思考に陥ることを防ぐ機能が期待されている。企業内での非連続のイノベーションを創出するためには、ダイバーシティに加えて、インクルージョン（受容）が重要であるといわれている。別の言い方をすると、ダイバーシティの効いたメンバーでイノベーションを創出するためには、お互いを信頼・尊重し合う企業文化や心理的安全性（サイコロジカル・セーフティ）の確保された組織風土がダイバーシティに富む論議を展開するうえで重要であり、最後に見解の相違があっても、会議で決定したことを実行に移すためには、パーパスに共感するチームとしての一体感も欠かせない。人種・民族・宗教などのダイバーシティの効いた欧米企業では、ダイバーシティ・マネジメントのトレーニングを絶えず続けることでダイバーシティをイノベーションの力に変える不断の努力をしている。

第三に、組織に属する人がダイバーシティの効いた環境で、個性を活かして力を発揮できることは、人間的な成長を実感できる意味でも幸福（ウェルビーイング）度が高まると考えられている。パーパスに共感する従業員が一体感をもって、パーパスにアラインした仕事を行い、仕事とプライベートを統合して個人の生活を充実させるワーク・ライフ・インテグレーションを強化することで、従業員にとって働きやすい環境と、従業員の会社への高いロイヤルティと仕事へのモチベーションを維持することにつながると考えている。たとえば、ジョンソン・エンド・ジョンソンでは、「ダイバーシティ＆エクイティ＆インクルージョン」を“Our Credo（我が信条）”に基づく重要な経営戦略として位置づけ、異なるバックグラウンド・信念・経験の価値を認め合い、各従業員がリーダーシップを発揮することのできる環境を創ることを目指している。

したがって、従業員のダイバーシティの確保は、サステナビリティ・ガバナンス改革の文脈でとらえると、①取締役会が人財マップなどを活用した人財ポートフォリオ管理を通じて経営層のダイバーシティの確保を監督する仕組みであり、また、②取締役会がイノベーションをブルーオーシャンのビジネスモデルに転換するための組織風土・企業文化改革やダイバーシティマネジメントを監督する仕組みともいえ、さらには、③取締役会が人財マネジメントシステムやワーク・ライフ・インテグレーションの仕組みが機能しているかを監督する仕組みであると考えることもできる。

2021年6月のコーポレートガバナンス・コードの改訂においても、ダイバーシティについて補充原則2-4①が新たに設けられ、「上場会社は、女性・外国人・中途採用者の管理職への登用等、中核人材の登用等における多様性の確保についての考え方と自主的かつ測定可能な目標を示すとともに、その状況を開示すべきである。また、中長期的な企業価値の向上に向けた人材戦略の重要性に鑑み、多様性の確保に向けた人材育成方針と社内環境整備方針をその実施状況と併せて開示すべきである」と記されている。コーポレートガバナンス・コードで中核人材に関する多様性の確保が求められたことにより、サクセッションプランを考えるうえで候補となる人財の多様性を確保することにも通じると考えられる。

従業員のダイバーシティの確保のゴールは、パーパスに根差したビジョンの実現、マテリアリティの解決に取り組むうえで強力な施策になりうると考えられる。イノベーションを生み出すにはチームメンバーのバックグラウンドの多様性に加えて、各個人が多様なバックグラウンドやパーソナリティを有していることも重要であろう。ハイパフォーマンス・チームを組成するためには、同質的なモノカルチャー（単一的な文化）の存在しない異質的なダイバーシティの効いたメンバーで構成される必要がある。つまり、ダイバーシティ＆インクルージョンとは、「多様な人財を活かして非連続のイノベーションを起こす、パーパス実現に向けたサステナビリティ経営の戦略である」と考える。多様な属性（性別・年齢・国籍など）と多様な認知（見識・価値感・発想など）を組み合わせることは、ビジネス環境の急激な変化に迅速・柔軟に対応するためのサステナビリティ戦略なのである。たとえば、アート思考・デザイン思考・プランニング思考などといった多様な認知を有するチームを組成するのも検討に値する。

②取締役の属性・年齢のダイバーシティ

社会の不確実性が高まる中、取締役会の多様性が重要性も増している。人口が右肩上がりに増加し、大量生産・大量消費に支えられていた高度成長期には品質のよいモノを効率的に生産し、経営は過去の成功体験を前提にものづくりを向上させていけばよかった。しかし、時代の価値観がモノからコト、そしてココロへと変わる中で、今後は、社会の価値観の変化を予見することが難しい。グローバル企業グループの売上が国家予算を超えるなど、企業の地球・社会への影響が増大する中で、取締役会は地球環境やカントリーリスク、社会的格差など世界共通の課題につき、将来のメガトレンドをいくつかのシナリオを分析し、議論しないといけない。そのためには、多様な価値観や視点からの論議が欠かせない。内部から昇格してきたモノカルチャーのチームで自社の進むべき方向性を議論するのはリスクが大きい。前述のコーポレートガバナンス・コード改訂でも取締役会の多様性に配慮するよう促しており、新型コロナウイルス禍で社会の不確実性への対応として、その風潮が一気に加速した。

ダイバーシティの中で最も議論されることが多いのは、ジェンダー（性別）・ダイバーシティであろう。「日本企業のトップマネジメントチーム・取締役会改革の方向性〔上〕」（旬刊商事法務 2021 年２月５日号）にて、早稲田大学商学学術院教授の久保克行氏らと共に日本企業の TMT のジェンダー・ダイバーシティについて調査したところ、TOPIX100、JPX日経400、東証一部上場企業において各々3.7%、2.6%、2.5%となり、どの規模でも取締役会の女性比率と比べて約3〜4%pt低い結果が出ている。当該調査結果は、英米企業で同様の傾向にあり、取締役会における女性の登用が一定程度進んでいる一方、経営陣における女性の登用がなかなか進まないといった課題は、英米企業でも同様に生じている。経営陣候補のプール人財において、女性の確保が遅々として進んでいないことに起因していると思われる。TMTは基本的に社内の人財のみで構成されているため、管理職の女性人財のプールが不足している企業がTMTに女性を登用することは難しいと推察される。2021年6月のコーポレートガバナンス・コードの改訂を契機に、中長期的な改善が期待される部分である。

ジェンダー・ダイバーシティの確保が、企業価値向上につながるという意見も多い。企業の経営層に占める女性割合の向上を目的に日本を含む世界中でキャンペーンを展開する30% Clubは、「経営層における男女の適切なバランスは、優れたリーダーシップとガバナンスを促進することだけに留まらず、取締役会全体のパフォーマンスを向上させ、最終的に企業と株主の双方の利益に貢献する」と指摘している。また、Mckinsey & Company "Diversity wins: How inclusion matters" では、分析の結果、英米などの海外企業において性別多様性などを考慮している企業がそうでない企業より、利益指標（EBIT）が良好な結果を示す確率が高いと結論づけている。HRガバナンス・リーダーズでも日本企業についてTOPIX500をユニバースとして、2015年決算月時点の女性取締役比率に基づいて、①女性取締役比率が10%以上（98社）、②0〜10%未満（74社、1人以上女性が存在）、③なし（328社）の3分位に分け、2016〜2020年の5カ年のEVAスプレッド（資本収益性を表すROICから資本コストを表すWACCを差し引いた数値）の平均値について、分位毎に中央値をみた。女性取締役比率が10%以上のグループのEVAスプレッドの中央値の数値は全体の中央値より0.84%pt高く、0〜10%未満のグループが0.54%pt高い結果となっている。一方で女性取締役がいないグループは全体の中央値を0.24%pt下回っており、取締役会に性別多様性を取り入れることが日本企業の価値創造に貢献している可能性が示唆されている。

また、海外において足元では人種・民族のダイバーシティにも注目が集まっている。2020年10月、総額3兆ドルを超える運用資産を有する22の機関投資家によってダイバーシティ・ディスクロージャー・イニシアティブ（Diversity Disclosure Initiative）が設立された。このイニシアティブは、Russell3000の指数を構成する米国企業に対して、性別に加えて人種・民族の多様性を開示するよう要請する方針を示している。イニシアティブに加盟している機関投資家の多くは、人種・民族の多様性を開示しない企業に対しては、取締役の選任に反対票を入れる、もしくはそれを検討するとしている。活動の背景には取締役会で女性やマイノリティの人種に属する人々の起用が進んでいないことに加え、ジョージ・フロイド氏の死を契機とした黒人に対する差別撤廃運動（Black Lives Matter）もある。同時に女性の登用に関しては、多くの機関投資家が議決権行使やエンゲージメントを通じて働きかけを行うことができる一方、人種・民族の多様性についてはデータの開示が不足しているため、議決権行使やエンゲージメントを通じての働きかけが現状困難である旨を指摘している。米国の労働者人口とFortune 500の取締役会におけるダイバーシティの現状をみると、労働者全体に占めるマイノリティ人種の比率は40%を占める一方、取締役会に占めるマイノリティ人種の比率は16%に過ぎず、白色人種の男性が約3分の2を占めている。また、米国の議決権行使助言会社であるグラスルイスも、"Approach to Diversity Disclosure Ratings" において現時点で議決権行使には直接反映しないものの、米国の取締役会における人種・民族のダイバーシティについて情報開示を促している。日本においては人種や国籍の均一性が強く、米国における状況と一様に比較するのは困難であるが、海外の文化に造詣の深い外国籍の人財を取締役会に加える動きが、グローバルな経営を志向する企業を中心に生じる可能性があると考える。

近年、女性や外国人の取締役の選任は徐々に進んできたが、性別や国籍などに加えて在任期間や年齢のダイバーシティも重要であると考えている。在任期間が短ければ、空気を読まずに自らの経験に基づく客観的な立場からの意見が言いやすい。一方、在任期間が長くなると会社のことを深く理解し深い洞察が可能となるが、経営陣との独立性が弱くなる。取締役の在任期間を考える際には、1～3年の短期、4～6年の中期、7～9年の長期という3つの区切りで在任期間のバランスを考慮することも検討に値する。ただし、そもそも日本企業では、業務執行・非業務執行の双方の取締役の在任期間が短く、取締役会において、会社の進むべき未来につき骨太の議論をしたり、大胆な事業ポートフォリオの変革を検討したりする時間が足りないので、在任期間のダイバーシティを効かす余地が限られているという課題がある。また、在任期間だけではなく、世代ごとの価値観の違いにも配慮する必要がある。この点に関してはウォルマートが好例で、30代から70代までの取締役が選任されている。これは、同社のステークホルダーである消費者の年齢が幅広いので、年齢の多様性をもった取締役会での議論を大切にしているためである。日本では、取締役の属性の多様化の議論が中心で、在任期間や年齢のダイバーシティまで考えが及んでいる企業は少ないように思える。

そもそも、日本では取締役候補人財の不足を指摘する声があるが、人財プールの充実と企業側の選任候補者の拡大は「鶏と卵」の関係である。日本企業においては、CEOの経営経験が乏しいことから、それを補完する意味でも、CEO経験のある独立社外取締役を招聘することは重要である。CEO経験者に加えて、上場企業の現役の経営陣やCxO経験者などまで広げてオールジャパンで登用すれば、独立社外取締役が経験を通じて成長し、人財プールは広がることになる。英米企業でもはじめは取締役候補の人財が不足していたのは同様であり、取締役構成員の独立社外取締役割合を増やして、モニタリング・ボードの機能を強化する過程で、経営陣のスキルや経験に基づきCxO制度などを導入することで可視化していったという経緯がある。日本においても、マネジメントシステム改革とモニタリングシステム改革を同時に統合的に行うことが肝要である。経営の執行と監督を役割分担したうえで、経営の執行力と取締役の監督力を統合的に強化しないと、アンバランスとなり、パーパス実現に向けた会社のサステナビリティ戦略の実行力の最大化につながらないと考えている。

本来、取締役の選任は企業のパーパスに沿ったマテリアリティを特定し、それに対応するスキルを持った独立社外取締役を選ぶというプロセスが最も理想的である。しかし、これが難しければ、まずは多様な独立社外取締役を増やしてパーパスについて議論してみるという手法も取り得るであろう。まずは形式的なスキル・マトリックスをもとに人財を集め、次のステップで取締役会の実効性強化のための実質的な布陣を充実させるというやり方は日本において考慮する価値がある。

③取締役のスキル・専門性のダイバーシティ

取締役会のスキル・マトリックスの必要性と相まって、取締役スキルのダイバーシティが注目を集めている。2021年6月のコーポレートガバナンス・コードの改訂でも、補充原則4-11①において「取締役会は、経営戦略に照らして自らが備えるべきスキル等を特定した上で、取締役会の全体としての知識・経験・能力のバランス、多様性及び規模に関する考え方を定め、各取締役の知識・経験・能力等を一覧化したいわゆるスキル・マトリックスをはじめ、経営環境や事業特性等に応じた適切な形で取締役の有するスキル等の組み合わせを取締役の選任に関する方針・手続と併せて開示すべきである。その際、独立社外取締役には、他社での経営経験を有する者を含めるべきである」と記されている。自社のパーパスに根差したビジョンを実現し、マテリアリティを解決するうえで、取締役会のメンバーにはどのような専門性が今後必要になるのか、どのような布陣を敷くかを未来志向で考える必要があろう。

「日本企業のトップマネジメントチーム・取締役会改革の方向性〔下〕」（旬刊商事法務2021年2月15日号）において、早稲田大学商学学術院教授の久保克行氏らと共に東証一部上場企業の経営者が保有するスキルを分析した結果、主に2つのインプリケーションがあった。一つは、東証一部上場企業の経営者の6割以上が、過去に経営者としての経験を有していない点である。一般によい経営者を育成・選抜するためには経営の経験を積ませることが重要であると考えられる。この結果は、日本企業の経営者育成システムに改善の余地があるという通念と整合的であるともいえる。日本企業のサクセッションプランを考えるうえで、子会社のCEOとしての経験を積むなど、CEOになるためのタフアサインメントやトレーニングを受けた候補者が少ない点は大きな課題であると考えられる。もう一つは、スキル区分の網羅性の推移を分析する限り、取締役会のスキルは社外取締役による補完を中心に多様性が進展している点である。それ自体は喜ばしいことであるが、より重要なのは、取締役会に必要なスキルは何かを各社が議論し、その多様なスキルを必要とする根拠に十分な説明力を有していることであろう。

コーポレートガバナンス・コードにも新たに反映された取締役スキルのダイバーシティを説明する取締役会のスキル・マトリックスは、どのようにあるべきであろうか。取締役会をチームとしてとらえた場合、全取締役のスキルの組み合わせと各取締役個人の中での多様なスキルの掛け算で評価する視点が重要である。マテリアリティ解決型の強靭な取締役会の構築に向けて、ボードサクセッション（取締役会の継続）の観点でとらえると、スキル・マトリックスは次のような機能を有するべきと考えられる。

第一に、取締役の指名・選任の適切性を評価する機能である。取締役の指名・選任の適切性をスキル・マトリックスにより評価し、取締役会に必要なスキルを有する人財を社内で育成することや社外から独立社外取締役として選任すること、さらには取締役が期待された役割を果たしているかを評価し再任する際の検討に活用することができる。こうした機能を備えるために、スキル・マトリックスは、取締役会で求められるスキルは何かを独立社外取締役を中心とした指名委員会などで議論したうえで作成されることが望ましい。指名委員会などでの議論の結果として、経営陣と取締役を統合したスキル・マトリックスが開示され、あわせて、執行側と監督側双方の専門委員会のメンバーも開示されることで、経営の執行を担うトップマネジメントチームと監督を担う取締役会との役割分担を可視化できると考える。また、スキル・マトリックスは、会社のマテリアリティ解決のために求められるスキル・専門性ととらえた場合には、取締役会で論議すべき重要なアジェンダを株主や投資家へ開示する機能も有することになる。取締役会議長、筆頭独立社外取締役、各種委員会委員長の役割を明確にすることに加えて、各取締役の選任時にスキル・マトリックスに照らした役割期待や任期などを委任契約で明瞭に説明することで、取締役会の実効性評価や各取締役の360度評価などを参考に、指名委員会で各取締役の役割期待への成果を踏まえた任期延長などの選解任判断の適切な運用が可能になると考えられる。

第二に、取締役会の多様性を促進する機能である。コーポレートガバナンス・コードにおいて取締役会の「多様性」は、取締役会の実効性確保のための前提条件としてとらえられている。ICGN グローバル・ガバナンス原則の改訂版では、多様性に関して、具体的な目標と達成のための期間を会社の方針に含むとともに、後継者計画への多様性の考慮にまで踏み込んでいる。すなわち、ここでの多様性は、会社のパーパスと主要なステークホルダーの期待に沿った効果的かつ包括的な意思決定を確実にするために必要なものであるととらえる必要がある。取締役会としての機能を発揮する観点からは、取締役のスキルの多様性のみならず、たとえば、経営の執行と監督のバランスにおける多様性も含まれていると考えられる。経営の執行と監督の役割分担を明確にしたモニタリング型の取締役会は、株主をはじめとする外部のステークホルダーに対して客観性・透明性を担保できる仕組みである。現時点の日本企業においては、指名委員会・報酬委員会・監査委員会・サステナビリティ委員会などを活用しながら、独立性の高い取締役会が業務の執行を担うトップマネジメントチームを監督する仕組みを完成させているケースは少数であり、特に大企業では、経営の執行と監督の両方の役割を担う人財を多く配置している。こうした日本企業の現状においては、執行側のメンバーが取締役を兼務する役割期待は大きいが、独立性の高い取締役会の実現に向けて、経営の執行と監督の適切なバランスを考えるうえでの多様性も検討する必要があり、この検討においてスキル・マトリックスを有効に活用することが考えられる。つまり、自社で特定した長期的なマテリアリティを解決するために、各社オリジナルな取締役会のスキル・マトリックスに基づき、多様なステークホルダーの視点を反映できる取締役会が構築されることが望まれる。たとえば、サステナビリティ・ガバナンス強化の観点からサステナビリティに関する経験・スキルを保有した取締役を加えることも選択肢の一つであろう。

第三に、自社のパーパスに根差したストーリーを伝える機能である。前述のとおり、取締役会に求めるスキルには、必要とする根拠に十分な説明力を有していることが重要である。なぜなら、本来取締役会で議論されるべきアジェンダは、自社のパーパスに根差したビジョンを達成するうえでのマテリアリティの解決であり、その実現を可能とするためのスキルが求められるはずである。すなわち、取締役会に必要なスキルは、企業固有のパーパスに根差して決定されるものであり、自社の事業や企業価値向上への貢献、さらには中期経営計画や長期ビジョンに結びつけられるものとして、外部のステークホルダーに対して説明できなくてはならない。この意味において、スキル・マトリックスは、誰がどの領域を担当しているかを可視化するのみならず、保有すべきスキルがなぜ必要なのかを明らかにすることで、会社としてマテリアリティを解決する道筋を可視化しているともいえる。自社の取締役会のスキル構成の考え方は、自社のパーパスを実現するストーリーを映し出すものでもあり、企業の経営者や取締役は、スキル・マトリックスを開示し投資家などのステークホルダーとの対話を通じて、それらを共有することが可能となる。たとえば、スキル・マトリックスでサステナビリティの専門性のある独立社外取締役が開示されることで、機関投資家が当該独立社外取締役との対話を通じて確信を得られるようになれば、サステナブルな投資へのハードルが下がると考えられる。

以上の機能を前提とするならば、取締役会のスキル・マトリックスを作成・開示することの目的は、取締役会のアジェンダを議論するうえで、パーパスに根差したビジョンを実現するためのチームを最適化することであるといえる。スキル・マトリックスは、固定化された幅広いスキルを充足させた形式的な開示にとどまることなく、自社のパーパスを出発点に取締役に必要な専門性は何かを議論し明確にしたうえで、ステークホルダーに対して取締役に期待される役割を説明するという自主的な開示が求められる。このような取り組みは、自社のサステナブルブランドの強化に向けた情報開示戦略ともいえる。

なお、海外では、取締役の資質としては、各役割に応じた知識・経験・能力に基づくスキル（専門性）を有することを前提としつつも、誠実さ・柔軟さ・忍耐力・感受性などのようなコンピテンシー（行動特性）が重要であり、取締役会の多様性としてはコンピテンシーこそがより重要であるとの議論もある。

Sustainability Governance 第9章

欧米企業のサステナビリティ・ガバナンスの取り組み事例

内ヶ﨑茂
神山直樹
水谷晶
中川和哉

本章では、欧米企業のサステナビリティ・ガバナンスに関するベストプラクティスを紹介する。現時点では欧米の先進企業でも、第8章で紹介したサステナビリティ（持続可能性）を成長戦略の中核として捉え、取締役会がサステナビリティ方針を定めて、CEO（Chief Executive Officer：最高経営責任者）やCSO（Chief Sustainability Officer：最高サステナビリティ責任者）などが中心となりサステナビリティ経営を強化し、取締役会が当該方針にアラインしたマネジメントが行われているかを監督する強靭なサステナビリティ・ガバナンスを成長のドライバーにできている企業は限定的であろう。サステナビリティに関するマネジメントとモニタリングの役割分担をしたうえで、パーパスの実現のために経営陣と取締役がともに成長戦略としてサステナビリティを実装する強い覚悟と責任を持つ「統合ガバナンス」を構築できている事例はさらに少ない。欧米企業では、取締役会内に独立社外取締役中心のサステナビリティ委員会を設置して、当該委員会がサステナビリティ・ガバナンスのステアリングコミッティーとして、サステナビリティ経営の監督を行うプラクティスが浸透しはじめているところである。最終的には、全役職員がパーパスの実現のためにサステナビリティ活動を強化し、取締役会やサステナビリティ委員会が中心となり、会社の持続的な成長のためにサステナビリティ活動を行われているかを監督することで、サステナビリティ活動が強化されることがゴールとなろう。以降、ユニリーバ、ジョンソン・エンド・ジョンソン、ダノン、ロイヤル・ダッチ・シェル、グラクソ・スミスクライン、ウォルマートの事例を紹介する。

事例1 ユニリーバ

英国の食品会社ユニリーバは存在意義を示すパーパスとして“Our Purpose is to make sustainable living commonplace（サステナブルな暮らしを当たり前に）”を掲げている。そのうえで、企業の方向性を示すビジョンとして“Our Vision is to be the global leader in sustainable business（持続可能なビジネスにおいてグローバルリーダーになる）”を打ち出している。同時にパーパスに根差した未来志向のビジネスモデルが、いかに優れた業績をもたらし、常に業界の上位３分の１の財務パフォーマンスを達成しているかを世に示すと記されている。

ビジョンの実現にあたり、今後15年にわたる優先的戦略として2020年にユニリーバ・コンパス（Unilever Compass）を発表している。ユニリーバ・コンパスは2010年より展開されてきた優先的戦略ユニリーバ・サステナブル・リビング・プラン（USLP：Unilever Sustainable Living Plan）の過去10年間の成功・失敗・学びを土台として、これまで以上に全体的・包括的・広範囲な内容となっている。ユニリーバ・コンパスでは、５つの戦略とアクションを示している。１つ目は、高成長の領域における自社の事業ポートフォリオの拡大、２つ目はパーパスとイノベーションを有する「正しい方向の力」を通じて競争に勝つ、３つ目は米国・中国・インドなどのカギとなる成長市場への進出を加速する、４つ目は将来の販売チャネルを先導する、５つ目はパーパスに根差した未来志向の組織と成長のカルチャーを打ち出すことである。

５つ目の戦略とアクションの中には、エクイティ＆ダイバーシティ＆インクルージョンの考え方も含まれる。ユニリーバはエクイティ＆ダイバーシティ＆インクルージョンについて、①会社の慣行および方針において偏見や差別を排除し、公平で包括的な文化を実現する、②あらゆるレベルのリーダーシップにおける多様な表現を促進する、③2025年までに従業員の5%を障がい者とする、④2025年まで世界中の多様性に結びつく事業に年間20億ユーロを費やす、⑤自社の広告において多様なグループの描写を増やすという、５つのコミットメントを掲げている。また、企業行動原則・倫理行動規範の両方において、ダイバーシティポリシーを掲げると共に、グローバル・ダイバーシティ・ボード（Global Diversity Board）を設置し、ダイバーシティ（Diversity：多様性）の推進体制を整えている。グローバル・ダイバーシティ・ボードはCEOが議長を務める形で年に通常４回開催され、毎月ユニリーバのエグゼクティブチームにダイバーシティ推進の取り組みに関する進捗を報告している。

ユニリーバは指名・コーポレートガバナンス委員会、報酬委員会、監査委員会という３つの委員会に加え、長期戦略であるユニリーバ・コンパスについてその進捗をモニタリングする役割を担う企業責任委員会（Corporate Responsibility Committee）を設立している。企業責任委員会は、３名の非業務執行役員によって構成されている。また、ミーティングにはチーフ・サプライチェーン・オフィサー（Chief Supply Chain Officer）やチーフ・サステナビリティ・オフィサー（Chief Sustainability Officer）などTMT（Top Management Team：最高経営層）のメンバーも出席している。

サステナビリティの取り組みを役員報酬にもリンクさせており、長期戦略ユニリーバ・コンパスの達成度を踏まえたうえで、コーポレート・レスポンシビリティ（CR）委員会によるインプットをもとに報酬委員会が中長期業績連動のサステナビリティ指標を評価・承認するプロセスが構築されている。2021年度のCEO報酬については、中長期インセンティブ（LTI）のうちサステナビリティ指標に25%のウエイトが置かれている。

機関投資家とのエンゲージメント（建設的な対話）においても、長期視点の機関投資家とのエンゲージメントを積極化しており、短期視点の投資家が関心を持つ傾向が強い四半期報告を中止し、利益予想も開示をしていない。ユニリーバの株主構成をみると、大株主のうちPRI（Principles for Responsible Investment：責任投資原則）に署名している運用機関が多数を占めている。2017年に米国食品大手のクラフト・ハインツにTOBを仕掛けられたが、企業文化に理解を示す長期投資家が多数を占めていたこともあり、買収防衛に成功している。

ユニリーバのサステナビリティの取り組みで特筆すべきは、ユニリーバ・コンパスの実現に向けた覚悟が企業責任委員会の役割や役員報酬LTIのサステナビリティに関するKPI（Key Performance Indicator：重要業績評価指標）でストーリーとして巧みに語られていること、企業文化に賛同する長期視点の投資家に株式を保有してもらいたいとの投資家を選別する意図を感じられる点にある。

事例2 ジョンソン・エンド・ジョンソン

米国の医薬品会社ジョンソン・エンド・ジョンソンはパーパスとして、「心、科学、そして独創性を融合させ、人類の健康の軌跡を大きく変えていく」ことを掲げると同時に、顧客、社員、地域社会、そして、株主という4つのステークホルダー（利害関係者）に対する責任を具体的に明示した“Our Credo（我が信条）”と呼ばれるバリューを共有している。同時に、サステナビリティ・ガバナンスの構築について当社の長期的な成功とステークホルダーに価値を提供する能力を支えるものであると記している。

ジョンソン・エンド・ジョンソンでは、サステナビリティ委員会を実践的に活用している。同社は取締役会の委員会として、指名・コーポレートガバナンス委員会、報酬・ベネフィット委員会、監査委員会、規制コンプライアンス委員会にならび、同社のビジネスにおいて重要な科学・技術の状況と会社のサステナビリティ活動を監督する役割を持つ「科学・技術 & サステナビリティ委員会（Science, Technology & Sustainability Committee)」を設置している。委員会の役割としては、①会社の研究開発の全般的な戦略・方向・効果などをモニタリングする、②必要に応じて、製品安全性の科学的・技術的側面におけるリソースおよび情報を提供する、③会社の環境・健康・安全・持続可能性におけるポリシー・プログラム・慣行を確認する、④会社全体のビジネス戦略へ影響を及ぼし得る重要な新興科学技術政策や公衆衛生問題の傾向を特定・理解するために取締役会に協力する役割などを担っている。委員会は3人以上の取締役で構成され、全員が独立社外取締役でなければならない。構成メンバーと委員長を任命・除名する権利は、取締役会が保持している。委員会の憲章にてミーティングの最低開催数（年に3回）を定めており、プロキシーステートメントには当該年度に実施したミーティングの数が記載されている。ミーティングで取り扱うアジェンダは年によって異なるものの、基本的な義務と責任は委員会の憲章に定められている。同社は、研究開発全般とサステナビリティ関連課題の2つの要素に対する監督責任を1つの委員会に統合することにより、製品開発プロセスの初期段階からESG（Environment Social Governance：環境・社会・企業統治）関連事項を確実に組み入れることを心がけている。同委員会は、会議で浮上した重要な課題や懸念を、取締役会へ定期的に報告・確認することが求められており、そのパフォーマンスの年次評価を行う責任がある。

ジョンソン・エンド・ジョンソンのサステナビリティ委員会の役割は、科学・技術に軸足を置いて、サステナビリティ方針に基づき、研究開発にかかる経営戦略を実践的に監督している点に特徴がある。

事例3 ダノン

1972年と早期から会社の成長と社会の進歩は両立すべきというデュアルコミットメントを表明し、現在も「一人でも多くの人に食べ物を通して健康をもたらすこと」を企業理念にしているフランスの食品会社ダノンは、「サステナビリティ統合委員会（Sustainability Integration Committee)」を通じ、ボードレベルでサステナビリティ課題の解決に取り組んでいる好事例である。

同社は、2007年に「社会責任委員会（Social Responsibility Committee)」を設立した。同委員会は、グループの環境問題に係るリスクと機会を察知し、グループの社会政策とそれに関連する目標と達成状況を管理し、さらに開示する非財務情報を管理し、情報の信頼性を監督する役割を果たしている。同委員会は取締役3人から4人（独立社外取締役中心）で構成され、指名・報酬委員会、監査委員会、戦略委員会、執行委員会に並びガバナンス体制の中核として機能してきた。

取締役会の社会責任委員会の下には、さらに取締役会メンバーを筆頭に各事業部門のシニアマネージャーにより構成されたサステナビリティ統合委員会が存在し、持続可能な開発に係る課題と企業戦略の統合および戦略の実行を監督する役割を果たすとともに、その内容を取締役会の社会責任委員会に相談・周知・報告する役割を担っている。さらに、同社は、取締役が各事業部門の代表と連携し、サステナビリティ課題に積極的に取り組むサステナビリティ・ガバナンスの実現にとどまらず、近年は従業員がオーナーシップを持って会社の持続可能な長期目標に貢献できるよう、従業員のエンゲージメントを強化している。同社は、国連が提示した「持続可能な開発目標（SDGs)」をモデルにした2030年までの長期目標「2030年目標（Danone 2030 Goals)」を2017年に新たに発表した。さらに、2018年より「一人、一声、一株（One Person, One Voice, One Share)」という従業員エンゲージメントのモデルを提唱し、すべての従業員に自社株式を1株交付し、「2030年目標」達成に向けたロードマップ策定への従業員の参画を促している。そのような流れの中、既存の社会責任委員会は従業員とのエンゲージメントの強化に向け、その名を「パーパス・エンゲージメント委員会（Purpose & Engagement Committee)」に変え、「2030年目標」達成に向けた従業員や従業員代表と継続的な対話を行っていくことが期待されている。2020 年に、同社はさらに進化し、「企業の成長・変革のための行動計画に関する法（PACTE 法）」が 2019 年に導入した「Entreprise à Mission（使命を果たす会社）」の企業モデルを採択し、環境・社会分野に関わる自社のパーパスを定款に定めるとともに、外部の有識者や従業員などから構成される「ミッション委員会（Mission Committee)」を設立し、環境・社会の取り組みを監督することを発表している。

ただし、足元では 2021 年 3 月にエマニュエル・ファーベル CEO 兼会長がアクティビストの圧力に屈する形で退任することになった。ファーベル氏は、2014 年に CEO に就任してからダノンのサステナビリティを先導してきた人物である。今回の退任劇の先導役となったのは、アクティビストファンドの Bluebell Capital Partners と Artisan Partners である。ネスレなどの競合他社と比べて業績・株価が低迷していることを問題視し、ファーベル CEO 兼会長の更迭を以前から求めており、株主利益とその他のステークホルダーの利益のバランスが失われたという主張を続けていた。現在は新たに Gilles Schnepp 氏が会長に就任し、2021 年 9 月には、カカオ豆やチョコレート製品を扱う多国籍企業であるバリーカレボー（Barry Callebaut）の CEO を務める Antoine de Saint-Affrique 氏が新たに CEO に就任している。

ダノンは株主からの事業戦略への批判などを受けて、2020 年 12 月に事業ポートフォリオのレビューや成長・効率化計画の実行に関するモニタリングを担う「戦略・変革委員会（Strategy and Transformation Committee)」を設置している。2021 年 5 月には中国の蒙牛乳業の株式を売却するなど、事業の再編に向けて動き出している。

ダノンの CEO 退任劇からの日本企業への教訓としては、株主や投資家からの将来の成長期待が得られないと株価が低迷して、事業戦略の再編への圧力が増すことから、いかにして、サステナビリティ活動を中長期的な成長戦略として説得力をもってストーリーとして語り、共感を得られるかが問われていると考えられる。最近、物語的な共創構造であるナラティブを企業価値向上の源泉とするナラティブカンパニーが注目されているとおり、CEO がビジョナリーであることに加えて、従業員・株主・投資家など多様なステークホルダーを同じ船に乗せてセイムボート（Same Boat）の舵を取るリーダーシップが社会から求められているであろう。

事例 4 ロイヤル・ダッチ・シェル

オランダのエネルギー会社ロイヤル・ダッチ・シェルは、「より多くの、よりクリーンなエネルギーソリューションによって、共に進歩する（Power progress together with more and cleaner energy solutions）」をパーパスとして掲げている。ロイヤル・ダッチ・シェルにとって気候変動問題への取り組みを従来以上にさらに推進する契機となった出来事は、2018 年 12 月に「Climate Action 100+（CA100+）」と発表した共同声明だと考えられる。CA100+ は、排出量が多い世界 167 社をリストアップしたうえで気候変動対策の強化を求める協働エンゲージメントを行う機関投資家イニシアティブである。ロイヤル・ダッチ・シェルもリストに含まれ、以前から対話を繰り返していた。共同声明の内容には、ネットカーボンフットプリント削減に向けた短期目標の公開に加え、役員報酬にリンクする目標の設定、さらに情報開示における TCFD（Task Force on Climate-related Financial Disclosures：気候関連財務情報開示タスクフォース）の推奨事項との整合なども含まれている。

TCFD の情報開示において、最も困難かつ工数がかかる項目は、シナリオ分析であると考えられる。ロイヤル・ダッチ・シェルは、気候変動に限らず様々な事象について 1970 年代からシナリオ分析を実施してきた。2013 年に発行された“40 years of Shell Scenarios”によると 1970 年代の石油危機、1980 年代のソビエト連邦の崩壊を事前に予測・対応するうえでシナリオ分析が役に立ったと記されている。1990 年代には気候変動に関するシナリオ分析を実施し、会社として気候変動の脅威に対して建設的かつ積極的な態度をとる契機となっている。また、2005 年にはエネルギー需給の分析を通じて、エネルギーミックスにおける天然ガスの重要性を強調し、その数年後にはバイオ燃料のポテンシャルを指摘している。より詳細な気候変動に関するシナリオ分析として、2013 年に各国政府が政治・経済改革を穏やかに推進することで気候変動対策を実施する「マウンテンシナリオ」、反対に市場・市民の権力が増し、規制緩和などを受けて市場メカニズムが大きな役割を果たす「オーシャンシナリオ」の両方を発表した。また、パリ協定の内容を受けて2018年には2070年までにネットゼロを達成する「スカイシナリオ」を発表している。

2021年2月には“The Energy Transformation Scenarios”の中でWaves、Islands、Sky1.5という3つのシナリオを発表している。Sky1.5においては新型コロナウイルスなどを契機に一般市民の健康や福祉を優先し、各国政府が温室効果ガス削減に真剣に取り組む想定で策定され、2058年までにネットゼロを達成するシナリオとなっている。一方、Wavesでは新型コロナウイルス禍で各国が経済の回復を最優先課題、Islandsでは国内治安と対外安全保障が優先されるシナリオを想定しており、Wavesのシナリオでは2100年時点で約2.3℃、Islandsのシナリオでは約2.5℃かつさらなる上昇が想定されている。ロイヤル・ダッチ・シェルは、元々シナリオ分析を通じて将来の方向性を予測するケイパビリティ（能力）があり、現在は気候変動が自社に与える影響を精査・開示し、その結果を今後の経営に活かしていると考えられる。

ロイヤル・ダッチ・シェルのガバナンス体制をみると、取締役会に諮問する形で4つの委員会を設置しており、そのうちの一つに安全性や環境などサステナビリティにかかる取り組みをモニタリングする「安全・環境・サステナビリティ委員会（Safety, Environment and Sustainability Committee）」が存在する。同委員会の役割をみると、安全性に関するグループ全体の実践とパフォーマンスのレビューに加え、環境保護と温室効果ガス排出に関する実践とパフォーマンスのレビューの役割も担っていると記載されている。また、ガバナンスの一翼を担う役員報酬についても、持続可能なエネルギーへの移行（Energy Transition）と中長期の報酬（LTI：Long Term Incentive）をリンクさせており、直近の2021年においてはLTI全体の中でEnergy Transitionに関するウエイトが10%から20%に拡大している。

ロイヤル・ダッチ・シェルの場合、機関投資家イニシアティブであるClimate Action100+の働きかけが企業を変化させた一因になったと考えられるが、足元ではザ・チルドレンズ・インベストメント・ファンド・マネジメント（TCI）というアクティビストファンドがセイ・オン・クライメート（Say on Climate）というキャンペーンを展開し、ロイヤル・ダッチ・シェルを含むグローバル企業に対して、①温室効果ガス排出量の開示、②排出量抑制の計画の提示、③年次総会で同計画をめぐる株主提案の決議を求めている。同キャンペーンでは、企業が温室効果ガス排出についてアクションを取らなければならない理由として、将来政府による課税や規制を受ける、資本コストの上昇、競争力の低下、顧客との関係悪化、従業員のモラル（倫理）や採用力が低下する点を挙げている。セイ・オン・クライメートについては、ロイヤル・ダッチ・シェルをはじめ、2021年6月時点で19社の企業が賛同を示している。今後、賛同を示した企業は毎年株主総会の場で排出量抑制の計画について機関投資家から賛否の投票を受けつけることになる。

米国では2010年のドッド・フランク法の制定により、役員報酬に対して株主が総会で意見を表明するセイ・オン・ペイ（Say on Pay）の仕組みが導入されており、セイ・オン・クライメートのスキームとも類似点がある。グローバル企業がセイ・オン・クライメートを通じてどのように気候変動に関して機関投資家とエンゲージメントを進めていくかは、日本の企業にも参考になると考える。また、機関投資家とのエンゲージメントにおいて、ロイヤル・ダッチ・シェルのようなビジネスのシナリオ分析の手法を参考に、たとえば、日本社会における少子高齢化やダイバーシティ＆インクルージョン（Diversity & Inclusion：多様性と受容）の進展、中国ビジネスのリスク、社会的な格差などの問題を取締役会で議論・監督することも有用であろう。

事例5 グラクソ・スミスクライン

英国の医薬品会社グラクソ・スミスクラインはパーパスとして、「人々がより多くのことを行い、より良く感じ、より長く生きるのを助け、人々の生活の質を向上させること」を掲げている。高品質で優れたヘルスケア製品を、必要とするできるだけ多くの人々に提供し、科学的・技術的なノウハウと優秀な人材によって病気を予防・治療し、人々の健康を維持するというグラクソ・スミスクラインのストラテジーを実現するうえでも、パーパスは全ての行動の指針であり重要な意味を持つと記載されている。

グラクソ・スミスクラインは指名・コーポレートガバナンス委員会、監査・

リスク委員会、報酬委員会、サイエンス委員会、企業責任委員会、変革・分離委員会の6つが設置されており、企業責任委員会がサステナビリティにかかるアジェンダを先導している。委員会の役割としては大きく2つ明記されており、1つ目が社内外のステークホルダーの意見や関心事、グラクソ・スミスクラインの事業や評判に深刻な影響を与える可能性のある問題を検討する、2つ目は委員会の専門分野と責任に最も関連すると取締役会が決定した企業リスクを監督すると書かれている。TCFDを含む環境リスクの監督や新型コロナウイルスに関する対応についても、同委員会が先導する形で行っている。2020年は4回のミーティングを実施し、2020年11月に2030年までに気候への影響を正味ゼロにし、自然への影響を正味プラスにするという新たな目標を設定したり、従業員の人種と民族に関する多様性の目標を開示と共に、性別多様性の目標を再設定している。

また、アニュアルレポート（Annual Report）2020において、企業責任委員会で9年間にわたって議長を務め、2022年5月の総会で退任する予定の人物の後継者を探している旨を開示している。後継者には、①広範なESGアジェンダに対する理解と経験の深さ、②健康上のニーズに応えるために科学技術を活用した経験、③医薬品のアクセスなどに関する知識についてできればライフサイエンス分野で経験を有していること、④ダイバーシティに関する議論に貢献し、リードする能力、⑤従業員の健康、ウェルビーイング、自己啓発の支援への精通、⑥組織のポジティブな社会的影響に焦点をあてたカルチャーを醸成した経験などを有する人物を求めている。なお、英国のコーポレートガバナンス・コードでは9年を超えて独立社外取締役を務めている場合、独立性が認められる理由を年次報告書（アニュアルレポート）において示すことを求めている。

企業責任委員会の議長を務めるにあたり、どのようなバックグラウンドが必要であるかを分析し、次期議長の選任基準を明瞭に開示している点は先進的な事例であると考えられる。また、後継者を探すうえで外部のサーチファームを使用している旨も開示されている。日本においては現在でもCEOの旧来からの知人が独立社外取締役を務めるケースも多いが、本来は取締役会が本来有すべきスキルを整理したうえで、それに合致する人財を探すプロセスが必要であると考える。

事例6 ウォルマート

米国の小売会社ウォルマートは、「手頃な価格でよりよい生活を支援する」ことをパーパスとして掲げている。また、企業の有するバリューとして「個人を尊重する」「顧客へのサービス精神」「卓越性の追求」「誠実な行動」の4つを掲げている。2014年に初回のマテリアリティ（重要課題）の評価を実践し、それと併せて2025年に向けたサステナビリティに関するKPIを発表している。たとえば、2025年までに温室効果ガス排出量（サプライチェーン排出分を除く）を18%削減する旨や、埋め立て処分量をゼロにする、生鮮食品などに関するサプライヤーの第三者認証取得などを目標としている。また、それらの要素は役員報酬の非財務指標として一部反映されている。

2021年の株主総会の招集通知に掲載されている12人の取締役の年齢をみると、30代から70代まで幅広い年齢層から選任されており、そのうち4人の取締役は50歳未満である。スキル・マトリックスをみると、50歳未満の取締役はすべてテクノロジー、もしくはEコマースの分野に知見があるとされており、最年少の39歳の取締役は、取締役会が諮問する形で設定されているテクノロジー＆Eコマース委員会の議長を務めている。同委員会の役割として、同社のEコマース・デジタル・テクノロジーなどの領域における助言や指導を行うと共に、これらの領域における企業の買収について経営陣に助言することも役割に含まれる。同社はリアルとデジタルを融合し、顧客がシームレスに商品を購入できる環境づくりに努めている。

また、取締役の任期についても、0〜3年の取締役が3人、4〜6年が2人、7〜10年が4人、10年を超える取締役が3人在籍する構図になっている。社内の事情を十分に把握している在籍年数の長い取締役と、会社の戦略に対して先入観を持たずに監督および助言できる在籍年数の短い取締役の両方をバランスよくアサインすることで、より実効性の高いコーポレートガバナンスの仕組みを構築しているとも考えられる。

サステナビリティ委員会については、監督側では設置していないものの、執行側に ESG 運営委員会を設置しており、さらに、① ESG ワーキンググループ、② ESG 情報開示委員会、③人権ワーキンググループの 3 つを下部組織として有している。同時に副社長が CSO を務めており、業務部門長と指名・ガバナンス委員会に報告をしている。2000 年代のウォルマートは従業員の劣悪な労働環境やサプライチェーン上の人権問題などを背景に人権 NGO から抗議の声があがるなど、サステナビリティに関する取り組みに熱心とは言い難かった。大手公的年金であるノルウェー政府年金基金も、かつて人権問題を理由に同社からの投資撤退を行っている。ただし、過去数年で急速にサステナビリティに関するプラクティスが改善をしていると共に、現在はエイジダイバーシティや任期のダイバーシティなどを取り入れながら、リアルとデジタルの融合に挑んでいる。

Sustainability Governance 第10章

サステナビリティ・ガバナンスの未来像

内ヶ﨑茂
神山直樹
水谷晶
中川和哉

コーポレートガバナンス・コード改訂やICGNグローバル・ガバナンス原則改訂の意義

前述のとおり、日本においても、コーポレートガバナンスを規定するソフトローやハードローが着々と整備されてきている。ここでは、2021年における、日本のコーポレートガバナンス・コード改訂とICGN（International Corporate Governance Network：国際コーポレート・ガバナンス・ネットワーク）グローバル・ガバナンス原則改訂の意義について、述べていきたい。

①コーポレートガバナンス・コード改訂の全体像と意義

日本では、2021年6月にコーポレートガバナンス・コードが「投資家と企業の対話ガイドライン」とあわせて改訂された。コーポレートガバナンス・コードは、2018年6月以来の3年ぶりの大改訂となる。まずは、主な改訂内容を整理すると、「取締役会の機能発揮」「企業の中核人材における多様性の確保」「サステナビリティをめぐる課題への取り組み」「それ以外の主な課題」の4つに大別される（図表10-1参照）。さらに、コーポレートガバナンス・コード改訂をつきつめていくと、「取締役会」と「対話」の2軸を中心に改訂したことが、取締役会実効性の強化に向けたストーリーとしてつながっていることがわかる。プライム市場の上場企業では、特に、取締役会の機能発揮およびサステナビリティをめぐる課題への取り組みに関し、コーポレートガバナンス・コードの原則および補充原則において、独立社外取締役の割合や気候変動に関する情報開示などで一段高い水準でのコンプライ・オア・エクスプレイン（遵守せよ、さもなくば、説明せよ）が求められており、今後、多くの機関投資家との対話を中心に据えて成長にコミットしていくことが想定される。

今回のコーポレートガバナンス・コードおよび「投資家と企業の対話ガイドライン」の改訂内容の論点を体系的に整理すると、第1章から第5章までのすべての改訂項目につき、「実効性の高い監督」「人材の多様性確保」「リスクテイクと環境整備」「サステナビリティ対応」「株主・投資家の視点」の5つの論点に分類される（図表10-2参照）。具体的に、第4章の「取締役会等の責務」

〈図表10-1〉　コーポレートガバナンス・コードの主な改訂内容

1. 取締役会の機能発揮
- **プライム市場上場企業において、独立社外取締役を3分の1以上選任（必要な場合には過半数選任）**
- 指名委員会・報酬委員会の設置（プライム市場上場企業は独立社外取締役を委員会の過半数選任）
- 経営戦略に照らして取締役会が備えるべきスキル（知識・経験・能力）と、**各取締役のスキルとの対応関係（スキル・マトリックス）の公表**
- 他社での経営経験を有する経営人材の独立社外取締役への選任

2. 企業の中核人材における多様性の確保
- **管理職における多様性**の確保（女性・外国人・**中途採用者**の登用）の考え方と**測定可能な自主目標の設定**
- 多様性の確保に向けた**人材育成方針・社内環境整備方針をその実施状況とあわせて公表**

3. サステナビリティをめぐる課題への取り組み
- **プライム市場上場企業**において、**TCFDまたはそれと同等の国際的枠組みに基づく気候変動開示の質と量を充実**
- **サステナビリティについて基本的な方針を策定**し自社の取り組みを開示

4. 上記以外の主な課題
- **事業ポートフォリオに関する基本的な方針を策定・開示**
- プライム市場の上場子会社において、独立社外取締役を過半数選任または利益相反管理のための委員会の設置
- プライム市場の上場企業において、議決権電子行使プラットフォーム利用と英文開示の促進

出典：改訂版コーポレートガバナンス・コードをもとにHRガバナンス・リーダーズ作成

からみていくと、プライム市場の上場企業には「実効性の高い監督」として、独立社外取締役を取締役会の3分の1以上（必要な場合には過半数）選任することや、過半数が独立社外取締役で構成される指名委員会・報酬委員会との縦横の連携を深めて委員会の実効性を高めることが求められる。また、プライム市場とスタンダード市場の上場企業には「人材の多様性確保」として、スキル・マトリックスをもとに多様性の効いた取締役会が求められ、「サステナビリティ対応」としてサステナビリティ（持続可能性）などの基本方針を策定することや、「リスクテイクと環境整備」として内部監査部門を活用した全社的

〈図表10-2〉　コーポレートガバナンス・コードおよび「投資家と企業の対話ガイドライン」の改訂の論点整理

コーポレートガバナンス・コード	（第1章）株主権利・平等性確保	（第2章）ステークホルダーとの協働	（第3章）情報開示・透明性確保	（第4章）取締役会等の責務	（第5章）株主との対話
5つの論点				取締役会の機能発揮	
①実効性の高い監督				独立社外取締役1/3以上 委員会の実効性	
②人材の多様性確保		中核人材多様性		多様性（職歴・年齢） スキル・マトリックス	
③リスクテイクと環境整備				全社的リスク管理体制 内部監査の直接報告	事業ポートフォリオ方針
④サステナビリティ対応		サステナビリティ課題対応	サステナビリティ取組開示 人的資本・知的財産開示	サステナビリティ基本方針 人的資本・知的財産投資	
⑤株主・投資家の視点	議決権プラットフォーム 政策保有株の効果検証	企業年金の適切な運用	英語での開示・提供	支配株主と少数株主	社外役員の面談 株主総会のあり方

注記：白抜文字はプライム市場の上場企業に求められる主な改訂事項。実線はコーポレートガバナンス・コードの主な改訂事項。点線は「投資家と企業の対話ガイドライン」の主な改訂事項。
出典：改訂版コーポレートガバナンス・コードおよび「投資家と企業の対話ガイドライン」をもとにHRガバナンス・リーダーズ作成

なリスク管理と内部統制を整備していくことも求められる。他の章については、第１章の「株主の権利・平等性の確保」と第３章の「適切な情報開示と透明性の確保」において、プライム市場の上場企業には「株主・投資家の視点」として、議決権行使プラットフォームを活用して株主の権利・平等性を確保することや英語での情報開示を実施することが求められる。また、第２章の「株主以外のステークホルダーとの適切な協働」と第５章の「株主との対話」においては、プライム市場とスタンダード市場の上場企業には「人材の多様性確保」として中核人材の多様性確保に関する考え方などを開示することや「リスクテイクと環境整備」として事業ポートフォリオ方針を開示することなども求められる。今回のコーポレートガバナンス・コードおよび「投資家と企業の対話ガイドライン」で改訂された項目のすべてが、取締役会の機能強化に資するものであることが論点整理により明らかとなった。また、取締役会の機能強化は、企業のサステナビリティ活動の強化やステークホルダー（利害関係者）との対話の強化にもつながっており、これらすべてが今回のコーポレートガバナンス・コード改訂の狙いであると考えている。

今回の改訂におけるインサイトとしては、「ボードアジェンダ」、つまり取締役会で議論すべき事項が明確化された点にある（図表10-3参照）。特に、企業の基本方針と経営戦略の部分に最も重要なインプリケーションがあると考えている。

たとえば、サステナビリティの基本方針とそれをブレイクダウンした、事業・人財・知財・DXに関する戦略や各領域の投資ポートフォリオのポリシーを会社の経営戦略にしっかり落とし込んでいくことが、コーポレートガバナンス・コードが求めている取締役会で議論すべき重要なアジェンダであると解釈している。特に、過去の成功が未来を約束しないニューノーマルな社会において取締役会で議論すべきアジェンダは、企業が未来の社会を創造するためにどのような役割を果たし、また、どのように社会へインパクトを与え貢献していくのかというパーパスを再定義し、パーパスを実現するために克服しなければならないマテリアリティ（重要課題）を明確化することにある。マテリアリティを解決するための長期ビジョンの実現の中で、環境・社会・経済の価値を最大化していくことが、持続的な企業価値向上にとっては重要である。

こうした長期的な企業価値を最大化するために、会社の基本方針や経営戦略の議論を取締役会で行うことが問われている。経営戦略を実行するための業務執行については、取締役会がCEO（Chief Executive Officer：最高経営責任者）のチームに大胆な権限委譲を行い、CEOのチームが大胆なリスクテイクをしつつリーダーシップを発揮して、経営計画に基づき業務を遂行していく。その中で、将来の財務・非財務を含めたゴールとして、KGI（Key Goal Indicator：重要目標達成指標）やKPI（Key Performance Indicator：重要業績評価指標）を設定して、それらの達成に向けて、経営の意思決定の質とスピードを上げていく。さらに、経営の執行と監督の双方のチームがワンチームになって、サステナブルな社会という同じ目的に向けて舵を切っていく。つまり、会社の進むべき舵取りをしていくことが取締役会の役割と考えている。

ここまで述べてきたコーポレートガバナンス・コード改訂の意義をまとめた

〈図表10-3〉「ボードアジェンダ」(取締役会の議題)の体系化

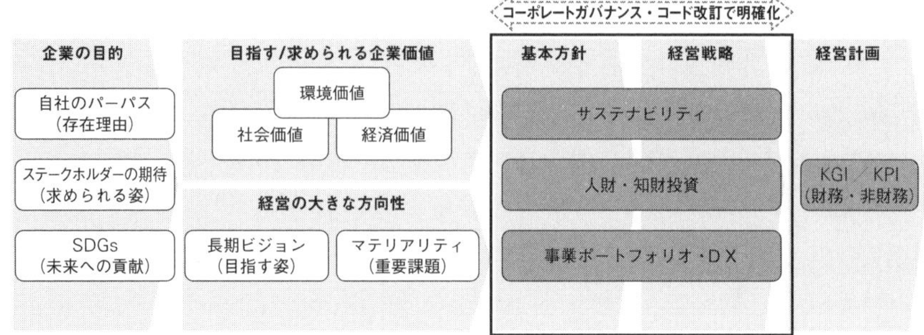

出典：HRガバナンス・リーダーズ作成

のが、図表10-3である。持続的な企業価値の創造のために、取締役会が経営の基本方針に基づく経営戦略を策定・開示するための「ボードアジェンダ」(取締役会の議題)が明確化され、体系的に整理されつつあるといえる。これらの「ボードアジェンダ」を十分に議論できる場・知見・情報共有が必要となるため、取締役会の諮問委員会のさらなる活用などコーポレートガバナンス体制の再設計を進めるべきといえる。

繰り返しとなるが、日本のコーポレートガバナンス改革の焦点は「取締役会」と「対話」の2軸にあるからこそ改訂コーポレートガバナンス・コードでは「取締役会の機能発揮」が重要視され、「投資家と企業の対話ガイドライン」も同時に改訂された。特に、上場市場の新区分であるプライム市場では、世界のESG(Environment Social Governance：環境・社会・企業統治)資金を呼び込むためにも、取締役が多くの機関投資家との対話において、将来のサステナブルな成長をコミットすることが想定されている。今後、2つの焦点を軸とした施策への対応が、企業には求められていくであろう。

② ICGNグローバル・ガバナンス原則改訂の意義

ICGNグローバル・ガバナンス原則が、2021年9月に改訂された。改訂版では、企業のパーパスを明瞭に開示すると共に、そのパーパスが企業の経営戦略やイノベーションを導くことを求めているほか、サステナビリティに関連する取り組みをモニタリングするガバナンス体制の構築について、取締役会の役割と責任を明瞭にすることなどが新たに盛り込まれている。加えて、役員報酬に関しては会社の理念、社内の報酬体系、競争力の源泉を踏まえて決定されたマテリアル（重要）なESG指標を組み込むことや、所得の不平等に関する懸念を反映し、平均的な従業員の給与水準などとの相対的な関係を考慮することが求められている。

そのうち、取締役会の役割と責任の明確化に関する項目として挙げられている、サステナビリティ・ガバナンスをはじめとした14個の改訂項目（図表10-5参照）について、複数の日本の大企業のCEOにインタビューを行ったところ、「取締役会で概ね議論されている」旨の回答があった一方で、独立社外取締役にインタビューすると「ほとんど議論されていない」旨の回答が多かった。こうしたパーセプション・ギャップ（認識のずれ）が、日本企業の取締役会の大きな課題であると思われる。

特に、ICGNグローバル・ガバナンス原則の主要な改訂項目のうち、サステナビリティ・ガバナンスについては、日本には古くから、「三方よし」や「論語と算盤」の哲学があるので、日本企業が世界に対してリーダーシップを発揮しやすく、その実現可能性が高いオポチュニティのある分野だと考えている。

具体的には、日本企業が良き企業市民であるためには、地球や社会に優しい経営を行う「経営の品格」が問われており、そういった企業で従業員は働き、環境に優しい商品づくりをする「従業員の品格」を前提に、仮に価格に転嫁されていたとしてもエコな商品を購入する「消費者の品格」があってこそ、循環型社会に向けた健全な経営が成り立つことになる。そして、市民の年金や投資信託などを通じて集まった資金を、機関投資家が未来の架け橋となるような正しい経営をしている会社に投資するといった「投資家の品格」が、市民を代弁する会社への応援メッセージとなる。

「品格」を「サステナビリティ」に置き換えてもらうと分かるように、我々一人ひとりの心の中にサステナビリティがあり、これを行動に移していくことで、企業を取り巻くステークホルダーにも求められている「品格」が企業の「サステナビリティ」の進む力となる。そして、サステナビリティ・ブランドの確立が企業の競争力の源泉となり、サステナビリティ・ガバナンスが強化されるのではなかろうか。究極的には、前述のとおり日本人は「道義」や「公益」を重んじるため、「品格」は大切な価値観となり、すべての関係者がワンチームとなり「お祭り騒ぎ」することで、それが未来の社会の架け橋となろう。さらに、100年以上存続している企業が世界の3分の2を占めるといわれる日本企業であるからこそ、人生100年時代が到来し、今後100年後の地球・社会に残したいと思われる企業となれるよう、より一層意識して取り組むべきである。

日本企業としては、コーポレートガバナンス・コード改訂で求められる事項をミニマムスタンダードとしてとらえながら、サステナビリティに関連する取り組みをモニタリングするガバナンス体制の構築をはじめ、ICGNグローバル・ガバナンス原則が示唆するコーポレートガバナンスの理想像を踏まえ、自社のあるべきガバナンス体制を構築する必要がある。

一方で、近年の英国コーポレートガバナンス・コードや英国スチュワードシップ・コードの改訂により、従業員エンゲージメント（従業員との建設的な対話）、企業文化、ダイバーシティとサクセッション（後継者育成）、役員報酬の4つの観点を中心にガバナンス強化が図られてきた。両コードで共通するのは、サステナビリティを考慮することである。企業だけでなく、機関投資家もサステナビリティの取り組みを強化することが求められている。

たとえば、米国の大手グローバル機関投資家であるステート・ストリート・グローバル・アドバイザーズでは、長期的な持続可能性を達成するためには取締役会が企業文化を考慮するべく、投資先企業の経営陣が取締役会の監督のもとで「比較分析・実行・報告」を行うことを提案している。同社は企業文化の評価とモニタリングのフレームワークを開発したが、その目的は、①投資先企業の文化と戦略が整合しているかを判断するための分析を行うこと、②望ましい企業文化に向けて、進捗状況をモニタリングする手法を特定すること、③企業文化に影響を与えたり、モニタリングするなどの取締役の役割について、取締役自身が議論するうえで役立つように報告を改善することにあるとしている。モニタリングは、従業員の離職率、定着率、従業員満足度調査の結果、ダイバーシティ&インクルージョン（Diversity & Inclusion：多様性と受容）の範囲、部門や職能間の従業員の給与格差といった要素で行われている。

日本においても、こうしたグローバルベースでのコーポレートガバナンスの高度化に沿う形で、検討を進めることこそが、自社のコーポレートガバナンスの実効性向上に向けたチャンスといえるであろう。

ニューノーマルな社会における強靭な取締役会の意義

では、不確実性の高まるニューノーマルな社会において、企業がサステナブルに成長するためのコーポレートガバナンスの実効性を向上させるためには、どのような取締役会が必要となるであろうか。ここでは、強靭な取締役会の意義について述べていきたい。

日本では、コーポレートガバナンス・コードがスタートして6年で、東証上場会社の9割超が2人以上の独立社外取締役を選任し、欧米のように指名・報酬などの委員会を設ける会社も一般的になった。欧米各国が30年以上かけて築いてきた企業統治のプラクティスを、日本は僅か6年でキャッチアップしたといえる。明治維新の文明開化もそうであったが、日本人の学ぶ能力には目を見張るものがある。

一方、コーポレートガバナンスの屋台骨となる取締役会の機能について解決すべき課題も山積みである。課題としては、たとえば、いまだに経営会議で決まったことを報告するために取締役会を開く会社が多いことが挙げられる。まずは、取締役会を論議の場に変えていくことから、はじめてはどうであろうか。そのためには、経営執行に関する細かい内容を扱っていては、情報量に乏しい独立社外取締役が論議に参加できないため、取締役会のアジェンダを見直す必要性が出てくる。

会社の成長が過去の延長線上にあれば、これまでのように経営者が取締役会で会社の方向性を決めればよいが、現在のように過去の成果が将来を約束しないニューノーマルな社会では、取締役会には未来の社会を予測する能力が求められる。未来の社会に貢献するために、会社の進むべき「経営の大きな方向性」をパーパス（「羅針盤」）として定義することが重要となる。まさに、取締役会が、このパーパスを実現するためのビジネスのシナリオを構想するのである。特に、取締役会の基本的役割としては、①経営の大きな方向性の決定、②

重要な業務執行の意思決定、③業務執行の監督の3つが挙げられるが、②③は①があってこそ成り立つものであるため、「経営の大きな方向性の決定」は一番重要な取締役会の機能である。

取締役会で「経営の大きな方向性を決める」ためには、経営者が諮問機関を活用して、骨太の成長戦略案を策定し取締役会に提案する。取締役会では、世界のメガトレンドを踏まえたビジネスシナリオ案に沿って、経営陣と独立社外取締役で論議することで、骨太の成長戦略を策定することが肝要である。経営者の諮問機関としては、①長期視点で骨太の成長戦略案を策定する未来創造会議と、②中期経営計画を策定・推進・管理する経営執行会議の2つの会議体を持つことが必要であろう。日本企業では、経営企画部に両方の役割を期待することが一般的であるが、サステナビリティ戦略の視座の違いにより、求められるケイパビリティ（能力）や期待される人財要件も異なることから別の組織で担うべきである。議長が主催する取締役会と、経営者の諮問機関である経営会議や未来創造会議の役割と責任を明確にすることから着手すべきである。

ビジネスのシナリオ分析の要諦は、ある特定の領域における潮流の変化に対して、複数の仮説を立てて将来の予測を検討することにある。経営戦略・財務計画を立てる際にも、「Best シナリオ」「Base シナリオ」「Worst シナリオ」というように複数のシナリオのもとに将来の予測を検討することが多いが、これもシナリオ分析の1つの形である。また、ドル円が円高/円安に1円、2円など動くとどのような影響が出るか、為替感応度を予測することも一種のシナリオ分析といえる。2022年4月に新設されるプライム市場の上場企業に対して、TCFD（Task Force on Climate-related Financial Disclosures：気候関連財務情報開示タスクフォース）は、地球の平均気温の上昇幅ごと（4℃、2℃、1.5℃など）にシナリオ分析の情報開示を求めている。このようなビジネスのシナリオ分析の手法は、第二次世界大戦の米国による軍事演習で用いられたことが知られている。国際政治学者ジョセフ・ナイも、冷戦期における高い不確実性への対応として、複数の仮説を立てて将来の予測を検討することの重要性を説いていた。

世の中の潮流が変化した際には、取締役会には迅速・柔軟にビジネスのシナリオを変更する強靭さが求められることになる。このように未来の社会を予想して、ビジネスのシナリオを創り、社会の変化に対応するためには「強靭な取締役会」が求められる。そして、多様性に富んだ論議をすることで、取締役会の強靭性が高まる。そのためには、独立社外取締役を中心とした多様性の効いた取締役会が欠かせない。経営戦略の執行状況を報告する業務執行取締役と監督機能を担う独立社外取締役を併せた統合的な組織として、取締役会の実効性を高める必要がある。

ビジネスのシナリオ分析を早い段階から取り入れた企業はロイヤル・ダッチ・シェルであり、1970年代の石油危機、1980年代のソビエト連邦の崩壊を事前に予測・対応するうえでシナリオ分析が役に立ったと報告されている。同社は元々シナリオ分析を通じて将来の方向性を予測するケイパビリティがあるため、現在は気候変動が自社に与える影響を精査・開示し、その結果を今後の経営に活かす好事例といえる。

起こりえる未来を想定し、それを経営戦略として具現化する例を示す。たとえば、2030年以降の世界について、①サステナビリティを優先した未来、②経済活動を優先した未来の2つのシナリオを実際に想定する。人口動態はどのように変化するか、消費はどのように変化するか、交通手段や労働市場はどのように変化するかなどを具体的な変数を置いて考察する。そのうえで企業としてどのようなポジショニングを獲得し、そのためにどのような打ち手が必要であるかを考える必要がある。たとえば、サステナビリティを優先した未来であれば、ガソリン車やディーゼル車が販売禁止になると共に、石炭火力発電の全面禁止が世界中で拡大することなどが想定される。排出量取引制度など、カーボンプライシングのメカニズムがEUに続いて日本でも本格的に導入されている可能性も考えられるであろう。そのうえで、自社のステークホルダーへの影響を踏まえて、進むべき「骨太の方針」を取締役会で策定することが考えられる。当該方針を策定することで、長期的なサステナビリティ投資の方針を取締役会が策定することが可能となる。

取締役会では、サステナビリティ投資の方針に基づき、人財・事業・研究開発などへの投資の基本方針を策定することで、会社の事業ポートフォリオの大胆な転換やM&Aなどの事業戦略につき、経営陣と独立社外取締役での論議が可能となる。日本企業では経営陣にCEO経験が不足していることから、グローバルな経営経験を有する独立社外取締役を招聘して、会社の中核価値であるビジネスモデルや事業戦略を論議することが肝要である。たとえば、企業買収や事業売却においては、自社の強みを活かせる事業を見極めるベストオーナーの視点や、CO2の削減や人権への対応など、サステナビリティ経営のセンス（感覚）やロジック（論理）が社会から問われている。

では、会社の「舵取り」を担う取締役会の多様性はどのように獲得できるのであろうか。取締役会の多様性は、パーパス実現に向けたマテリアリティを解決するために求められる。マテリアリティ解決のための取締役会に求められる専門性を見える化したものが、いわゆるスキル・マトリックスである。そして、取締役会で論議すべき重要なテーマを扱うチームが、取締役会から諮問された指名・報酬・監査・サステナビリティなどの専門委員会である。

具体的な役割としては、指名委員会はスキル・マトリックスを創り、取締役会の構成メンバーを決めて、CEOに大胆に執行の権限移譲を行い、監督するシステムを創る。報酬委員会はCEOのリーダーシップを促すインセンティブを与えて、業績などの評価をし、指名委員会と連携をして、コーチングやトレーニングを行い、選解任へ反映させる。そして、監査委員会は、CEOが権限を越えて暴走しないように監視・監督をする。

欧米企業の不祥事の歴史から、コーポレートガバナンスの要諦として、指名・報酬・監査の委員会が定着してきた。今後は、企業のSDGs（Sustainable Development Goals：持続可能な開発目標）の取り組みや投資家のESG投資への関心の高まりから、サステナビリティ委員会も加えた4つの委員会が、統合的な役割を担うことになるであろう。

サステナビリティ委員会の具体的な役割としては、CEOがリーダーシップを発揮するサステナビリティ経営がサステナビリティ方針にアライン（合致）しているかを、指名委員会・報酬委員会・監査委員会と連携しながら監督することにある。今後の取締役会の役割として最も重要なことは会社がサステナブルに成長することであり、そのための方向性を示して監督することが取締役会で最も重要なミッションである。最も重要なミッションを議論するためのサステナビリティ委員会が、第4の委員会としてグローバル標準になっていくと考えている。

〈図表10-4〉　**サステナビリティ・ガバナンスの最重要アジェンダ**

サステナビリティ経営をリードする**パーパスの策定**
⬇
会社のパーパス・ドリブンな経営を具現化する **マテリアリティの特定**と**中長期経営戦略の策定**
⬇
取締役会内の委員会を設置し、**各分野の戦略遂行をモニタリング**
⬇
サステナビリティ経営をモニタリングする **サステナビリティ委員会**
⬇
“取締役会の実効性強化”に繋がる
⬇
企業のサステナブルな成長を実現する強靭な取締役会

出典：HRガバナンス・リーダーズ作成

取締役会の役割は、経営陣の執行の質とスピードを最大化するために、「骨太の方針」を策定して、大胆な投資を促し、経営者の業務執行を監督することにある。換言すると、経営者のリーダーシップを促し、監督するために取締役会が存在することになる。「強靭な取締役会」が会社の進むべき舵取りを担い、経営陣に大胆な権限移譲を行い、大胆なリスクテイクを促すことで、ブルーオーシャンの事業を創り、企業の稼ぐ力が強化されることを期待している。地球・社会と良き企業市民である会社がアラインすることで、「ヒトが輝く社会の未来設計図」が描かれると信じている。取締役会には、サステナブルな成長を監督するサステナビリティ・ガバナンスを強化し、環境・社会・経済の統合価値の最大化に向けたストーリーを描く構想力が問われている。

すなわち、サステナビリティ・ガバナンスの強化に向け、取締役会またはサステナビリティ委員会が策定したサステナビリティ方針にアラインしたサステナビリティ経営ができているかを監督することにより、統合価値の最大化に向けた成長戦略につなげていくことが求められている。まさに、サステナビリティ・ガバナンス強化のための最重要アジェンダは、サステナビリティ経営をリードするパーパスの策定にはじまり、マテリアリティの特定と中長期経営戦略の策定を経て、取締役会内にサステナビリティ委員会などを設置し、戦略遂行をモニタリングすることであり、それにより取締役会の実効性が強化された「強靭な取締役会」こそが企業のサステナブルな成長を実現するのである（図表10-4参照）。

「強靭な取締役会」が担う「舵取り」について、少し補足をしておく。ここでは、「舵取り」という言葉を使っているように、「船を操る」という意味のラテン語が「gubernare」であり、英語でいうところの「govern/governance」の語源に該当する。ローマ時代の政治家・法律家・哲学者であるキケロは、著書『老年について』の中で「gubernatorem/舵取り」を用いた箇所で次のように述べている。

「それ故、老人は公の活動に与っていないと言う者はまともな議論をしていない。船を動かすにあたり、ある者はマストに登り、ある者は甲板を駆けまわり、ある者は淦を汲み出しているのに、船尾で舵を握りじっと坐っている舵取りは何もしていない、というようなものである。確かに若者のするようなことはしていない。しかし、はるかに大きくて重要なことをしているのだ。肉体の力とか速さ、機敏さではなく、思慮・権威・見識で大事業はなしとげられる」。このように、「舵取り」は大事業を成し遂げるために、種々の働きを執行する者たちを思慮・権威・見識をもって監督し、方向性を違えないように舵取りをし、目的地に到達させるということが述べられている。カタカナ語の「ガバナンス」が「統治」などと訳されていることが、「ガバナンス」の意味の理解しづらさを助長しているように思われる。しかし、このように語源に立ち戻ることで概念を体得することにつながると考えている。

また、キケロは、著書『国家について』の中で、サステナビリティ・ガバナンスの要諦を述べていることも注目に値する。

「国民の物であるすべての国家は、永続するためには、ある審議体によって治められなければならない。そしてその審議体は、まず国を生み出した原因につねに関係づける必要がある」。キケロは政治家であったため、国家について述べているが、企業のサステナビリティ・ガバナンスを考えるとき、「国家」を「企業」に読み替える必要がある。そうすると、この文章は下記のように書き換えることができ、サステナビリティ・ガバナンスの要諦となるのである。

「『ステークホルダー』の物であるすべての『企業』は、『サステナビリティの』

ためには、『取締役会という』審議体によって治められなければならない。そしてその審議体は、まず『企業』を生み出した原因『すなわちパーパス（存在意義)』につねに関係づける必要がある」。

なお、本節以下で述べていることは、あくまでもグローバルにビジネスを展開する、世界のプライム市場などの上場企業を前提とした考え方であり、欧米でもプライム市場の上場企業にはグローバル標準のコーポレートガバナンスの仕様を求める一方、国内のみでビジネスを展開するローカル企業には必ずしも相応しくない論理展開であることも留意いただきたい。

CEOのリーダーシップ発揮のためのマネジメント強化

次に、CEOのリーダーシップ発揮を促す強靭な取締役会から権限移譲を受けた経営陣は、どのようにマネジメントを強化すべきなのかについて、述べていきたい。

①取締役会から経営陣への業務執行の権限移譲

まずは、取締役会が大きな方向性を見出していくうえで、CEOやCFO(Chief Financial Officer：最高財務責任者)、CHRO（Chief Human Resource Officer：最高人事責任者）など、これまで業務執行を担ってきたマネジメントのトップから、「過去、自社がこのように成長してきている、将来はこのように成長したいと思う」という会社の進むべき方向性についてのメッセージを取締役会が受け取るために、経営陣に取締役を兼務してもらう。そして、業務執行を兼務する取締役と非業務執行の独立社外取締役が英知を結集して、会社の進むべき骨太の方針を策定する。当該方針にしたがい、取締役会から経営陣にマネジメントに関する執行の権限を大胆に移譲する。そして、経営陣が大胆なリスクテイクを行うことで、会社の成長戦略を加速させることになる。当該成長戦略の遂行が取締役会で策定した骨太の方針にアラインしているかを監督することで、過去の成果が未来への架け橋となり、会社のサステナビリティにつながる。このように、強靭な取締役会が適切に監督機能を果たすことにより、会社のサステナビリティを強化することが期待されている。経営陣の中で、誰が取締役を兼務するかについては、取締役会が大きな会社の舵取りを決め、取締役会に業務執行の適切な報告をし、取締役会として業務執行への信任を与えたり助言し軌道修正を促す役割を担うのは誰なのか、何人必要なのかという議論を行うことになる。

ここで、モニタリング型のコーポレートガバナンスへの移行が進展していると考えられる英国の大手企業の事例を確認したい。第8章で述べたとおり、英国の取締役会とCEOのチームであるTMT（Top Management Team：最高経営層）の重複率は日本と比べて低い水準にある。たとえば、ロイズバンクグループでは、取締役会は11名、TMTは15名であり、取締役会との重複は、CEOとCFOの2名のみ（18.2%）となる。また、グラクソ・スミスクラインでは、取締役会は12名、TMTは15名であり、取締役会との重複は、CEO・CFO・CSO（Chief Scientific Officer：最高科学責任者）の3名のみ（25.0%）となる。さらに、リオティントでは、取締役会は10名、TMTは13名であり、取締役会との重複は、CEOの1名のみ（10.0%）となる。これらの事例のとおり、英国ではCxO制度を導入する形で業務執行の責任を明瞭にしたうえで権限委譲を進めており、取締役会における業務執行の報告者も絞られていることがわかる。

将来のビジネスのシナリオ分析を実施し、それをもとに骨太の論議をするためには、多様性のある取締役が必要であり、独立社外取締役を中心にスキル・マトリックスを充足する布陣を考えるべきである。そのため、独立社外取締役を3分の1以上にすることは形式的な対応としては重要ではあるが、より本質的には、独立社外取締役が数のうえでマジョリティ（多数派）を構成し、質においても監督機能の中心的な役割を担うことが肝要であると考える。そのうえで、監督の観点から、どのポジションの経営陣に業務執行取締役として業務執行の報告や経営戦略の議論に参画してもらうべきかとの視点で考えることになる。つまり、取締役会の監督機能発揮の観点からとらえると、業務執行担当の取締役は必要最小限の人数でよいことになる。たとえば、「当社はCEO1人に業務執行の報告や経営戦略の議論に参画してもらえれば、監督は十分できる」ということであれば、CEOだけが業務執行の取締役を兼務すればよい。また、

「当社はCEOから経営全般を、CFOとCHROから財務と人財の経営戦略の遂行状況を報告してもらえば、十分、監督機能を発揮できる」、「当社ではCEO・CFOに加えて、サステナビリティ担当のオフィサーにも業務執行の報告をしてもらいたい」ということであれば、各担当の経営陣に取締役を兼務してもらうという発想に立つことが重要である。

過去の業務執行の詳細を知らない独立社外取締役が増えることが、会社にとってプラスに働かないという発想は間違っている。会社の方向性を決めるうえで、むしろ必要最小限の業務執行の担当に取締役を兼務してもらう、取締役会自体が株主から託された独立社外取締役の集まる組織であるという発想に転換していかないと、今回のコーポレートガバナンス・コード改訂のストーリーは理解できないと考えている。

そうした取締役会の機能発揮を実現するために、株主から選任された取締役がCEOを選任し、取締役会がCEOチームに権限委譲を行い、CEOがCxOのミッション・ステートメントやジョブ・ディスクリプションを作成して、取締役会に対して役割と責任を明確にする。それが明確になっていないと、取締役会はCEOやCxOから業務執行の状況報告を聞いても監督することが難しい。CEOチーム、すなわちマネジメントチームの可視化を行う必要があると考えている。

取締役会の役割は「サステナビリティ経営の方針を策定すること」、取締役会の責任は「サステナビリティ経営を監督すること」、経営陣の役割は「サステナビリティ経営を推進すること」、経営陣の責任は「サステナビリティ方針にアラインした経営が行われていることを取締役会に説明をして信任を受けること」にあると捉えると、理想的なチームの姿がみえてくる。

これまでの日本企業の経営陣の感覚として、経営陣の選んだ取締役候補が株主総会の手続を経て、取締役として選任され、経営陣が取締役会において取締役の意見を参考にしながら、経営をリードするととらえてしまうと、過去の経営の詳細を把握していない独立社外取締役を増やすことは経済合理性に合致しないように思われてしまう。むしろ、CEOのリーダーシップ発揮のためのマネジメント強化ととらえることで、株主総会で選任された独立社外取締役が中心に構成される取締役会から権限移譲と信任を梃にして、経営陣の大胆なリスクテイクが可能となり、業務執行と意思決定の質とスピードが高まると考えることができる。経営陣が独立社外取締役に助言・承認を依頼するというスタンスから、独立取締役の経験やスキルを活用するというスタンスにマインドチェンジをし、そして、独立社外取締役側からすれば経営陣のリーダーシップを後押しするという発想への転換が問われている。

2019年に、米国コロンビア大学ロースクールのジェフリー・ゴードン教授によって、新たに「ボード（取締役会）3.0」という考え方が提唱された。「ボード1.0」は、取締役会がCEOの友人、提携先の銀行、顧問の法律事務所など親しい間柄の取締役で構成され、取締役は経営のアドバイザー的な存在であるため、助言中心のアドバイザリーボードして監督機能が効いていない状況を指す。仮に、経営陣と独立社外取締役の間で意見の相違があった場合には、通常、独立社外取締役が退任することを想定している。アドバイザリーボードでは、独立社外取締役が業務執行の意思決定に関与するので、監督機能を担う取締役の責任の所在が不明確になる。「ボード2.0」は、取締役会が経営のパフォーマンスを監督するモニタリングボードとして、これまで米国企業で主流となってきたモデルである。近年、米国では独立社外取締役の有するリソースが乏しく、市場の評価である株価をもとに経営を評価するしかないという課題が浮き彫りになった。つまり、モニタリングモードでは、経営陣との情報の非対称性から、形式的なモニタリングとなり実効性が高まらないとの指摘である。「ボード3.0」はそれらを進化させ、豊富なリソースを有し、モチベーションの高い取締役が経営者や投資家の視点などにもとづき経営戦略を議論し、独立社外取締役が経営戦略の遂行をしっかりと評価し、企業をリードするストラテジックボードとして機能している形態を指す。同時に、株主の不当な要求や市場のショートターミズム（短期志向）から経営陣を擁護し、たとえば、コングロマリット企業の経営も成し遂げる旨が記されている。

「ボード3.0」のように取締役会を経営戦略の議論の場に変革するためには、たとえば、欧米の先進企業では取締役会において骨太の成長戦略を策定し、取締役会内の戦略・リスク委員会において、サステナビリティ・イノベーションや事業・人財・知財に関する戦略・リスクを統合的に議論している好事例もある。当該委員会を組成することで、たとえば、アクティビストから企業価値を棄損するような提案を受けた場合に、独立社外取締役が経営判断の正当性を主張してくれることもあるかもしれない。または、経営陣が会社のビジネスパートナーとなる長期視点の機関投資家を株主として獲得したい場合に、独立社外取締役が当該機関投資家とのエンゲージメントで活躍してくれるかもしれないし、また、機関投資家とのエンゲージメントの前に経営陣の壁打ちのパートナーになってもらえるかもしれない。経営陣側からみても、独立社外取締役の活用価値は無限大であると思われる。換言すると、「取締役会は経営執行を後押しする経営執行の正当性の根拠である」と解釈することが肝要ではなかろうか。

つまり、「ボード3.0」の示唆は、取締役会の監督機能のあり方への提言であると考える。最近では、日本のコーポレートガバナンス先進企業の独立社外取締役から、監督機能に特化し過ぎて何をもって監督機能を発揮すればよいのか分からない、経営からの独立性を強化したことで経営陣とのコミュニケーションが不足して戦略の理解ができていないなどのコメントを聞くことが多い。そもそも、取締役会がモニタリングボードとして機能するためには、取締役会で骨太の成長戦略を創り、取締役会が当該戦略に沿ったモニタリング機能を強化するというスタンスが重要である。取締役会ではCEOが中心になり、経営戦略の議論を展開し、独立社外取締役の助言を参考に経営戦略を策定する。同時に、会社の重要なマテリアリティの解決は、各種専門委員会を組成して、そこでサステナビリティ戦略の視点で議論することになる。各種委員会では独立社外取締役がオーナーとなり、経営陣から説明を受け議論をし、経営陣の納得感を得ながら監督機能を発揮することになる。ここで強調したいことは、取締役会が監督機能を発揮するために最も重要なことは、経営の執行と監督の「分離」は担い手の問題であり、機能としては「役割分担」をしたうえで、双方の密なコミュニケーションと高い信頼関係の構築にあるということである。なぜならば、コーポレートガバナンスとは、「多様なステークホルダーの利益を最大化するために、企業を監督する仕組み」であり、企業の稼ぐ力を強化するために取締役会は会社の舵取り役として監督機能を担っているからである。

さらに、最近では経営陣から取締役会に起案されたM&Aなどの重要な業務執行の決定につき、ビジネスの複層化・高度化により、経営陣との情報の非対称性や当該業務の経験値の差から、独立社外取締役として適切な助言ができないとのコメントを聞くことが多い。独立社外取締役の役割は、株主や投資家を含めた社会に対して、責任をもって語れる粒度での業務の理解は必要であるが、必ずしも当該業務の専門家としての役割を期待されて株主総会で選任されている訳ではない。取締役会では、重要な経営判断について監督機能を発揮する立場から、マルチステークホルダー視点で正しいロジックが構築できているかをグッドクエスチョン（よい質問）を通じて確認するプロセスが重要である。取締役会は、重要な業務執行の意思決定に関与しないため、より客観的な立場で経営判断のプロセスにおける情報や判断の質を問うことができ、経営陣は取締役による厳しい問いかけに応えるために緊張感をもって情報収集をし、判断の合理性を追求することになる。なお、このような取締役会の役割は、業務執行取締役が業務執行の決定に関して一定の裁量を有しており、リスクが伴う経営判断につき結果的に会社に損害を生じた場合においても、原則として、事後的に経営判断の責任を問われることはないという、いわゆる経営判断の原則の考え方にも合致する。

②マネジメントチームのダイバーシティ強化

取締役会から大胆に権限移譲を受けた代表取締役CEOには、意思決定の質とスピードを高めるために、自ら決する事項と、経営会議やTMTなどの諮問機関での議論を踏まえて決定する事項を仕分けする能力が問われている。たとえば、経営会議付議基準を予め定めるとともに、不確実性の高まる経営環境ではビジネスの機会とリスクの観点から、感受性をもって柔軟に運用するセンスがCEOには求められる。

業務執行を行うCEOのチームが、取締役会で決まった大きな方向性にアラインしていくには、非常に強度な外部環境への適応力が求められる。外部環境に対するレジリエンス（強靭さ）を有するには、ダイバーシティの効いたチームを創り上げることが重要である。野球やサッカー、ラグビーでも同じだが、役割と責任を明確にしたうえでダイバーシティを取り入れながら、会社のマテリアリティ解決のために最大のパフォーマンスを発揮するCEOのチームを創る必要がある。

当然、強力なCEOのチームを組成するには、CEOチームメンバーであるCxOの人財要件やミッションを明確にしたうえで、優秀な人財を揃える必要がある。さらに、CxOに優秀な人財を揃えるには、従業員の中からCxOの人財候補者を開発する仕組みが必要になる。いわゆる、人財開発の黄金律として、70%が実際のジョブ（職務）によるトレーニング、20%がコーチングで、10%が座学などの学びを通じて身につけるものであるといわれるように、優れた経営人財になるためには難易度が高いジョブへのタフアサイメント（修羅場）が鍵となる。日本企業のように流動性の低い人財マーケットを前提とすると、たとえば、グループCFOの人財要件は、予算管理に長けた経理部長の延長線上にはなく、CEOの右腕としてファイナンス戦略を統括することにあるため、若くして海外現地法人子会社のCFOを経験させることは有効な人財開発戦略であろう。当然、ダイバーシティの効いたマネジメントチームを創っていくのであれば、下のレイヤー（階層）においてもダイバーシティの効いたチームを創らないと、ダイバーシティの連鎖が生まれてこない。たとえば、経営幹部人財に他社の独立社外取締役を経験させるような実践的な武者修行は、経営の大局的な視点を身につけたり、異なる企業文化での経験をさせることにつながると同時に、受入企業の取締役会の多様性の強化にもつながる。また、近年、米国において、内部監査部門は監査委員会の指導のもとで独立社外取締役の視点を学べ、かつ、CEOへの業務報告の際に経営者の視点を学べることから、経営陣の後継者育成計画として経営幹部候補に内部監査部門を経験させるべきであるとの有力な議論がある。

管理職の多様性の考え方は、これまでは女性や外国人の比率を中心に語られてきたが、中途採用者や年齢、多様な職務経験も新たに実務での議論に加わった。これら3つは例示にすぎないが、なぜ測定可能な目標を設定しなければいけないかといえば、指名・報酬・監査の委員会と同じように、世界中のマネジメントの歴史の中で、女性や外国人、中途採用者や年齢、多様なキャリアパスを持っている人たちが集まることが会社の業務執行において非常に重要であることが、すでにグローバルなコンセンサスを得ているからである。したがって、この3つは目標として設定しなければならないものの、あくまでも例示にすぎないため、より本質的には自社のイノベーションを起こすための多様な知識・経験・能力を兼ね備えたチームを結成することが重要である。たとえば、2050年のカーボンニュートラルの実現を非連続なイノベーションの宝庫としてとらえて、新たなビジネス開発に挑むことのできるチャレンジ精神旺盛なリーダーが活躍するためには、新規プロジェクトをプランニングできる知識と経験を有するフォロワーが欠かせない。

また、松下幸之助の有名な金言である「事業は人なり」にも表されているように、人財を宝として寄ってたかって開発する人財開発企業になるためには、ダイバーシティの効いた組織を開発することが処方箋となる。多様性に富む環境を整備することで、多様な価値観が交差して、自ら人財が開発されていくことにもなる。また、知の探索と深化の両利き経営を実現するためには、CEOが「人と組織を開発して企業文化を創造できる真のリーダー」、すなわち「Culture Employee Organization」として、覚悟をもってリーダーシップを発揮することが肝要である。

そうしたCEOをはじめとする経営陣に求められる役割と責任が質的・量的にも拡大するなか、特に、グローバルにみてCEOの報酬水準が低迷している日本企業では、インセンティブ報酬を段階的に増やすべきである。株主をはじめとするマルチステークホルダーとのセイムボート（Same Boat）の観点から株式報酬の水準を増加させることは急務であり、パーパスドリブンな経営力を最大化する未来への会社の成長エンジンになるという観点や、世界の経済・社会をリードすることが期待される日本企業の役割を考慮すると、CEOの報酬水準は、欧米先進国に近い水準まで引き上げられるべきである。また、人件費をコストとみなすのではなく長期的な投資としてとらえ、会社の未来を共に築いていくという観点から、従業員を対象とする株式報酬を積極的に導入し、従業員報酬も同時に引き上げるべきである。そのうえで、CEOの経営トップとして備えるべき要件やミッションなどを明確にし、たとえば、グローバルに展開する企業の場合には100倍程度までの報酬格差を受け入れられるよう、社会の意識を醸成することもまた求められていくのであろう。

最後に、一人ひとりのヒトが輝ける社会を創るという視点で考えると、たとえば、22歳の新卒で入社した従業員が、そのあと一人の人生としてダイバーシティを効かせていくことも重要である。マネジメントや経営チームで女性・外国人・中途採用者などを集めてダイバーシティを効かせるという手法もあるが、それら属性だけでなく、たとえば、DXや語学に強く、弁護士や公務員の経験もあり、かつアカデミックな経験も有するなど、一人でダイバーシティが効いていればさらに強靭なチームビルディングが可能になる。そうした一人ひとりのダイバーシティを促していくようなオールジャパンでの人財開発や、それに向けた環境整備が必要ではなかろうか。希望や夢、会社のパーパスを皆で共有する、そして、楽しいジョブ、つまり仕事を通じて社会に貢献しているという実感がもてる、そのうえで最後にウェルビーイング（幸福）な環境がそろうという、この3つが掛け算となって「ヒトが輝く企業社会」が実現されるのである。このような意味からも、ヒトとして、キャリアとしてのダイバーシティが重要になると考えている。

サステナビリティ・ガバナンスの世界観

これまで、コーポレートガバナンス・コード改訂やICGNグローバル・ガバナンス原則改訂の内外ガバナンス動向に込められた意義から、強靭な取締役会の意義、そしてその強靭な取締役会が支えるCEOのリーダーシップを発揮するためのマネジメント強化について述べてきた。企業はパーパスをしっかり定め、取締役会と経営陣が役割分担をしたうえでワンチームとなって、マテリアリティを解決する必要がある。さらに、機関投資家をはじめとしたステークホルダーの声にも耳を傾けながら、情報開示やエンゲージメントを強化する体制も必要である。

本節では、企業が目指すべきサステナビリティ・ガバナンスの未来像を探るために重要な役割を担う、取締役会のボードアジェンダのあり方や、専門委員会によるモニタリングのあり方などについて述べる。また、企業のサステナブルな成長を実現するためには会社だけでなく、国民資産を預かる機関投資家の役割も重要であり、双方がパーパスやインセンティブをもって取り組み、持続的な企業価値向上に向けて共創すべきである点などについても述べていきたい。

①取締役会のボードアジェンダのあり方

前述のとおり、コーポレートガバナンス・コード改訂の意義は、取締役会が経営の基本方針と経営戦略を創るという、ボードアジェンダの明確化にある(図表10-3参照)。そのうえで、取締役会がその基本方針を創るために最も重要なものが会社の存在意義であるパーパスとなる。パーパスは企業が未来のステークホルダーの期待に応えていくための北極星であり、その世界共通言語としての羅針盤がSDGsの17の目標として、「2030年の世界をこういう世界にしよう」と描かれている。こうした会社のパーパスを実現するために、会社の長期ビジョンや目指すべき方向性があり、そして克服すべき重要課題としてマテリアリティがある。マテリアリティの解決を通じて、会社は環境・社会・経済の3つの価値を最大化していくことが重要であり、そのようなコアバリューの発揮を通じて持続的に成長していくためには、取締役会がサステナビリティ、人財・知財などの投資方針を創り、長期的な戦略に落とし込んで、その戦略に従いCEOチームが大胆な経営の業務執行を行っていくことが必要である。そして、取締役会は、CEOから報告を受けた業務執行の内容が、経営戦略や各種方針に合致しているかを監督し、執行側に信任を与えたり、軌道修正を指示することになる。そうした考え方はICGNグローバル・ガバナンス原則の改訂版にもあるとおり、取締役会の役割と責任として、企業のパーパス、サステナビリティ・ガバナンス、ダイバーシティ・エクイティ・インクルージョンなどの14の改訂項目に渡って強調されている(図表10-5参照)。

また、取締役会の役割として重要なことは、パーパス・ビジョン・ミッション・マテリアリティ・ストラテジー・バリューの実現や発揮を通じて、未来の社会への架け橋となる成長ストーリーを描くことにあると考えている。企業は総合報告書・年次報告書・招集通知などで自社のパーパスなどを明瞭に表現していくべきであり、パーパスなどの実現や発揮のために取締役として議論すべき項目がボードアジェンダに反映されるべきである。そして、取締役会のアジェンダは短期視点だけではなく、長期視点で議論すべき内容を明確にしたうえで、バックキャスティングすることで単年度でのアジェンダが定まることになる。取締役会が長期的な経営戦略を10年・5年・3年・1年という形でブレ

〈図表10-5〉　ICGNグローバル・ガバナンス原則における主要な14の改訂項目

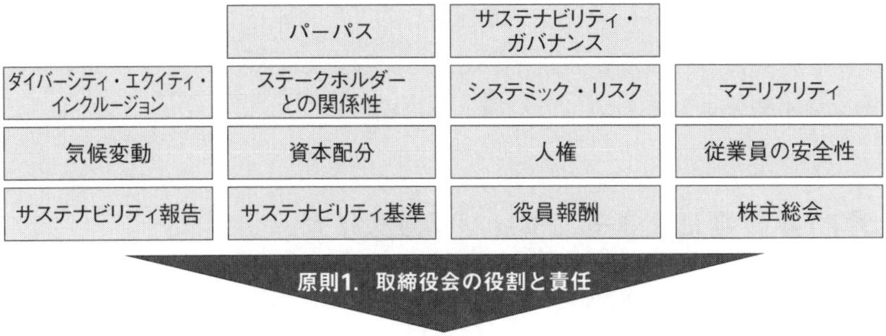

	パーパス	サステナビリティ・ガバナンス	
ダイバーシティ・エクイティ・インクルージョン	ステークホルダーとの関係性	システミック・リスク	マテリアリティ
気候変動	資本配分	人権	従業員の安全性
サステナビリティ報告	サステナビリティ基準	役員報酬	株主総会

原則1．取締役会の役割と責任

「**取締役会**は、パーパスに沿った持続的な企業価値向上の実現を支える**サステナビリティ・ガバナンスに関する説明責任を負う**」

出典：改訂版ICGNグローバル・ガバナンス原則よりHRガバナンス・リーダーズ作成

イクダウンして、経営計画に落とし込むことが重要である。また、先行きが不透明で、将来の予測が困難な社会においては、3年後のゴールを金科玉条のようにとらえた中期経営計画を定めるのではなく、欧米先進企業のように、10年後のゴールに向けた成長曲線などを示していく開示や語り方も参考になる。取締役会がマテリアリティ解決型の中長期経営計画を策定し、10年後の成長ストーリーを語ることが社会から期待されているように思われる。

たとえば、議長を中心とした取締役会が予算を持ち、アドバイザリーボードを組成して、社外有識者を活用して世界のメガトレンドを把握し、そして、CEOが率いるイノベーションチームなどで骨太の成長戦略案を策定して、取締役会で論議することは一案であろう。その際に、日本の経営企画部のような組織は、主に中期経営計画（3〜5年）の遂行の役割を担っているために、別にCEOの直轄組織を組成して、次期CEO候補者や外部採用人財・外部コンサルタントなどを活用して、10年後の会社の進むべき方向性の素案を起草する組織が必要であると考えている。

取締役会が描く会社の成長ストーリーを開示し、株主・投資家を含む社会とエンゲージメントし、多様なステークホルダーからの示唆を取締役会の議論に活かし、当該取締役会の活動を社会にフィードバックすることが、まさに、サステナビリティ・ガバナンス活動であるといえよう。換言すると、取締役会はソーシャルイノベーティング・ボード（社会課題解決型の取締役会）として、未来の社会を創る成長ストーリーを社会に語り、マルチステークホルダーから100年後の社会に残したい会社として選ばれることで、サステナビリティ・ガバナンスが強化されるといっても過言ではない。

②専門委員会によるモニタリングのあり方

さらに、取締役会の実効性を強化するためには、取締役会から諮問された各種専門委員会の役割も重要である。取締役会と各種専門委員会の連携、各種専門委員会間での連携、カンパニーセクレタリー（取締役会の事務局・企画担当役）やエグゼクティブセッション（非業務執行役員の情報共有会議）などが相まって、経営執行に対する統合的なモニタリング機能が発揮される。これらの機関・機能が、経営執行と独立していることも欠かせない。英国のコーポレートガバナンス・コードでも言及のある、カンパニーセクレタリーの役割は、取締役会議長の指示のもとに取締役会や専門委員会の機能を最大化することにある。また、米国ニューヨーク証券取引所の上場基準で義務づけられている、エグゼクティブセッションの役割は、独立社外取締役のみで構成される会議体として、取締役会の実効性向上に向けた情報交換や認識共有を図ることにある。

欧米企業では指名・報酬・監査に加えて、サステナビリティ、戦略・リスク、人財開発、イノベーションなどの各社オリジナルな委員会を組成して、独立社外取締役が中心となり、経営執行の監督機能を強化している。各種専門委員会を中心とした取締役会の実効性向上を図る趣旨は、指名・報酬・監査以外にどのような委員会を設置しているかによって、自社の取締役会としての重要な課題や独立社外取締役への役割期待を可視化することにある。自社のパーパスの実現やマテリアリティの解決のために、取締役会に求められる専門性を可視化したものがスキル・マトリックスであり、取締役会で集中的に議論すべき内容が各種専門委員会に諮問されることになる。各専門委員会の方針やアジェンダを定めて、株主や投資家に開示することで、各独立社外取締役の役割期待が明確になり、株主や投資家からすると、エンゲージメントする相手や内容が明らかになる効果も期待できる。

特に、専門委員会の中でも中核的な役割を担う、指名・報酬委員会においては、経営陣のインセンティブ・評価・トレーニング・コーチング・選解任につき、統合的な議論を行い、指名・報酬ポリシーに基づき指名・報酬ガバナンス機能を統合的に発揮することが期待されている。指名委員会では、CEOの人財要件を策定して、サクセッションプラン（後継者育成計画）を策定・運用することが最大のミッションであり、報酬委員会では、会社の持続的な成長に向けた経営陣への適切なインセンティブを付与することが最大のミッションである。そして、指名委員会でCEOの選解任を行うためには、指名委員会で定めたCEOのミッションに基づく評価と報酬委員会での業績評価などが参考にされることになる。さらに、指名・報酬委員会において、CEOだけではく、他の経営陣や、議長・筆頭独立社外取締役を含むボードメンバー全員の評価も行うべきであり、人財要件、ミッション・ステートメント、スキル・マトリックス、取締役会（各種委員会含む）実効性評価（第三者評価）、360度評価、業績評価など踏まえた統合的な議論を選解任に活かす枠組みも重要である。その際には、役員として選任する際に予め締結する個々人との委任契約などにおいて、期待する役割・内容・年数などを明確にしておくこと、また、各種委員会や会議体の担当など期待する役割が変わった場合には変更内容をしっかりと織り込むなどの対応が必要である。また、取締役会としては、各種委員会が外部専門家を活用できるような予算を与えるなど、独立社外取締役が活躍できる環境を整備することも重要である。欧米でも、独立社外取締役の在任期間の目線を予め定める企業が多いが、パフォーマンスの発揮が期待水準に達していない独立社外取締役に退任してもらう時期・手続につき課題を抱えている企業が多いと聞いている。サステナビリティ・ガバナンスの観点からとらえても、日本企業の経営陣や取締役のサクセッションに係る指名・報酬ガバナンスの強化は喫緊の課題であろう。

次に、サステナビリティ委員会についてであるが、そもそも当該委員会に独立性が強く求められる理由は、CEOに大胆な経営執行の権限委譲した後に、CEOによる業務執行がサステナビリティ方針にアラインしているかをモニタリングするためである。取締役会がサステナビリティ方針に基づいて、CEOにサステナビリティ経営におけるマネジメントを任せた場合に、CEOが環境・社会・経済価値の3つの三角形の面積を最大化するためには、マテリアリティ解決を通じて、会社の成長戦略をリードすることになる。そして、CEOが成長戦略としてミッションやストラテジーに落とし込める内容でないと、そもそも取締役会が特定したマテリアリティがパーパスやビジョンの実現につながっていないことになる。サステナビリティ委員会の役割は、CEOがリードするサステナビリティ経営が環境・社会価値の向上にアラインし、会社の経済価値の向上につながっているかを監督することと、取締役会がCEOのサステナビリティ経営を後押しするためにサステナブルな投資を促すことにある。また、CEOのサステナビリティ活動が取締役会や委員会で定めた方針からずれている場合には、当該活動に課題があるのか、当該方針が経営環境に合致していないのか、そもそも取締役会が特定したマテリアリティの優先順位づけを再構築する必要があるのかなど、当該委員会主導で議論することが肝要であろう。

さらに、サステナビリティ委員会としては、CEOがそうした経済価値の最大化につながるような環境や社会に関連するサステナビリティ活動を行っているかどうかを統合的にモニタリングする役割もある。具体例を挙げると、米国のスポーツ関連会社ナイキは、1990年代に途上国の工場において強制労働・児童労働・セクシャルハラスメントの事実が発覚し、その事実を国際NGOが摘発したことを契機に、世界的に自社商品の不買運動が広がり、ブランドイメージの毀損、ひいては売上高にも悪影響を及ぼした経験を有している。そうした過去を受けて、現在は人権問題に関するCEOのコミットメントを明瞭にすると共に、「企業責任・持続可能性・ガバナンス委員会」を設置し、人権をはじめ、持続可能性や地域社会への影響などに関するナイキの重要な戦略・活動・方針を監督している。ビジネスにおける人権対応に関しては、大きく、①人権方針の策定、②サプライチェーンを含む人権デュー・ディリジェンスの実施、③苦情を適切に処理する救済メカニズムの構築が企業に求められている。ナイキでは、3つのアクションを適切に実践すると共に、委員会の設置により人権を含むサステナビリティに関する取り組みをモニタリングする体制を構築している。

2021年3月にCEOが解任されたフランスのダノンは、サステナビリティ先進企業としてサステナビリティ委員会に独立社外取締役が任命されていたものの、その活動を適切にモニタリングできず、機能不全に陥っていたという大胆な見方もできる。CEOが環境や社会によいことをやっているといっても、会社の成長につながるような形でのサステナビリティ活動ができているかを監督できていなかったという評価もできる。サステナビリティ先進企業であるダノンの評価を踏まえると、サステナビリティ活動を監督する側と、サステナビリティに関する取り組みをビジネス活動に紐づける執行側の両方にサステナビリティ委員会を設置したうえで、2つの委員会が「両輪」としてサステナビリティ活動を推進・監督していく体制が理想的なモニタリングの仕組みであるといえよう。

③サステナビリティ・ガバナンス実現のための課題発見の診断ツール

企業がサステナビリティ・ガバナンスを実現するために必要なことは、真に企業価値向上につながる観点で現状分析を行い、様々な課題を洗い出すことである。いわゆる、ESG評価機関のスコア向上とは違い、なぜその会社が課題と考えるか、その課題の解決が企業価値にアラインしているかを考える必要がある。そこで、自社にとっての課題を見つけるための診断ツールとして、HRガバナンス・リーダーズの「サステナビリティ・ガバナンスサーベイ」を紹介したい。

このサーベイは、日本を代表する企業（JPX日経インデックス400採用企業など）を対象として、サステナビリティを考慮した経営・ガバナンスを実現するために各企業がどのような点に着目すればよいか、各社の現在地はどのようなものであるかを把握するために設計したものである。今回は、38社から回答をいただいた。内容としては、大きく5つの章から構成されている。第1章は「サステナビリティ・ガバナンス体制について」とし、サステナビリティの観点が以下のような項目、すなわち、ガバナンスの体制、取締役会のスキル・マトリックス、役員報酬の設計、後継者育成の計画などに、どのように活用・反映されているかを把握する内容となっている。第2章は「サステナビリティに関するCEOの認識や考え方について」とし、CEOがサステナビリティ・ガバナンスに対してどのようなリーダーシップを発揮しているか、また、会社の存在意義（パーパス）に対する認識を問うものとなっている。第3章は「長期ビジョンと戦略について」、第4章は「マテリアリティの特定とその管理」、第5章は「ステークホルダーとのエンゲージメント」という構成である。特徴としては、既存のESG評価機関の質問票などとは趣を異にする質問構成となっており、約60問程度のサーベイのうち、自由記述欄を多く設けたことにある。これにより、日本企業のサステナビリティ・ガバナンスの現況をより詳細に把握することに努めた。今後、設問もブラッシュアップしながら、日本のサステナビリティ・ガバナンスの現況について経年変化を追うとともに、個別のフィードバック面談などを実施することで、回答企業に対して示唆を得ていただく機会を提供し続け、日本のサステナビリティ・ガバナンス向上に貢献していきたいと考えている。

「サステナビリティ・ガバナンスサーベイ」の5つの章についての結果の概略は、以下の通りである。第1章「サステナビリティ・ガバナンス体制について」では、サステナビリティ経営を推進するためのガバナンス体制に焦点をあて、監督体制の仕組み、専門委員会の設置状況や委員長の人選、取締役会のスキル・マトリックスの有無など、体制構造の側面と、指名人財や報酬領域における企業の持続可能性を支える仕組みという側面の2つの面から調査を行った。体制構造に関しては、「サステナビリティに関する専門委員会」を設置する企業は60%に達しており、サステナビリティの取り組みを進めていくための委員会の必要性が高まってきていることが伺える。一方で、取締役会や取締役会内の監督側の委員会の設置は、委員会を設置している企業の22%に留まっていることが明らかになった。委員会の議題としては、「全社のサステナビリティ方針・戦略の検討（96%）」および「全社のサステナビリティ戦略の進捗状況の監督（87%）」が多く、また、74%の企業が「全社のマテリアリティに関する審議・決議」を委員会で取り上げている。一方で、ステークホルダーとのリレーションに関する項目のうち、「ESG評価機関・機関投資家」について取り上げている企業は65%、「政府機関・NGOとのエンゲージメント」「統合報告書に関する審議・決議」に関しては、40%を下回る結果であった。

企業の持続可能性を支える仕組みに関して、「取締役会のスキル・マトリックス作成・公表（21％）」や「役員報酬への非財務指標の導入（26％）」、「指名委員会によるサステナビリティに関する議論・評価（8％）」など、サステナビリティ経営推進のために重要とされる取り組みについて、社会的要請および対応の必要性が高まっているにもかかわらず、多くの企業において取り組みが実施されていない現状が明らかとなった。今後、如何にして企業の取り組みを推進していくかが重要である。取締役会のスキル・マトリックスについては、2021 年 6 月のコーポレートガバナンス・コード改訂に伴って明示的に言及されるなど、対応に踏み切る企業も多くみられる。一方で、役員報酬への非財務指標の設定に関しては、重要性については理解を示す企業が多くみられるものの、いずれのサステナビリティ指標を設定するかなど、実際の運用に向けた検討に苦慮する企業が多い現状であることがわかった。企業文化については、英国のコーポレートガバナンス・コードにおいても触れられているなど、サステナビリティ・ガバナンスを深化させるうえで国際的にも重要視されている要素である。具体的には、取締役会が健全な企業文化を醸成し、パーパスや戦略・報酬制度と企業文化を一致させ、監督・モニタリングしていくことが望ましいとされている。本調査における回答企業のうち、55％の企業が取締役会において企業文化に関する議論をしており、71％の企業が従業員エンゲージメントを実施していると回答するなど、日本国内においても企業文化の醸成が重要であると捉える企業が増えてきていることがわかる。

第 2 章「サステナビリティに関する CEO の認識や考え方について」では、CEO のサステナビリティへの取り組みに関するコミットメントおよび企業のパーパスにフォーカスし、調査を実施した。特にパーパスについては、サステナビリティ経営を長期的に推進するために不可欠な要素であるとともに、米国のビジネスラウンドテーブルにおける議論をはじめとした昨今の国際的な動向や、新型コロナウイルス禍を踏まえた環境の急速な変化により、一層重要性を増していることは明らかである。まず、CEO のサステナビリティに関する認識や考え方について、具体的な取り組みをみると、国内外問わずサステナビリティ関連のイベントなどへの CEO の参加率が低いことが判明した。今後、海外の先進企業などと肩を並べる取り組みを推進する日本企業を輩出していくためには、CEO 自身によるイベントなどへの参加の重要性の認知を高めていく必要がある。パーパスに関しては、71%の企業がパーパスを有しているという結果であったが、企業理念や経営理念などをパーパスとして掲げているケースが多く、「社会における自社の存在意義」としてのパーパスを明確に有する企業が少ないという印象をうけた。また、パーパスの活用事例としては「事業戦略・投資判断に影響（61%）」「マテリアリティの特定（53%）」「ガバナンス体制・組織に影響（50%）」が多く挙げられた。一方で「指名・人材育成の考え方（32%）」「監査・コンプライアンスの考え方（21%）」「役員報酬の考え方・設計（16%）」については、パーパスを踏まえての取り組みを推進している企業は少ないという結果であった。

第３章「長期ビジョンと戦略について」では、長期ビジョンの有無について焦点をあてた調査として設問事項を設定した。サステナビリティ経営の実現にあたって、長期的な社会・環境変化シナリオを十分に認識したビジョンが必要不可欠である。それと同時に、機関投資家からも策定・開示が求められているなど、長期ビジョンを有していることの重要性は非常に高まってきている。この傾向は、回答結果にも明確に表れている。サステナビリティに関わるリスク・機会に対応するため、長期ビジョンを「策定している」と回答した企業は45%、「策定を検討している」と回答した企業も 45%と、長期ビジョン策定の必要性が広く普及してきていることがわかる。また、長期ビジョン策定プロセスについては、長期ビジョンを策定していると回答した企業のうち、担当部門が策定の中心を担うボトムアップ型を採用していた企業が最多であった(53%)。CEO が主体となる「トップダウン型」は 11%、取締役会が中心となる「ガバナンス主導型」は 6%という結果であった。一方で、長期ビジョンを策定していないと回答した企業のうち、中期経営計画を策定している企業は86%であり、長期ビジョンを有していない場合であっても、ある程度の長さの視点に基づいた経営の必要性を感じている企業は非常に多かった。

第４章「マテリアリティの特定とその管理」では、マテリアリティの特定の有無と特定したマテリアリティの活用状況について焦点をあて、調査を実施した。マテリアリティは自社のパフォーマンスにとって大きな影響をもたらす可能性のある課題、すなわち企業価値を左右する課題である。「財務指標」だけにはとどまらず、環境や社会やガバナンスの諸課題に対してどう取り組んでいるのかといった「非財務指標」の観点も含まれる。つまり、非財務指標への関心の高まりに伴って、マテリアリティの重要性も増しているといえるであろう。実際に、回答企業のうち、76%の企業がマテリアリティを特定しており、そのうち 72%がマテリアリティの進捗などを管理する体制を有していることがわかった。具体的なマテリアリティの活用事例としては、「KPI を設定し、中期経営計画へ反映（72%）」「長期の経営戦略策定（69%）」「長期的なリスク・コンプライアンス管理（68%）」「社会貢献活動（69%）」が多く、中長期の戦略策定・施策推進とリンクしていることが明らかになった。

第 5 章「ステークホルダーとのエンゲージメント」では、経営陣などとステークホルダーとのエンゲージメントに焦点をあて、調査を実施した。コーポレートガバナンス・コードの基本原則 5 において、「上場会社は、その持続的な成長と中長期的な企業価値の向上に資するため、株主総会の場以外においても、株主との間で建設的な対話を行うべきである」とされており、近年は、対話における重要なアジェンダにサステナビリティを織り込む機関投資家が増えている。また、コーポレートガバナンス・コードの基本原則 2 では、株主以外のステークホルダーに対しても「上場会社は、（中略）ステークホルダーとの適切な協働に努めるべきである」と述べており、ステークホルダーとのエンゲージメントに、経営幹部・取締役の積極的な関与が期待されている。実際にステークホルダーとのエンゲージメントについて回答結果をみると、機関投資家とのエンゲージメントに関しては、「サステナビリティに関する情報を意識的に伝えようとしている機関投資家がいる」と回答した企業は 58%であり、「意識的に伝える機関投資家の選定等を現在検討している」と回答した企業（10%）も含めると、70%近くの企業が、戦略的にエンゲージメントを行う機関投資家を選定していることが明らかになった。また、機関投資家の側からは、コーポレートガバナンス、ダイバーシティ・インクルージョン、気候変動、取締役会の構成とその評価、人財育成などが、エンゲージメントの際の議題として重要視されてきていることが判明した。一方で、エンゲージメント結果の社内への統合体制については、32%の企業しか取締役会への報告を行っておらず、サステナビリティ課題を経営に統合していくうえで、改善の必要があることが読み取れた。企業が重視するステークホルダーの傾向としては、特に重要であると考えているステークホルダーグループとして、82%の企業が「顧客」と「従業員」を挙げていた。サステナビリティ課題において重要なステークホルダーである「取引先（47%）」「地域社会（26%）」はやや低く、関連課題に専門性の高いNGO・NPOを挙げている企業は8%と低い結果となっていた。

④投資家・企業の双方によるサステナビリティの取り組みの強化

サステナビリティの取り組みを強化するために、取締役会がリーダーシップを発揮してパーパスを再定義し、パーパスを実現するためのマテリアリティをしっかり特定するためには、マテリアリティを解決するための長期的なシナリオ分析を行うことが重要である。環境の領域でいえば、30年後を見据えたバックキャストでのシナリオ分析が求められている。こうした取り組みを前提としたうえで、企業がサステナビリティ関係の開示を強化し、投資家がESGへの投資をさらに強化するといった形で、企業と投資家がワンチームになって地球や社会のサステナブルな成長に寄与していくのである。そうした意味では、企業の長期的な稼ぐ力が強化されないと配当や株価上昇による投資家の運用資産は増加しないので、稼ぐ力の強化につながるサステナビリティ活動を実現していかなければならない。

そのためにはやはり適切なインセンティブ制度の構築が重要であり、具体的には、経営陣に対する長期インセンティブプランとして、株主とのセイムボート性の強い株式報酬のKPIにサステナビリティ関連のKPIを導入していくことが重要である。特に、欧米では、自社のマテリアリティを解決するための定量的なKPIをサステナビリティ委員会で設定し、当該KPIを経営計画に落とし込み、さらには当該経営計画の実現のために、報酬委員会において、報酬ポリシーにしたがい株式報酬のKPIに適したものを3つから5つ程度を選定し、活用する企業が増えている。

日本企業の場合には、3年後の中期経営計画と役員報酬のプラクティスが連動していない会社も多く、中期経営計画の実現のための役員報酬にESGなどの非財務KPIを採用していない企業がいまだに多い。機関投資家を中心に、サステナビリティ経営を実現するために、統合報告書にESG関連のKPIを掲げるのであれば、当該KPIの中で主要なKPIをインセンティブプランとしても採用すべきとの声が大きくなっている。日本企業においては、まずは取締役会内にサステナビリティ委員会を設置して、マテリアリティ実現のための中長期的なサステナビリティ関連のKPIを設定し、当該KPI実現のための中長期的なサステナビリティ計画を策定することも検討に値するであろう。そして、サステナビリティ計画と中長期経営計画が連動・統合することで、財務・非財務（将来財務）の経営戦略が統合されてサステナビリティ経営が強化される。

サステナビリティ経営を監督するためにも、サステナビリティ委員会と報酬委員会が連動して、KPIの設定や達成の進捗管理をするプラクティスを構築するべきである。その際に、これまでの日本企業のように3年後の中期経営計画を金科玉条のように大切にした経営を行うのではなく、ブーカ（VUCA）時代の環境変化に対応するために、毎年、3年後の役員報酬の財務・非財務KPIを設定することも、サステナビリティ経営の観点からは重要であろう。さらに、サステナビリティ・ガバナンスの文脈でとらえると、今後、日本企業で一般的な3か年の中期経営計画を10年・5年・3年とのマイルストーン型に変更することも一案であり、そこにサステナビリティやコーポレートガバナンスの課題も統合した課題解決型の中長期サステナビリティ計画を公表することで、サステナビリティとガバナンスの統合的な経営が意識されることになる。サステナビリティ関連のKPIの導入を契機に、たとえば、4年ごとにたすきをつなぐ経営ではなく、CEOや取締役の任期を伸長させ、取締役会が未来思考でのサステナビリティ・ガバナンスをリードする時代が到来する予兆を感じている。

一方、機関投資家側としても、ファンドマネージャーはESG投資に長期的にコミットして強化していくため、アセットオーナーとの関係を維持するインセンティブづけが重要である。2019年7月に、年金積立金管理運用独立行政法人（GPIF）は「運用受託機関の役職員の報酬体系（インセンティブ構造）」を公表している。本調査では、運用会社の役職員の報酬体系が、長期志向のアセットオーナーが期待する長期的なリターン向上に資する報酬体系になっているか、ショートターミズムを助長するようなインセンティブ構造になっていないかという問題意識から実施されたが、運用会社を長期志向の運用へと向かわせる方策の一環として、報酬のあり方にも関心を高めている。

報告書の結果として、運用会社の役職員の報酬体系にショートターミズムを助長するような仕組みはほとんど見受けられなかったものの、長期的なリターンの向上に資するかという観点では、一部の運用会社で先進的な取り組みをしている状況にとどまるとのことであった。また、報酬を戦略的に活用している会社とそうでない会社に分かれており、日系運用会社では、グループ傘下の銀行・証券会社・保険会社と同様の仕組みや水準になっているという点では、戦略的に報酬が活用されていないケースが多数を占めているとしている。

本報告書から、運用会社はESGインテグレーションやエンゲージメントに積極的であるものの、投資先の上場企業とは違って、自社株式を活用した長期インセンティブプランなどが活用しづらいこともあり、中長期的な企業価値向上に資する戦略的な報酬のスキームがないという課題が浮き彫りになったと考えている。たとえば、一定の運用裁量権を有するファンドマネージャーに対して、会社のESG投資方針に連動した、ESG関連のKPIを報酬に組み込むことで、自社の投資哲学を実際の投資行動に浸透させたり、機関投資家としてのサステナビリティ・ガバナンスの強化につながると考えることもできる。

⑤インベストメントチェーンにおける株主や機関投資家の役割

インベストメントチェーンにおける株主や機関投資家の本来の役割についても、述べたい。独立社外取締役がコーポレートガバナンスの議論の中心となっている趣旨は、株主や機関投資家から選ばれているからであると考えている。株主や機関投資家の資金は、国民の資産がもとになっており、われわれの未来に対する資金でもある。その資金が年金や投資信託などのファンドを通じて機関投資家に流れた後は、ファンドを受託している機関投資家が株主として独立社外取締役を選ぶことになる。つまり、機関投資家が自分たちの投資哲学に基づいて成長すると判断した企業に投資を行い、その企業の成長を適切にモニタリングできるよう、株主総会で多様な取締役を選んでいるといえる。

よって、国民の意思としては、未来の社会を創る企業への投資を通じてよりよい社会を形成することに関与し、その恩恵を国民が受けること、つまり、世の中に質の高いグリーンな商品やサービスがしっかり店頭に並ぶように、生活をより豊かにしてくれる企業に自分たちの資金を使ってもらうことにあると考えられる。さらに踏み込めば、自分の子供や孫など、将来の人たちに財産をしっかり残していけるように、長期的な運用のパフォーマンスを最大化してほしいというのが、最終的な受益者であり最終的なアセットオーナーである国民の思い、消費者の思いではなかろうか。その国民の思いが機関投資家に集まって、機関投資家にも企業と同じように自分たちのパーパスがあり、そのパーパスを実現するためのマテリアリティがあり、そのマテリアリティを解決するための自分たちのシナリオ分析がある。それが自分たちの投資哲学としっかりアラインして、企業に対してその投資哲学に基づいて、こうした企業にサステナブルな投資をすることによって社会をよりよくすること、すなわち最終受益者である国民や市民の未来のよりよい社会を創っていくことこそが、機関投資家に求められているのではなかろうか。そうしたポリシーが機関投資家のエンゲージメントやESGの評価に反映されて、それがダイベストメントなどの投資判断にも活かされ、かつ議決権行使にも活かされてくる。

機関投資家や株主は、投資した企業との情報の非対称性があるため、取締役会が会社の進むべき方向性を決め、CEOのチームに業務執行の権限委譲を行ったうえで、CEOが会社のパーパスやマテリアリティにアラインした形で活動をしているのかをモニタリングするための取締役を選んでいる。したがって、機関投資家や株主は、セイ・オン・クライメート（Say on Climate）やセイ・オン・ペイ（Say on Pay)、独立社外取締役を送り込むことなど、株主提案や議決権行使などの行動に出ることは最終手段であり、自分たちが選んでいる独立社外取締役とエンゲージメントを行うことによって、会社の進むべき大きな方向性に基づくポリシーや戦略とアラインしてCEOが経営しているかどうかを間接的にモニタリングするべきである。

⑥機関投資家・企業間のパーセプション・ギャップと信頼関係の構築

企業の経営陣からは、機関投資家とのエンゲージメントの中で、解決すべきマテリアリティに基づくESGのエンゲージメントをしたとしても、「短期的な財務面にしか関心がない、もしくはESGの問題で盛り上がっても、投資判断や議決権行使にどのように反映されているかが不透明で全くみえない」といった意見を聞いており、ESGのエンゲージメントに対して些か疲れてきている部分もあるのではないかと考えている。一方で、機関投資家からは、各社創意工夫をして、「ESGの情報を収集、レーティングやスコアリングを行ったうえで、エンゲージメントにおける実質的な議論を投資判断や議決権行使にしっかりと反映している」との意見も聞いており、企業の経営陣と機関投資家との間には今なお認識の部分におけるパーセプション・ギャップ（認識のずれ）が多少なりともあるのではないかと感じている。

企業も機関投資家もサステナブルな社会に向け、企業は長期的な企業価値の最大化に向けて、機関投資家は長期的な投資パフォーマンスの最大化に向けて、双方がそれぞれ価値創造ストーリーをしっかりと創っていくことが未来の社会にとって重要である。したがって、企業も機関投資家もパーパスを実現するためのマテリアリティを特定し、財務も将来財務（非財務）も含めて、当該マテリアリティを解決するための経営戦略の中でKPIにしっかりと落とし込む必要がある。そのKPIが経営陣やファンドマネージャーのミッション・ステートメントの中に落とし込まれているという仕組みが可視化されることにより、KPIを通じてエンゲージメントが成熟するはずである。その際、企業側は、CEOやCFOなどの執行側が機関投資家のファンドマネージャーやセクターアナリスト向けにIR（Investor Relations：投資家対応）を担当し、取締役会議長や独立社外取締役などの監督側は機関投資家側のESG担当者向けにSR（Shareholder Relations：株主対応）を担当するなどの役割分担をしていることを対外的に開示している欧米企業もあり、検討に値する。

欧米の機関投資家を中心に、企業のサステナビリティ・ポリシーに相当するエンゲージメント・ポリシーを積極的に開示している。企業としても、機関投資家としての投資哲学に基づくマテリアリティを踏まえたエンゲージメントの方針があらかじめ分かると、エンゲージメントにおけるパーセプション・ギャップの解消に役立つであろう。日本でもエンゲージメント・ポリシーの開示が進むことで、企業の取締役会としても、ビジネスパートナーとして自社株式を保有してもらいたい機関投資家との戦略的な対話が進展することが考えられる。企業と機関投資家とのエンゲージメントが深化すれば、緊張感のある成熟した「信頼関係」が企業と機関投資家との間で構築できるはずである。エンゲージメントが深化するためには、企業は、株主としての機関投資家から受けた様々な視点でのフィードバックを取締役会で真剣に議論し、サステナビリティ・ガバナンス強化に向けた対応策の打ち出しを繰り返し継続することが重要ではなかろうか。

日本より先行する英国のコーポレートガバナンス・コードやスチュワードシップ・コードでは、これまでの改訂により、企業と機関投資家とのエンゲージメントが促進され、サステナビリティ課題解決に向けた一体化が進んでいると考えている。日本においても、英国の取り組みを参考としつつ、日本のコーポレートガバナンス・コードやスチュワードシップ・コードにサステナビリティ課題への取り組みが謳われており、企業価値向上に向けた課題は企業だけでなく、国民資産を預かる機関投資家にもあることに留意し、双方がパーパスやインセンティブをもって取り組み、前述した「信頼関係」を構築することこそが、企業価値を共創するうえでの鍵といえる。

第11章

人財・知財を統合する「インタンジブルズ・ガバナンス」構築への提言

内ヶ﨑茂
神山直樹
水谷晶
中川和哉

人財・知財の統合ガバナンスの強化

昨今、IoT、ビッグデータおよびAIの活用や普及などに代表される第四次産業革命が進み、産業構造が重厚長大産業からIT産業へと大きく変わる中で、企業は新たな成長領域を開拓するため、無形資産への投資などの対応を迫られている。米国の知的資本などの投資銀行Ocean Tomoの研究によれば、2020年には無形資産が米国S & P500全体の時価総額の90%を占めるという結果も出ており、投資家が企業価値を評価するうえでも、人的資本や知的資本を含む無形資産に注目が集まってきている。

米国では、証券取引委員会（SEC）が2020年11月に、非財務情報を規定した「Regulation S-K」の改訂により年次報告書（Form 10-K）などの法的開示書類での人的資本に関する情報開示の義務化を行った。日本では、経済産業省が同年9月に、「持続的な企業価値の向上と人的資本に関する研究会」（座長・伊藤邦雄一橋大学大学院経営管理研究科特任教授）での議論を経て、いわゆる「人材版伊藤レポート」を公表した。「人材版伊藤レポート」では、持続的な企業価値の向上のための人的資本に焦点をあて、未来志向のあるべき「As is-To beギャップの定量把握」などの3つの視点と、対応する「動的な人材ポートフォリオ」などの5つの要素に注目、経営戦略に連動した人財戦略について、取締役会の中核的な議題として方針を策定しモニタリングをすること、機関投資家にはESG（Environment Social Governance：環境・社会・企業統治）投資の「S」の主要なテーマとして、人的資本に係る取締役とのエンゲージメント（建設的な対話）を充実すべきことなどを提言している。

日本では、東京証券取引所が2021年6月に、3年ぶりにコーポレートガバナンス・コードを改訂した。同コードの補充原則3–1③と補充原則4–2②において、人的資本や知的財産への投資などに関する自社の経営戦略・経営課題との整合性を意識した情報開示の充実や、それらの投資に対する実効性を伴った取締役会の監督について新たに言及されている。日本経済の「失われた30年」の中で、日本企業の成長を期待する投資家に十分に応えてこられなかった現状、従業員の実質賃金の低下や幸福度が他の先進国と比べて相対的に低い現状に鑑みると、コーポレートガバナンスが形式から実質へと進化する過程では、企業の持続的な成長に向けた経営戦略の中核に人的資本や知的資本への投資を位置づけて、取締役会が適切な監督を行うことで株価や賃金を上げていく、まさに成長戦略としての「人財・知財ガバナンス」が、特に重要な意味を持つ。

そもそも無形資産は、現在の企業の財務的なパフォーマンスにはつながっていないようにみえても、未来の財務的なパフォーマンスにつながる可能性が高く、企業価値に結びついているといえる。人口が増加する高度経済成長期のような右肩上がりの時代には、商品や製品を製造する設備投資などの有形資産への投資が中心であったが、暮らしの質や幸福度が求められる現代では、人財や知財、DX などの無形資産を中心とする投資にシフトしていくことが日本企業のサステナブルな成長につながると考えられる。取締役会が無形資産への投資戦略の方針を策定し、当該方針に基づき経営執行側が事業や人財・知財への投資戦略を加速させることが求められている。

ESG 経営の視点からとらえても、環境領域では脱炭素・リサイクル技術など、社会領域では社会課題解決型商品開発やダイバーシティ＆インクルージョン（Diversity & Inclusion：多様性と受容）など、人財と知財を統合したガバナンスへの期待が大きい。

本章では、第 2 節において、「無形資産を中心としたサステナビリティ経営」の考え方を紹介する。第 3 節では、「サステナビリティ経営を実現する『インタンジブルズ・ガバナンス』」の重要性を提言する。第 4 節では、「欧米の『インタンジブルズ・ガバナンス』の状況」として、欧米企業の好事例を紹介する。最後の第5節では、日本企業への「『インタンジブルズ・ガバナンス』構築への提言」を試みたいと思う。

無形資産を中心としたサステナビリティ経営

無形資産の中で、企業がサステナブルに成長するために最も重要な財産が人財と知財であり、人財と知財を統合したインタンジブルズ（無形資産）を重視した経営が日本企業の復活には欠かせないと考える。本章でいう知的財産（知財）とは、特許や著作権のような貸借対照表に記載される無形資産のほか、人に帰属するノウハウ・スキル・知見・経験や組織に帰属する顧客・ブランド・

評判などの無形資産も含めて広くとらえている。

過去の成功の延長線上に未来の成功が約束されている時代には、強烈なリーダーシップを発揮するCEO（Chief Executive Officer：最高経営責任者）の描いたビジネスシナリオに従い経営をしていればよかったが、変化のスピードが速く人々の価値観も移ろうネクストノーマルな社会では、未来社会を予測し、未来社会での自社の存在意義であるパーパスを再定義する必要がある。そして、パーパスを実現するために自社のマテリアリティ（重要課題）を特定し、それを解決するパーパス・ドリブンな経営が求められている。換言すると、過去の成功体験も無形資産の一種であり、当該無形資産を知的財産として可視化するだけでは、未来の企業価値を創造することはできない時代となっている。過去の成功体験をビジネスとしてサステナブルにするためには、可視化された知的財産の源泉である人に帰属するノウハウやスキルに原点回帰し、企業の智恵にすることで、人財・知財を統合したイノベーションを生み出すことができると考える。

多くの成熟したビジネスを抱える日本企業は、サーキュラーエコノミー（循環経済）型のより質の高い商品・製品やサービスをより効率的に生み出すための適所適材での人財戦略が重要である。そのためには、事業戦略を実現するための人財開発やハイパフォーマーチーム組成が急務である。一方、これから創造するビジネスでは、人に帰属するノウハウやスキルを新たなイノベーションにつなげるための適材適所での人財戦略が重要である。そのためには、人財が生み出す新規事業を持続的に成長させるための組織・カルチャー改革が急務である。いずれのビジネスにおいても、人財と知財が統合されることで事業がサステナブルになるという意味では、インタンジブルズ経営がサステナブル経営のコアバリュー（中核的価値）になるといえる。

今後、知的財産のプロ人財に求められる要件が、知財を生み出す能力から、経営陣を説得して経営戦略と連動した知財ビジネスを開発できる能力に深化し、そして、取締役を巻き込み株主や投資家に訴求できる能力まで進化するといっても過言ではない。

人財と知財を統合するサステナブルな経営を実現するための最も重要な無形資産は、「強靭な取締役会」「CEOのリーダーシップ」「ビジネスモデル」の3

つであると考えている。これらを価値として可視化した知的財産を中核に据えたインタンジブルズ経営が、日本企業の競争力の源泉になり得る。CEO と独立社外取締役を中心とした多様性の効いた「強靭な取締役会」が、未来の社会を予想、さらにはビジネスの成長シナリオを構想し、パーパス実現のための「骨太の方針」としてサステナビリティ方針を策定する。そして、取締役会が当該方針を実現するために、人財や知財を含めた無形資産への投資戦略を構築し、当該投資戦略に基づいた、中長期的な経営戦略の遂行を取締役会が CEO に権限移譲する。そして、CEO が人財・知財の担当執行役員（CHRO〔Chief Human Resource Officer：最高人事責任者〕や CIPO〔Chief Intellectual Property Officer：最高知財責任者〕）とともに中長期的な人財・知財戦略をリードする形で「CEO のリーダーシップ」が発揮されることで、経営の大胆なリスクテイクが生まれ、ブルーオーシャンの事業の創出が期待される。やがて、人財が生み出した知財を、人財がビジネス創出に活用することで人財が開発され、人財と知財が統合的にスパイラルすることで、ノウハウやイノベーションが強靭な知的財産として可視化される姿が理想型である。暗黙知が組織知になることで、企業価値を生み出す反復可能な「ビジネスモデル」として確立していくことになる。

それらを実現するためには、企業に健全な人と組織とカルチャーが根づいていることが前提となる。仮に根づいていない企業が、人的資本・知的資本に対する投資をしても、それが「ビジネスモデル」として定着することや「強靭な取締役会」としてモニタリングが機能することはなく、「CEO のリーダーシップ」の継続的な発揮につながらないからである。ゆえに、CEO が「人と組織を開発して企業文化を創造できる真のリーダー」、すなわち「Culture Employee Organization」として、それらが根づくように主体的に取り組んでいくことが肝要である。

サステナビリティ経営を実現する「インタンジブルズ・ガバナンス」

人財・知財などの無形資産（インタンジブルズ）は、企業のサステナビリティ経営に対して、株主・投資家を含む社会の代表者である独立社外取締役を中心とした取締役会がモニタリングを効かせる「サステナビリティ・ガバナンス」の仕組みとも深く関係する。取締役会には、サステナビリティ方針に基づき、人財・知財・事業に関する方針（ポートフォリオなど）を策定し、当該方針に従い、インタンジブルズ経営の執行を監督していく「インタンジブルズ・ガバナンス」を構築することが期待されているからである。換言すると、企業がサステナブルに成長するためには、中長期的な戦略ストーリーを描く構想力が問われていることから、イノベーション創出のための人的資本と知的資本を統合した「インタンジブルズ・ガバナンス」が取締役会に求められているといえる。

「インタンジブルズ・ガバナンス」を成熟させるには、無形資産の大半を占める人財・知財を会社のマテリアリティとして特定のうえ、中長期的な資源配分や投資判断の方針についても開示をし、株主や投資家を含むステークホルダー（利害関係者）とエンゲージメントすることが重要である。つまり、過去の人財への投資から生まれた果実として知的財産を可視化することや知的財産を獲得するための人件費などのコストを開示することを目的とするのではなく、人的資本や知的資本を未来志向で長期的に投資する対象としてとらえることで、経営の執行と監督の両面からの論議すべき取締役会のアジェンダ（議題）として昇華させることになる。そして、会社の当該投資方針をステークホルダーに理解してもらうためには、長期ビジョンを実現するための人財・知財に係るエクイティストーリーを語る必要がある。ストーリーを語るうえでは、①人財・知財に係る資源配分や投資のモニタリングを行う仕組みとして、取締役会内に独立社外取締役が中心となるイノベーション委員会を設けること、②マテリアリティ解決のための取締役会のスキル・マトリックスにおいて、人財・知財担当の独立社外取締役を置くことは、「インタンジブルズ・ガバナンス」の有効な強化策になる。

そして、「インタンジブルズ・ガバナンス」を実現するための重要な成功要因として、先ほどの「強靭な取締役会」「CEOのリーダーシップ」「ビジネスモデル」の3つが挙げられる。取締役会が策定した人財・知財を含むインタンジブルズ経営の方針（IPランドスケープなどを活用）がないと、たとえば、

CEOが新規事業への投資や既存事業からの撤退、そしてM＆Aを行ううえでの人財・知財面での適切な判断軸が欠けることになり、CEOは取締役会の信認を前提とした大胆なリスクテイクが困難になる。つまり、インタンジブルズ経営の方針があることで、CEOチームでの人財・知財投資に係る意思決定の質とスピードが高まることにつながる。そして、人財・知財戦略の遂行が、取締役会で策定した人財・知財投資方針に従っているか、会社のサステナブルな成長につながっているかをモニタリングする仕組みがないと、ビジネスモデルとしての説得力もなく、株主や投資家への説明責任も果たせない。

欧米の「インタンジブルズ・ガバナンス」の状況

まず、人財・知財をマテリアリティとして特定している米国の医薬品会社ジョンソン・エンド・ジョンソンでは、ESGの観点で重要性の高いトピックを特定するため、自社の重要課題の洗出しを定期的に実施し、マテリアリティ・マトリックス（縦軸：外部ステークホルダーの関心、横軸：自社ビジネスへのインパクト）を作成している。近年では、ダイバーシティ・エクイティ・インクルージョンやR＆D投資、知的財産権の保護などの人財・知財に関連するトピックを、自社にとってビジネス上重要な課題として位置づけた。日本でも、人財・知財を自社の重要課題ととらえ、マテリアリティ・マトリックスに記載する企業もいくつかある。

このように「インタンジブルズ・ガバナンス」に取り組むうえで、まずは人財・知財をマテリアリティとして特定し開示することで、ステークホルダーを巻き込みながら、取締役会主導でマテリアリティを解決するための「人財ガバナンス」「知財ガバナンス」を統合的に強化することが肝要である。

「インタンジブルズ・ガバナンス」の中で、人財に注目したものが「人財ガバナンス」、知財に注目したものが「知財ガバナンス」である。各々について、欧米企業の現況を紹介する。

①人財ガバナンス

近年、欧米では人財ガバナンスの一つのテーマである従業員エンゲージメントに対して関心が高まってきており、NGOの呼びかけに世界の機関投資家が応じて発足した共同イニシアティブが、企業からのアンケート回答を公表することにより、企業に対して従業員待遇の情報開示を要求する動きも出てきている。そうした動きもあり、英国の自動車会社ロールスロイスは、2017年から、従業員とボードメンバー間の対話を通して関係性を強化する懇親イベントを開催、また従業員とのエンゲージメントを担当する独立社外取締役を設置している。英国の小売会社マークス＆スペンサーでは、サステナビリティ経営のため、「チームの能力・やる気・愛社精神を育てる」ことを非財務的な目標の一つとして「従業員エンゲージメント」をKPI（Key Performance Indicator：重要業績評価指標）に設定、その結果は業務執行役員の賞与の評価項目の一つとしている。

そうしたイニシアティブや企業の取り組みに呼応して、人財に関するグローバルな情報開示のガイドラインも整備されつつある。スイスに本部を置く国際標準化機構（ISO）は2018年12月に人財マネジメント規格として、国際標準ガイドライン「ISO30414」を公表した。同ガイドラインは、図表11-1のとおり、人財に関する指標について具体的な定義や計算式を示しており、「人材版伊藤レポート」で言及されている「As is-To be ギャップ」の定量化にも資すると考えられる。

たとえば、ISO30414に則した情報開示を行うドイツ銀行は、「Human Resources Report 2020」において、人財戦略がISO30414に準拠している旨を明記のうえ、多くの定量指標を開示している。同レポートの中で、同社人事部グローバルヘッドのミヒャエル・イルグナー氏は、「自社で最も価値のある資産は『人財』であり、ISO30414に準拠することで、組織パフォーマンスに対する従業員の貢献度を透明化できる。外部ステークホルダーとのエンゲージメントの中で、組織文化・採用・生産性・安全衛生・リーダーシップが成功の重要な原動力であることを強調したい」と発言している。定量指標の掲載例としては、ブランド価値の指標としてGlassdoorレーティング（米国の採用ブラン

〈図表11-1〉　ISO30414が提示する11の領域と58の指標（指標は一部抜粋）

（凡例）外部：外部報告での推奨指標　内部：内部報告での推奨指標　両方：外部報告・内部報告での推奨指標

管理カテゴリー	管理項目	指標例
経営者・マネジメント	リーダーシップ	外部　従業員調査によるリーダーシップ指標の数値 両方　リーダーシップ開発プログラムや関連研修へ参加したリーダーの割合
	後継者育成計画	内部　後継者有効性率・後継者補充率・後継者準備率
組織	企業文化	内部　従業員調査によるエンゲージメント・コミットメント・従業員満足度のスコア
	健康経営	両方　職場での事故が原因で失われた作業時間量、労災件数、業務中の死亡者数
	コンプライアンスと倫理	両方　関連する研修を修了した従業員の割合、懲戒処分の数、苦情件数
HR × Finance	コスト	両方　総人件費 内部　雇用コスト・採用コスト・退職コスト
	生産性	両方　従業員１名あたりの収益、人的資本ROI
労働力・タレントマネジメント	労働力のリソース	両方　総従業員数・フルタイム従業員数 内部　パートタイム従業員数・欠勤率
	採用・異動・離職	両方　空きポジションの欠員補充にかかる平均期間、全ポジション（および重要ポジション）に占める内部採用の割合、離職率
	スキルと能力	両方　開発・トレーニング総コスト 内部　従業員あたりトレーニング時間、コンピテンシースコア
	ダイバーシティ	両方　年齢・ジェンダー・障がい者その他に関する従業員比率、取締役会の多様性

出典：ISO 30414よりHRガバナンス・リーダーズ作成

ディング企業であるGlassdoorが従業員のレビュー投稿をもとに独自のアルゴリズムで会社を評価）、健康経営の指標としてヘルスレート（＝100－〔(総病欠日数×100）÷所定労働日数〕）、生産性指標として人的資本ROI（＝〔売上高－（営業費用－人件費）〕÷人件費）、リーダーシップの指標として各種リーダーシップトレーニングの参加者数がある。

米国の医薬品会社ファイザーはプロキシーステートメントにおいて、取締役会およびその傘下の各委員会における人的資本のモニタリングに関する役割を詳細に開示している。同社の取締役会は、人的資本に関連する重要なリスクについて検討しているほか、経営陣が確立・強化した企業文化のモニタリング、全従業員アンケート結果の分析、現地視察に加えて従業員とのエンゲージメントを実施、後継者育成計画の責任を負い候補者との面談を実施するなどの役割を担っている。監査委員会は、監査対象として、企業文化にかかわる重要な事項の報告を受領している。報酬委員会は、定期的に給与の公平性を含む報酬慣行に関する情報を受領している。ガバナンス・サステナビリティ委員会では、タレントマネジメント、文化、ダイバーシティ・インクルージョンなど、人的資本の管理に関する方針・実践をモニタリングしているほか、ダイバーシティを踏まえた取締役の後継者計画をCEOと定期的に検討し、候補者を取締役会に提案している。

このように、欧米企業では、人財に関する取り組みについてISO30414に準拠する形で、網羅的に情報開示を行ったり、取締役会や専門委員会によって人財戦略をモニタリングし、その結果を開示する動きがあることがわかった。特に、ISO30414に沿った情報開示は、「As is-To be ギャップ」の定量化を行ううえでも一定の価値がある。日本企業においても、日本の慣習に沿わない一部の指標を除けば、取締役会や人財開発委員会が自社の人財戦略を定量的にモニタリングするうえでISO30414を採用する意義があると考えられる（たとえば、人的資本ROIの指標を活用して人財ポートフォリオ管理を行うなど）。

②知財ガバナンス

欧米企業の「知財ガバナンス」の現況を把握するため、欧米主要国ベンチマークの時価総額上位企業の合計40社（2021年1月末時点。米国はNYダウ・S & P500の上位各10社、英国はFTSE100の上位10社、独国はDAX30の上位10社）のアニュアルレポートを一斉に調査した。結論として、①取締役会や専門委員会によるモニタリング、経営戦略への組み込みの観点から知的財産に言及していた企業は6社と総じて限定的であるとともに、②知的財産の戦略とガバナンスを遂行・監督する人財として、CIPO（最高知財責任者）やIP（知的財産）担当取締役に該当する役員を置く企業はなく、CLO（最高法務責任者）が知的財産を管掌する例が１社あるのみであった。

知財に関する開示については、グローバルレベルでみても、人財ほどルールやその規格が整備されていない。裏返せば、それだけ日本企業がリーダーシップを発揮できるポテンシャルを有するガバナンス領域であるともいえる。これから紹介する欧米企業の知財に関する情報開示の事例も、十分なものとは言い難い側面もある。しかしながら、知的財産への投資に関する経営戦略との整合性とそのモニタリングを考えていくうえで、日本企業にとって参考になる部分もある。

たとえば、独国の医薬品会社バイエルでは、アニュアルレポート（年次報告書）などにおいて、「知的財産権の確実なグローバル保護は、当社のようなイノベーション企業にとって特に重要であり、この保護がなければ、革新的な製品の研究開発に係る高額なコストをカバーすることはできない」とし、知的財産の重要性が戦略面から語られている。さらに、同社のイノベーション委員会では、主にイノベーション戦略とイノベーションマネジメント戦略、知的財産の保護戦略などを担当するほか、経営陣に助言・監督を行い、あらゆる研究開発プログラムを作成するなど、知的財産を戦略とガバナンスの両面から支えている。

そして、米国のIT会社アップルは、アニュアルレポートにおいて、「知的財産権の所有が当社ビジネスの重要な要素であり、当社の成功は、主に従業員の革新的スキル・技術的能力・マーケティング能力に依拠している」「競合他社の多くは、積極的な価格設定と低いコスト構造、および当社製品の模倣や知的財産の侵害によって競争しようとしている。競争に打ち勝つためには、革新的な新製品・新サービス・新技術を継続的かつタイムリーに市場に投入することが重要である」とし、ビジネス戦略上の知的財産の重要性、そして継続的かつタイムリーな研究開発の必要性を明記している。米国のIT会社アマゾンのマニュアルレポートにおいても、指名・コーポレートガバナンス委員会が重視する取締役候補者の資質・能力の一つとして、知的財産分野でのビジネスや専門知識を挙げるなど、知財戦略の重要性が強調されている。

「インタンジブルズ・ガバナンス」構築への提言

「インタンジブルズ・ガバナンス」の要諦は、取締役会が策定した方針に基づき、人的資本・知的資本に長期投資をし、CEOのインタンジブルズ経営を推進・監督することにある。当該プロセスを開示し、ステークホルダーとのエンゲージメント結果をさらに取締役会での論議に活かすことで、反復継続可能なビジネスモデルとして定着を図る。まさに、人財と知財を統合するエンゲージメントが、会社のサステナビリティ経営に係る覚悟・説得力の強化につながり、執行と監督、取締役会と各委員会、取締役・経営陣・管理職・従業員の各役割と責任を連動させることにつながるといえよう。

しかし、欧米のグローバル大企業でも、①ISO30414などに準拠して網羅的な人財領域の開示を強化している事例がある一方で、知財領域では部分的な開示にとどまる企業が多いことや、②CHRO（最高人事責任者）や人事担当取締役が一部で導入されている一方で、CIPO（最高知財責任者）やIP（知的財産）担当取締役に該当する役員はほとんど導入が進んでいないことを確認できた。

昨今、「インタンジブルズ・ガバナンス」の重要性は増しており、取締役会が長期ビジョンに連動した知財と人財を統合したインタンジブルズ戦略を策定し、CEOとCHRO・CIPOがCFOも巻き込んで連携を強化することにより、非連続なイノベーションの連鎖につながっていくものと考える。そのためには、人的資本・知的資本を未来の社会を創っていくためのイノベーション投資ととらえていくことが重要であり、「インタンジブルズ・ガバナンス」はサステナビリティ経営実現のための鍵になると考える。

一部の日本企業では人財・知財をマテリアリティ・マトリックスに掲げて、会社の重要課題として開示しているが、取り組み自体はまだはじまったばかりである。ただし、イノベーションも含めた広義の知的財産として、役員経歴の開示資料を調べたところ、そのスキルを保有する役員も相当数存在し、「知財ガバナンス」構築に向けた人財面でのポテンシャルはあるといえる。また、日本企業でもCIPOの役割をCTO（最高技術責任者）が担っている企業が一定程度存在する。

現在は世界各国で、「インタンジブルズ・ガバナンス」が進んでいる状況とはいえないが、日本においては今回のコーポレートガバナンス・コード改訂を機に、人財・知財を戦略とガバナンスのコア価値を形成し得るものとして定め、世界でも類をみないオリジナルな「インタンジブルズ・ガバナンス」の構築に取り組むべきである。その「インタンジブルズ・ガバナンス」の構築のためには、会社のパーパスを明確にしたうえで、パーパス実現のためのインタンジブルズを含めたマテリアリティを可視化し、長期ビジョンに落とし込み、環境・社会・経済の 3 つの価値を最大化するための舵取りを行うソーシャルイノベーティング・ボード（社会課題解決型の取締役会）としての取締役会が求められているといえよう。

Sustainability Governance 第12章

サステナブル経営、日本の生命線は「知財ガバナンス」だ！

渋谷高弘

知財とは何か。知財ガバナンスとは何か

筆者（渋谷）は、この第12章で、日本企業には「知的財産（知財）ガバナンス」が死活的に重要だということを書いていく。知財ガバナンスとは、本書のテーマである「サステナビリティ・ガバナンス」の一部である。読者の皆さんは、「知財」と聞いた時、何を思い浮かべるだろうか。特許や著作権を思い浮かべる人が多いのではないかと思われる。映画や音楽などのコンテンツには著作権があり、勝手にコピーしたりダウンロードしたりすれば犯罪になる、ということは映画館やテレビでの宣伝が効いて、知名度が高まっている。

たしかに発明を保護する特許権、サービスや商品などブランドを守る商標権、デザインを守る意匠権、映画や音楽をコピーから守る著作権などが、代表的な知財といえるだろう。これらは特許法や著作権法などの知的財産権法によってガッチリと保護される「知的財産権（知財権）」だ。しかし今の時代、企業にとっての知財とは、知財権だけに範囲をとどめず、もっと広い概念でとらえるべきだと筆者は思う。

例えばビジネスに不可欠なビッグデータ、個人情報、ノウハウや顧客リストは、そのままでは知財権ではないが、広い意味での知的財産といえる。これら広い知財の中には、厳重に管理された場合、営業秘密として法的に保護されるものもある。ただ、法的保護があるか否かにかかわらず、企業にとって守るべき知財は数多いということを、まず確認したい。

例えばレストランや料亭などにとっては、美味しい料理のレシピや美しい盛り付けなどは、まさに知財だ。2018年10月、あの「いきなり！ステーキ」のサービス内容が、いわゆるビジネスモデル特許として認められた。ビジネスモデル特許とは「IT（情報技術）を利用した特定のビジネスモデル」に認められる特許のこと。特許は「産業上利用することができる発明」に与えられる（特許法29条）ため、料理のレシピや純粋なアイデアには認められない。「いきなり！ステーキ」は、ITシステムを組み込んだ調理法が特許と認められた。

それはさておき、どんな飲食店にとっても、その料理を作ったり、盛り付けたりすることができる料理人は、まさに知財（＝人財）だ。制度上、レシピや料理人を知財として登録することはできないけれど、店にとっては最大の価値

〈図表12-1〉　知的財産権、知的財産、知的資産などの分類イメージ

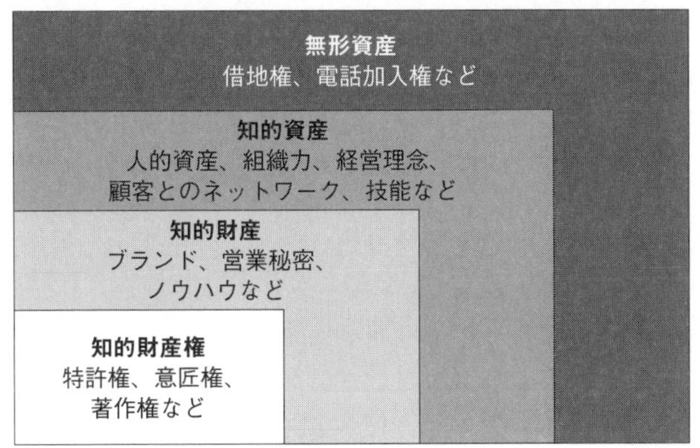

（注）無形資産は貸借対照表上に計上される無形固定資産と同義ではなく、企業が保有する形のない経営資源すべて

出所：経済産業省のウェブサイトを参考に日経作成

ある知的な財産だ。同じことは、プロスポーツの世界や、教育の世界でもいえる。優れた成績を残すプロ選手はチームにとっての財産そのものだし、大学や一部の予備校では、有名な教授や名物講師が学生や受験生を呼び寄せる。これも組織にとっては、何よりも大切な知財（＝人財）だといえる。

現代社会において「知財が重要だ」という場合、特許など「狭い知財」の概念でとらえるのは不適切だ。価値ある人財、それらの人が生み出す技術や成果、企業内で培われてきた文化、長年の取引で獲得してきた信用なども「広い知財」と考えるべきだ。これらの広義の知財は、「知的資産」と言い換えることもできる。さらに借地権など企業が保有する形のない経営資源すべてを含めると「無形資産」にまで概念は広がる（図表 12-1 参照）。現在、データを駆使する IT 企業など、無形資産を生かす企業こそが高い競争力と収益力をもつのはご存じの通りだ。

特許や商標などの知財は、それを獲得しなければ事業を始められないほど、企業活動には欠かせない要素だ。ところが日本企業において、数々の知財や知財を取り扱う部門（知的財産部、知的財産法務部など）は、企業の知的活動、戦略活動の中心であるコーポレートガバナンスとは無縁の存在とされてきた。奇妙なことだと思われるが、事実だ。

日本企業の取締役会には知財担当の役員がいない。社長（最高経営責任者＝CEO)、最高財務責任者（CFO)、各事業部門を代表する取締役はいても、知財担当の役員はいない企業が多い。知財部門のトップは、「平の部長」ということがほとんどだ。平の部長では、社長や重役に怒られることはあっても、取締役会や経営会議で経営の根幹に関わることは出来ない。なぜ、このようなことになっているのかは、後ほど解説する。

筆者は、日本経済新聞での20年を超える知財分野の取材経験を踏まえて気が付いた。日本企業の経営トップは知財への関心が低いのだ。日本企業には知財部門はあっても、特許を多く所有していたとしても、真の意味の知財戦略をもち、知財を経営に生かし切っている企業は極めて少ない。これが、日本企業が1990年代のバブル崩壊以来、「失われた30年」を続けている大きな理由のひとつだ。知財を活用した経営に目覚めない限り、日本企業に真の復活はない。こんな思いから筆者は、2019年から2020年にかけて「知財」と「コーポレートガバナンス」を組み合わせた「知財ガバナンス」という言葉と概念を生み出した。知財ガバナンスを日本企業に広めることを、ライフワークとして追求したいと考えている。

まず知財ガバナンスは、本書のテーマである「サステナビリティ・ガバナンス」の一部である。その上で知財ガバナンスの定義付けをしたいと思う。私は知財ガバナンスを、「**企業が幅広い知財の重要性を認め、知財の活用を取締役会レベルで議論し、そのストーリーを外部に開示して資金調達し、企業をサステナブル（持続的）に成長させるガバナンス**」と定義づける。現状では、知財ガバナンスを実施している日本企業はわずかだが、多くの企業が知財ガバナンスを実施することにより、日本の競争力の再生に役立つだろうと確信する。

戦後の日本、知財から見えてくる「幸運」と「敗北」

知財ガバナンスの具体的な進め方、ベストプラクティスは後ほど紹介するが、まずは、「なぜ、日本に知財ガバナンスが根付かなかったのか」という歴史から解説しておきたい。日本は戦後、技術を武器に高度成長を遂げ、日本の特許出願件数も1960年代半ばから2000年代半ばまでの約40年間、世界トップを占めた。日本の競争力低下が目立ち始めた 2000 年代はじめ、小泉純一郎政権の下で「知財立国」を目指す政策が掲げられた。このような日本の歴史を考えると、日本企業こそが知財を使いこなし、知財ガバナンスを実行していなければならない。ところが、そうなっていない。なぜなのか。

日本で組織的な知財の追求が始まったのは、明治維新が契機と考えられる。黒船来航で幕府は西欧列強との技術の差、制度の差を見せつけられ、開国後は明治政府の「殖産興業」によって、発明が奨励された。日本の特許制度は 1885 年（明治 18 年）、専売特許条例の施行によりスタートした。その約 100 年前に英国から独立し、1865 年に南北戦争に勝利したリンカーン大統領の下で、急激に工業化を進める米国の影響を受けた政策だった。

当時の米国は、空前の「プロ・パテント（特許重視）」の熱気に包まれていた。白熱灯や蓄音機、電気システムを生み出した発明王トーマス・エジソン、グラハム・ベルによる電話の発明、ジョージ・イーストマンによる写真フイルムの発明など、きら星のような発明家が登場し、英国やフランスなどの欧州の先進国を追撃していた。日本も米国に倣って、特許という知財権を認めることにより、工業化を進めることにしたのだ。

日本の企業人、技術者も頑張った。1910 年（明治 43 年）創業の日立製作所は、日本で最も歴史ある製造業の 1 社で、創業者の小平浪平は「発明は技術者の生命である」と発明を奨励した。創業翌年の 1911 年には同社特許第 1 号である「交流電動機起動器制御装置」を取得し、1921 年には専任の特許担当者を置き、1926 年（昭和元年）には特許出願 283 件を記録して日本一となった。いわば日本を代表する「知財先進企業」といってよい。

日立の特許出願は、太平洋戦争前にはいったん 1000 件の大台を突破したが、戦争と敗戦により 1945 年には 200 件程度にまで減少。復興により再び増勢に転じ、サンフランシスコ講和条約の結ばれる前年の 1951 年には戦前のピークを上回る 1204 件を記録した。日立の特許出願件数がさらに大幅な伸びを見せ始めるのは、1972 年同社が始めた「有効特許倍増計画」がきっかけだった。同社では、特許部門のみならず、各事業所が運動方針（目標）と組織を固めた上で、特許出願・取得活動に全社で取り組んだのだった。

その結果、同社の特許出願件数は飛躍的に増加した。運動開始前である

1971年に7144件だった年間の出願件数は、2年後の1973件には2･6倍の1万8521件、5年後の1976年には2万2080件と、まさに倍増が達成されたのだった。この数字は今日に至っても、日本企業が達成した年間の特許出願件数の最長不倒記録となっている。この日立の有効特許倍増計画は、他の日本企業、とりわけ同業の電機大手を刺激したことは確実だ。恐らく各社の幹部が、「日立に負けないよう、我が社もたくさん出願しろ」と知財部を鼓舞したことだろう。そのことをうかがわせる、興味深いデータが残っている。

1985年の業種別特許公開件数のシェアをみると、55%が電機と圧倒的で、以下、8･2%化学、7･5%精密機器、6･4%自動車・同部品となっている。会社別の出願件数は、1位が日立（1万6000件強）、2位松下電器（現パナソニック、同）、3位東芝（1万4000件弱）、4位NEC（9700件弱）、5位三菱電機（9500件強）などとなっており、上位10社中、実に7位までを電機メーカーが占めている。この間、日本国内の特許出願（実用新案出願を含む）は、1960年半ばには年間10万件を超えて、西ドイツ、米国を抜き去って世界1位となり、1990年ごろには30万件を超え、日本が知財立国を宣言した2000年代前半の段階では40万件を超えていた。日本の特許は、まさに電機メーカーが支えてきたのだ。

電機メーカーは、1950年代から1980年代までの約30年間、自動車メーカーと並ぶ産業の両輪として日本経済を引っ張った。この期間を「日本、知財の幸運と勝利の30年間」と呼ぶこともできよう。その理由は後述する。ところが、その電機メーカーが2000年代〜2010年代に〝全滅〟してしまう。

1990年半ばから、韓国や中国の企業による追撃を受け、知財の雄であるはずの電機メーカーの不振が目立ち始めた。2003年4月に株価が急落したソニーは2年後に国内外で1万人の人員削減に追い込まれた。2009年には日立が製造業で過去最大の7000億円の最終赤字を記録。2012年には半導体大手のエルピーダメモリが経営破綻し、パナソニックは2012－13年に2期連続で7500億円超の巨額赤字を記録した。2016年には液晶事業への巨額投資の失敗で危機に陥ったシャープが、台湾の鴻海精密工業の傘下に入った。日本の大手電機メーカーが外資に買収されたのは初めてだった。

ここに1989年（平成元年）と2018年（平成30年）の世界の時価総額ラン

〈図表12-2〉　世界時価総額ランキング

平成元年

順位	企業名	時価総額（億ドル）	国名
1	NTT	1,638.6	日本
2	日本興業銀行	715.9	日本
3	住友銀行	695.9	日本
4	富士銀行	670.8	日本
5	第一勧業銀行	660.9	日本
6	IBM	646.5	米国
7	三菱銀行	592.7	日本
8	エクソン	549.2	米国
9	東京電力	544.6	日本
10	ロイヤル・ダッチ・シェル	543.6	英国
11	トヨタ自動車	541.7	日本
12	GE	493.6	米国
13	三和銀行	492.9	日本
14	野村證券	444.4	日本
15	新日本製鐵	414.8	日本
16	AT&T	381.2	米国
17	日立製作所	358.2	日本
18	松下電器	357.0	日本
19	フィリップ・モリス	321.4	米国
20	東芝	309.1	日本
21	関西電力	308.9	日本
22	日本長期信用銀行	308.5	日本
23	東海銀行	305.4	日本
24	三井銀行	296.9	日本
25	メルク	275.2	米国
26	日産自動車	269.8	日本
27	三菱重工業	266.5	日本
28	デュポン	260.8	米国
29	GM	252.5	米国
30	三菱信託銀行	246.7	日本
31	BT	242.9	英国
32	ベル・サウス	241.7	米国
33	BP	241.5	英国
34	フォード・モーター	239.3	米国
35	アモコ	229.3	米国
36	東京銀行	224.6	日本
37	中部電力	219.7	日本
38	住友信託銀行	218.7	日本
39	コカ・コーラ	215.0	米国
40	ウォルマート	214.9	米国

平成30年

順位	企業名	時価総額（億ドル）	国名
1	アップル	9,409.5	米国
2	アマゾン・ドット・コム	8,800.6	米国
3	アルファベット	8,336.6	米国
4	マイクロソフト	8,158.4	米国
5	フェイスブック	6,092.5	米国
6	バークシャー・ハサウェイ	4,925.0	米国
7	アリババ・グループ・ホールディング	4,795.8	中国
8	テンセント・ホールディングス	4,557.3	中国
9	JPモルガン・チェース	3,740.0	米国
10	エクソン・モービル	3,446.5	米国
11	ジョンソン・エンド・ジョンソン	3,375.5	米国
12	ビザ	3,143.8	米国
13	バンク・オブ・アメリカ	3,016.8	米国
14	ロイヤル・ダッチ・シェル	2,899.7	英国
15	中国工商銀行	2,870.7	中国
16	サムスン電子	2,842.8	韓国
17	ウェルズ・ファーゴ	2,735.4	米国
18	ウォルマート	2,598.5	米国
19	中国建設銀行	2,502.8	中国
20	ネスレ	2,455.2	スイス
21	ユナイテッドヘルス・グループ	2,431.0	米国
22	インテル	2,419.0	米国
23	アンハイザー・ブッシュ・インベブ	2,372.0	ベルギー
24	シェブロン	2,336.5	米国
25	ホーム・デポ	2,335.4	米国
26	ファイザー	2,183.6	米国
27	マスターカード	2,166.3	米国
28	ベライゾン・コミュニケーションズ	2,091.6	米国
29	ボーイング	2,043.8	米国
30	ロシュ・ホールディング	2,014.9	スイス
31	台湾・セミコンダクター・マニュファクチャリング	2,013.2	台湾
32	ペトロチャイナ	1,983.5	中国
33	P&G	1,978.5	米国
34	シスコ・システムズ	1,975.7	米国
35	トヨタ自動車	1,939.8	日本
36	オラクル	1,939.3	米国
37	コカ・コーラ	1,925.8	米国
38	ノバルティス	1,921.9	スイス
39	AT&T	1,911.9	米国
40	HSBC・ホールディングス	1,873.8	英国

出所：週刊ダイヤモンド、ビジネスウィーク、ファクトセット

キングを示そう（図表12-2参照）。1989年には1位のNTT、9位の東京電力、11位のトヨタ自動車をはじめとして、40位までに日本企業は実に24社もがランクインしている。ところが2018年は日本企業はトヨタが35位に入るのみで、アップル、アマゾン・ドット・コム、アルファベット（グーグル）、マイクロソフト、フェイスブックというわゆる米IT大手GAFAMが1〜5位を占め、アリババ（7位）、ジョンソン・エンド・ジョンソン（11位）、サムスン電子（16位）、インテル（22位）、ファイザー（26位）など、知財やデータを生かす企業が浮上している。つまり平成（1990年代〜2010年代）は、「日本、知財敗北の30年間」だったといえる。なぜ電機を中心とする日本企業は、このような低迷に陥ったのか。知財面から説明できる。

世界一の特許出願数、経営者は「思考停止」に

高度成長期に、特許の量を追求してきた日本企業、とりわけ電機メーカーには、副作用ともいえる状況が生まれた。①経営者の思考停止、②知財部門の地位の低さ、③技術者に課される特許出願ノルマ——の3点だ。これらが組み合わさり、日本の知財敗戦につながっていくが、最初に指摘しなければならないのは、経営者の思考停止である。

戦後、多くの日本企業は焼け野原から出発した。極端なモノ不足の時代で、モノを作れば売れた。1952年のサンフランシスコ講和条約で国際社会に復帰してからは、消費社会が黄金期を迎えた米国などに自動車や家電を売りまくった。日本企業は戦後、「良いモノを作れば売れる」という恵まれたタイミングに遭遇したのである。

この時期、日本の貿易相手だった米国は、知財の取り扱いについて非常に寛容だったという事実を、どれだけの日本の経営者が認識しているだろう。南北戦争後に米国はプロ・パテント（特許重視）の国になったと述べたが、それは1929年に発生した世界大恐慌で終わっていた。米政府は大恐慌の原因のひとつを「大企業が市場を独占し、新興企業の成長を妨げたこと」とみなし、特許についても「独占のための武器」と考えた。

そこで1930年代から1980年ごろまで反トラスト法（独占禁止法）をしばし

ば発動し、特許権を制限するアンチ・パテント（反特許）にかじを切っていた。判例によって大企業が特許権を行使しづらいようにし、新興企業などが特許の利用を希望した場合には、原則としてライセンス供与するように指導していたのだ。

こうした状況は、当時の日本企業にとって非常に幸運だった。まだまだ欧米企業に比べて技術の劣る日本企業は、有望な事業に進出するには欧米企業から技術を導入する必要があったが、そのために欠かせない特許のライセンス供与が、当時は容易だったのだ。終戦翌年の1946年に東京通信工業（現ソニー・グループ）を創業した井深大は、1952年の米国出張の際に米国の最先端企業ウェスタン・エレクトリック社からトランジスタに関する特許の売り込みを受けた。これを機に井深はそれまでのテープレコーダー事業に加えて、トランジスタ事業への参入を決断した。ソニーが世界的な電機メーカーに成長するきっかけは、米社からもたらされた特許の売り込みだったのだ。

電機メーカーだけではない。鉄鋼、自動車、化学、合成繊維、精密機器といった日本の主力産業に成長していく業種のほとんどが、米国や欧州の名だたる企業からの技術導入（知財のライセンス供与）によって可能になった。もちろん無償ではない。例えばブラウン管テレビの開発を進めていた日立は、1950年代はじめに6万ドル払いテレビメーカーの米RCA社とライセンス契約した。RCA社から特許の利用許可を得たのはもちろん、日立の技術者2名がRCA社の工場に常駐し、写真撮影、最新の見本や部品、工具、装置などの閲覧、現地技術者との討議までできる内容だった。日本の工業製品が急速に欧米をキャッチアップできたのは、このように知財を有償で獲得しやすい環境があったからなのだ。

知財のライセンス料は当時の日本企業にとって大きな負担だった。例えば1970年代初めごろの日立の場合、年間の技術収入は5億円程度しかなく、逆に支払額は約90億円もあり、技術収支は大幅な赤字だった。技術収支を改善するには、自社の知財を充実するしかない。製造業の場合、同業他社との間で知財の「クロスライセンス契約」を締結することがある。自社の特許やノウハウの使用を許すのと引き換えに、相手から特許やノウハウを手に入れる手法だ。もし自社に提供するものがなければ、多額のライセンス料を払うしかない。当時の日立をはじめとする日本企業は、そうだった。当時の経営者は「ライセンス料を安く済ませる方法を考えろ！我が社も特許を増やせ！」と号令をかけたに違いない。

技術収支を改善するために特許を増やす。これは1970年代当時の発想としては、合理的だった。特許の価値は「質」と「量」で決まる。画期的な医薬品や半導体のカギとなる技術は「基本特許」と呼ばれ、単独、あるいは少数で大きな価値をもつ。一方、すでにある技術を改良したり、効率的に作ったりできるようにする工夫は「改良特許」と呼ばれ、個々の価値は小さい。科学技術が進んだ欧米企業は基本特許を多く持つ。基本特許は10年単位で生まれるものだ。日本企業も研究開発に力を入れ始めていたとはいえ、欧米企業をぎゃふんと言わせるような基本特許を簡単に生み出せるわけがない。だから数年で結果を出すために、有効特許倍増計画で改良特許の「数」を増やすことを優先したのだ。

特許の「数」で「質」を補い、競合他社とクロスライセンスに持ち込むという戦術は、1980年代ごろまでの日本企業にとっては最善の戦い方だったことが、分かっている。日本企業が欧米企業の後追いであり、なおかつ為替レートが1ドル＝360円に固定されており、日本製品の価格競争力が圧倒的に強かったからだ。技術的には後追いながら、日本企業は改良特許を倍増させた。その中には、競合他社が製品を作る上で無視できない特許もいくつか生まれてくる。そういう特許を束にして、競合他社とクロスライセンスに持ち込んでしまえば、相手の特許もおおむね使えるようになり、あとは圧倒的に安い製品を市場に売り出せば良い。数年経てば、価格的に太刀打ちできなくなった他社製品は市場から撤退してしまうからだ。

「安くて良いモノを作れば売れる。そして必ず勝てる」。1950年代から1980年代までの日本の製造業の経営者たちは皆、そう思っていたはずだ。事実その通りだったが、それは米国企業が必ずクロスライセンスに応じ、そして1ドル＝360円の固定為替レートが日本の輸出産業に圧倒的に優位な地位を与えていたからにすぎないのだ。1973年に為替レートは完全変動相場に移行したが、すでに米国の多くの製造業は日本企業との競争に敗れ、簡単には復活できない状態に陥っていた。ベトナム戦争やソ連との冷戦もあり、経済的にも社会的にも疲れ切っていた。

だから経営者をはじめとする日本人は豊かになった1980年代、「もはや米国から学ぶべきことはない」と大いなる勘違いをしてしまった。経営者の知財に対する考え方も、完全な思考停止となった。少数の例外を除けば、もともと日本の経営者に知財に対する定見があったとは思えない。その上、高度成長期に上記のような欧米企業に対するクロスライセンスが奏功したため、日本企業には「特許は（クロスライセンスのために）たくさん出願しておけばいい」という考えが定着した。

特許をはじめとする知財は、新たな事業を生み出す「矛（ほこ）」というより、他社が知財で攻めて来た時に備える「盾（たて）」だった。防御が目的なので、特許は質より量が重視されることが続いた。そして引き続き「世界一の特許出願数」を、経営者、知財部門、技術者らが一丸となって追求した。この考え方は結局、日本の電機メーカーの衰退が明らかになった2000年代半ばまで続いたのだ。

知財部門の低い地位と、出願ノルマに追われる技術者

世界一の特許出願数と引き換えに、日本企業が失ったものは「経営者の柔軟な発想」だけではなかった。先述した「知財部門の地位の低さ」「技術者に課される特許出願ノルマ」も日本企業の「知財敗戦」に深刻な負の影響をもたらした。

まず知財部門の地位の低さは、日本企業の知財部門の成り立ちから始まっている。それは戦前戦後、社内に設けられた「特許係」「業務係」に起源がある。多くの場合、社内の開発部門や工場の片隅に置かれた。その仕事は、社内の研究者や技術者らが考案した発明を、特許や実用新案として淡々と出願することだった。実際の出願は社外の特許事務所に依頼することも多いため、実際には技術者と特許事務所の連絡役くらいの位置づけだったかもしれない。

詳しく後述するが、欧米では知財部門の地位は高い。なぜなら産業革命や発明王エジソンの時代から、欧米では有力な特許があれば、それを使って事業の独占をもくろんだり有利な地位を築いたりするのが当然だったからだ。ところ

が日本企業では、欧米企業から特許のライセンスを得て事業を興すことが大切で、自社で生み出した特許はもっぱら防御のために蓄える戦略を選んだ。日本企業が欧米企業から知財侵害で訴えられることはしばしばあるが、自社の特許を使って欧米企業を訴えるということは、高度成長期には皆無だった。それどころか、日本の大企業同士の知財紛争もほとんど起きなかった。出願上位の電機大手など日本企業同士もクロスライセンス契約を結んでおり、競合他社の技術を互いに使っていたからだ。他社を訴えるということは、相手の技術も使えなくなることを意味するから、大規模な知財紛争は日本企業にとってはタブーに近かった。

知財の出願・登録・維持には出費が伴う。特許は1件あたり100万円単位、商標は数万円単位の経費が期限切れまでかかる。多大なコストをかけて淡々と知財の管理業務をこなし、売り上げがあるわけでもなく、戦いの矢面に立つこともない…。こんな知財部門が社内でどう扱われるだろうか。「閑職」だろう。高度成長期に特許部門に配属された人の中には、他部門で芽が出なかったり変わり者とみなされたりした人物も多かったともいわれる。いったん知財部門に配属されると異動の機会は少なく、他部門には分かりづらい専門的な言葉を使うなど、職人的な世界に閉じこもってしまう傾向も強かったとされる。

知財部門のトップには、生え抜きか、研究開発や製造部門などでトップになれなかった人が充てられることがしばしばあった。トップといっても課長か平の部長であり、役員など考えられない。だから知財が戦略部門と扱われるなどあり得ない。そんな知財部門長でも「存在感」を示せる時があった。「今年、我が社の特許出願件数は、業界上位でした」と役員に報告する時だ。かくて日本の特許出願世界一が保たれていた期間、経営者は「安心」と「思考停止」に陥り、知財部門の社内地位は低く、保身のためにも大量の特許出願を続けなければならない構図になっていた。

大量特許出願が日本の技術流出を招いた

日立など電機メーカーが有効特許倍増計画に励んだこともあり、1970年代には日本は世界で圧倒的な特許出願件数を誇るようになったが、もちろん簡単に達成できたわけではない。知財敗戦への要因として、3番目に触れるのが、特許増産のために多くの日本企業が導入した「技術者への特許出願ノルマ」だ。業務命令で毎年、決まった件数の特許出願を割り当てられるのだ。どんな仕事にも当てはまるが、件数ありきのノルマを課せられれば、個々の仕事の「質」は落ちる。あるいは「すべきでないこと」に手を染めることになる。

真面目な日本のサラリーマン技術者は、命令に従って結果を出そうと知恵を絞っただろう。しかし、先述した通り、優れた発明とは5年、10年単位で生み出すものだ。それを毎年、何件も出願せよ、というのである。質を追うなど、どだい無理な話だ。では、どうするか。日ごろから生産現場で取り組んでいる、製品の改良や製造ラインの工夫、改善などを特許として申告せざるを得ない。ところが、この生産ラインや製造ノウハウに関わる技術を特許出願するというのは、製造業にとって大きな問題をはらんでいるのだ。

というのは、技術者や研究者が特許を出願する際は、知財部の担当者や弁理士の協力を得てその発明の内容を明細書という書類に記して特許庁に提出するが、その内容は原則として1年半経つと特許庁が公開する。類似した研究や発明に取り組んでいる第三者に、出願済みの特許の内容を知らせることで、社会全体が重複した無駄な開発に取り組まないように工夫しているのだ。公開された特許出願の内容は、それを模倣しようとする者にとって最高の教科書になる。もちろん、その技術が特許になった後、それを無断で模倣した相手には特許権を行使し、使用の差し止めや損害賠償の請求ができる。ただ相手を訴えて勝利するには、相手が自分の特許をまねているという「証拠」が必要だ。

自社の特許が、家電やスマホなど市場に出回る製品に使われるものなら、模倣した相手の製品を手に入れ、分解して証拠にすることができる。しかし、その特許が工場内の製造ラインや現場で用いる技術、プラント内での液体や気体の配合割合といった、いわゆる製造ノウハウだった場合、証拠を押さえる手段がほとんどない。証拠がなければ、特許侵害だとライバルを訴えても勝てる見込みがない。だから製造ノウハウは工場などで「秘中の秘」として隠し持っておくべきなのだ。それなのに日本企業（の知財部門長）は「特許出願件数」で業界内、社内の地位を高めたいばかりに、技術者にノルマを課して、隠しておくべき製造ノウハウも特許として出願させてしまったのだった。

この「宝の山」に気付いたのが、1980年代後半から2000年ごろにかけて急速に日本の電機・半導体メーカーのキャッチアップを図ってきた韓国、台湾、そして中国の電機メーカーだった。彼らは日本の電機・半導体製品の優れた品質や工場における歩留まりの高さの秘密を欲していた。そして、その秘密を日本の電機メーカーはもろくも、「特許出願」という本来は自社の技術を守るべき知財によって、韓国、台湾、中国のライバルたちにさらけ出してしまっていた。もちろん多くの日本企業の特許関係書類は日本語により、日本の特許庁に出願されていた。そこで韓国、台湾、中国の電機メーカーは日本人を雇ったり、日本語の得意な従業員などに命じたりして日本企業の特許を徹底的に勉強した。そして日本の製造技術を自社にどんどん取り込んでいった。これが日本からの技術流出の第1段階だった。

特許を読み込んだだけでは再現できない技術もある。そこで韓国、台湾、中国の電機メーカーは1990年代から日本人技術者を「講師」「顧問」などとして取り込んでいった。特定の知見・ノウハウをもつ日本人技術者を特許データや研究論文などで狙い定め、学会や業界の集まりなどで実際に声をかけるのだ。「先生、お会いできて光栄です」などと言って言葉巧みに近づき、功績を褒めたたえたり、技術者の境遇や悩みを聞いたりして距離を縮める。信頼関係ができてからは自社の研修会で講演してもらったり、日本企業での処遇に不満な技術者なら転職させたりする。特許には書いていない製造ノウハウを聞き出し、製造ラインの改善を指導させるのが目的だ。いわば日本人技術者が産業スパイに仕立て上げられ、情報が抜き取られていった。これが日本からの技術流出の第2段階だ。

2000年代以降、日本からの技術流出の第3段階が始まった。急激な円高と、2001年にWTO（世界貿易機関）入りを果たし、安い労働力を武器に「世界の工場」として存在感を増していた中国市場の登場で、日本をはじめとした先進国の企業は続々と中国進出を進めた。中国政府は、巧みな知財戦略ともいえるが、自国に進出する見返りとして外国企業に中国企業との合弁を義務付け、中国側への技術やノウハウの開示を求めた。日本企業は、アパレル、日用品はもちろん、薄型テレビなどの家電や自動車、果ては新幹線まで中国でモノづくりを始めた。そうしなければコスト面で、韓国、台湾、中国の製造業に太刀打ちできない状況だったからだ。多くの日本企業が中国に工場を立ち上げ、中国人労働者を雇用した。中国人労働者は流動性が高く、日本の製造ノウハウを学んだ彼らが転職することで、ますます日本からの技術流出が進んでいった。

インテルの繁栄を可能にした「オープン＆クローズ戦略」

ここで読者の方々は疑問を持つかもしれない。「日本の電機メーカーがアジア企業との競争に敗れたのは分かった。しかし同時期、同じように中国に進出していった欧米企業、特に米国のIT・半導体企業や欧米の自動車メーカー、製薬会社などは没落していないどころか、むしろわが世を謳歌しているではないか。なぜだ」と。まさしく私も2010年代半ばに同じ疑問をもち、多くの有識者に取材した。そこで巡り合ったのが「米国のIT・半導体企業は、知財戦略を駆使して、アジア企業との競争を〝共存共栄〟につくり変えた」という解説だ。これは現在では知財の「オープン＆クローズ戦略」と呼ばれ、知財活用の基本として普及しているが、2010年代初頭、日本ではまだ認識されていなかった。

オープン＆クローズ戦略とは簡単にいうと、自社の知財を絶対に他社に使わせない「クローズ戦略」と、あえて技術を他社に開放して使わせる「オープン戦略」に分け、自社が設計した特定の事業領域において絶対優位を保ちつつ、他社の力を借りて自社のビジネスを巨大化させるという一挙両得の高度な知財戦略だ。このオープン＆クローズ戦略を駆使していることで最も有名なのが、米国IT産業を代表するインテルとアップルであり、両社のケースを用いて同戦略を簡単に紹介しよう。

インテルは1968年創業の半導体メーカーで、当初は「DRAM」と呼ばれる汎用コンピューター用のデータ保管半導体を作っていた。しかし1970年代に日本の電機メーカーがDRAM市場に参入し、価格競争を仕掛けられたインテルは1970年代末に経営危機に陥った。後にインテルの最高経営責任者（CEO）に就任するアンディ・グローブはDRAMからの撤退と、パソコンの頭脳にあたる半導体「MPU」に集中することを決断した。ただMPUはパソコンを構成する一部品に過ぎず、パソコンメーカーがインテル製ではなく他社製の

MPUを選ぶなら、インテルの経営は揺らぐ。そこでグローブは脳髄を絞り出すような作業の末、「技術と知財を使い、顧客であるパソコンメーカーから主導権を奪う」と決めた。

その第1弾が、インテルの研究開発組織が1990年代に開発したデータ伝送規格「PCIバス」だった。PCIバスは、パソコン内部でデータや制御信号を通す伝送路の規格の一つであり、それまで使われていた規格よりはるかに高速で処理できる技術だった。インテルはこのPCIバスに関する技術・仕様といった知財をすべて公開し、すべてのパソコンメーカーに使ってもらうことにした。技術の「オープン戦略」である。これに米国や台湾の新興パソコンメーカーが飛びついた。彼ら後発メーカーがこぞってPCIバスを採用したため、IBMなど老舗のパソコンメーカーもPCIバスを採用しないわけにはいかなくなった。

他方でインテルは、PCIバスの知財権や技術改版権は独占しており、「クローズ戦略」も同時進行させていた。パソコンのデータ制御はすべてMPUによって処理されるため、バスはMPUに直結している。インテルは自社のMPUを使った場合にPCIバスが最も効率よく働く仕掛けにしていた。多くのパソコンメーカーがPCIバスを採用して普及すれば、その後のパソコン技術はPCIバスを前提に発達する。いったんPCIバスを採用したパソコンメーカーは、その後もインテル製MPUを採用せざるを得なくなっていく。インテルは安心してMPUへの研究開発と巨額の設備投資を続けることができ、他のMPUメーカーに対して圧倒的に有利な地位を占めることができた。

次にインテルは、勢いの増してきた台湾パソコンメーカーを利用して、パソコン市場の成長そのものを操ることを考えた。そして1994年ごろから、やはり自社が開発したパソコンの一部品「マザーボード」の製造権を、その知財と併せて台湾のパートナー企業に与え、台湾から世界中にパソコンを普及させることにした。マザーボードはパソコンの組み立ての土台となるもので、マザーボードを標準化してしまえば誰でも市場にある部品を差し込むだけでパソコンを製造できるようになる。当時の台湾企業には技術蓄積がなかったため、インテルはマザーボードに関連する重要ノウハウである放熱技術やノイズを抑える技術なども、同時に台湾メーカーに供与した。

これらのノウハウは当然、インテルのMPUを使用することを前提として設計されていた。インテルの MPU やその機能をとじ込めた半導体チップは、外部と接続する部分や、その物理的なピン位置などを、知財として完全に保護されていた。インテルはマザーボードの仕様は公開して台湾メーカーに使わせたものの、重要な知財は独占していた。さらに台湾メーカーに対して、マザーボードに関して技術供与・公開する条件や技術改変する権利を契約で制限して、インテルだけがパソコンの技術進化の方向性を決めることができる地位を作り上げた。

台湾から輸出されるマザーボードの世界シェアは急拡大した。1994 年以前の段階では微々たるものだったが、2000 年ごろには世界シェアは 70% となり、2010 年には 90% を超えて現在に至る。もはや世界中のパソコンが台湾のマザーボード、いや、インテルの MPU なくしては成り立たなくなったのだった。同時期、急激にシェアを減らしていたのが日本の NEC の主力パソコン「PC98」だったことを付言しておく。

模倣品が出回らないアップルの不思議

アップルの存在感も、「オープン＆クローズ戦略」を抜きにしては考えられない。もともとアップルは創業の 1976 年から、派手なイメージに反して経営は常に不安定だった。2000 年代初頭の売上高は 60 億ドル弱、それまでの営業利益率もゼロかマイナスだった。それが 2001 年に発売した携帯音楽端末「iPod」によって、別次元の成長を遂げる。iPod の発売から 5 年後の 2006 年に営業利益率は 10% 超に急増し、2008 年には 20% を突破し、2014 年には売上高は 1800 億ドル超、営業利益率は 30% の水準に近づいた。

そもそも携帯音楽端末のコンセプトはアップル独自のものではなく、iPod が誕生する前から実は日本メーカーが市場に投入していた。しかし、それらの携帯音楽端末も、日本メーカーが世界に先行して発売した DVD プレイヤーや液晶テレビも、製品を販売した直後から韓国や中国の競合品が相次いで登場し、市場での価格競争が激化し、価格が著しく下落して先行メーカーはまったく儲からなかった。では、なぜアップルだけが消耗戦の悪循環に陥ることなく、大躍進できたのか。そこには、製造面で台湾や中国メーカーを利用しつつ、知財面で絶対的な独占を築き上げた「オープン＆クローズ」戦略の妙があった。

米国の経済学者が明らかにしたiPodの分析によると、2003年に出荷された時の価格は229ドルで、それが2005年も2006年も基本的に変わっていなかった。2006年に出荷されたスマートフォン「iPhone」でも、2009年に出荷されたタブレット端末「iPad」でも同じように価格が維持されており、日本製のDVDプレイヤーや液晶テレビとは際だった違いを見せていた。市場が拡大すれば部品の調達コストが下がり、調達コストの低下分は、すべてアップルの粗利益になるため、その後のアップルの急激な業績向上の秘密は、主力製品の価格下落を防げていることが主因と考えられる。

アップルは製品の設計・開発は行うものの、製造は台湾や中国の組み立て専業メーカーに委託していることで知られる。先の分析によると、例えば中国に多数の組み立て工場をもつ専業メーカー、台湾フォックスコンがiPodを1台組み立てて得る付加価値は5ドルでしかなく、店頭価格299ドルのわずか1･7%に過ぎなかった。iPhoneになってもさほど変わらず、2%～2・5%だったという。一方、アップル自身は特にiPhoneで多大の利益を得ていた。アップルの財務諸表から分析すると、iPhoneから得られたアップルの付加価値（粗利益）は、実に45%～50%にも及ぶとみられているのだ。

これだけの利益を得られる秘密は、アップルが恐らくiPod以降に採用したであろうオープン＆クローズ戦略にあった。アップルが絶対に譲れない「クローズ分野」は、リンゴのマークで知られる同社のブランド、優れた製品デザインとユーザーインターフェース（使い勝手）、そして各端末の動作をつかさどる基本ソフト「iOS」だ。アップルの価値の「コア（中核）」であるブランド、デザイン、iOSには同社の創意、工夫、知恵、アイデア、技術のすべてが注ぎ込まれて、特許、デザイン特許（意匠）、商標、著作権、ノウハウなどで厳重に守られている。

これらアップルの「中核知財」は、どんな相手にも絶対にライセンスすることはなく、相手の知財と交換するクロスライセンスの対象にすることもない。だから韓国サムスン電子のスマートフォンがデザインやインターフェースの面でiPhoneに類似していることが問題となった際、アップルはためらうことなく世界中でサムスンを訴え、両社は2011年から2018年まで史上最大規模の知財訴訟を繰り広げた。結局、アップルは米国で約500億円の損害賠償をサムスンから勝ち取る判決を得た後、有利な条件でサムスンと和解した。オープン＆クローズ戦略では、クローズ部分の中核知財を侵す者に対しては戦いあるのみなのだ。

後発メーカーにとっては、先発メーカーとクロスライセンスを結んでしまうことさえできれば、先行メーカーが切り開いた市場に参入できる。市場に参入しさえすれば、技術で製品力で劣っていたとしても、価格競争や販売力で先行メーカーに勝つことが可能だ。この手法で成功したのがまさに第2次大戦後の日本の電機、自動車メーカーであり、1990年代以降に韓国、中国メーカーが追随したのだ。このやり方を、日本との苦しい戦いで学んだ米国のIT・半導体メーカーは、台湾や中国をはじめとしたアジア企業とは真っ向勝負するのではなく、オープン＆クローズ戦略を編み出し、共存共栄の（実際には自らを利する）道を選んだ。アップルを含めたGAFAMが新しい知財であるデータを軸としたプラットフォーム・ビジネスで急成長したのも、アジア企業との衝突を避ける知恵といえる。

一方、ものづくりでの成功におごっていた日本企業、特に電機メーカーは中国に工場を進出させるなどしてアジア企業と真っ向勝負を挑んだ。オープン＆クローズ戦略のような対策を講じることもなく、それまでの単純な「特許の大量出願」を継続して自らの技術を垂れ流した。アジア企業との戦いで業績が厳しくなると国内外で技術者を大量に解雇した。その技術者がアジア企業に転じ、さらに技術流出を招くという悪循環に陥った。2002年に小泉内閣が大風呂敷を広げた知財立国という看板とは裏腹に、日本企業にはオープン＆クローズ戦略のような新たな知恵がなかった。世界一の特許出願数を誇っていたが、知財と経営は結びついていなかったのだ。

知財と経営が近い米国、知財と経営が遠い日本

では、米企業がオープン＆クローズ戦略を生み出せたのに対し、日本企業には生み出すことができなかった理由はなんだろうか。筆者（渋谷）は、知財部

門と経営者との距離の違いだと考えている。このことは拙著「IPランドスケープ経営戦略」(日本経済新聞出版社)で詳しく論じたので、多くを繰り返すことはしないが、結論だけ述べたい。

米国の先進企業においては経営者と知財部門の距離が近く、知財や法律を用いたビジネスモデルを発案しやすいことが決定的な優位性となっている。成功する企業は画期的な技術やビジネスモデルを考案した起業家が立ち上げる。起業家の周りには、弁護士や経営コンサルタント、ベンチャーキャピタリスト、知財専門家らが取り巻く。なぜなら米国では法律や知財に疎い企業は、ライバル企業などの訴訟や嫌がらせ、早期のM&Aなどによって、ビジネスが成功する前に簡単につぶされてしまうからである。そういう意味で、米国の経営者は当初から知財を使いこなす経営に親しんでいるといえる。

一方、日本においては最近まで、優秀な人材の多くは既存の大企業に就職することが多かった。大企業ではビジネスモデルは確立されており、先輩や上司のやり方に学び、取引先を広げ、さらなる業績を上げることが仕事だ。だから大企業で役員やトップまで上り詰めた者は先輩や上司、取引先とは密接な関係をもつが、弁護士や知財専門家が周辺にいるケースはほとんどないのではないか。弁護士に会うとすれば、年に1回の株主総会の時くらい。知財専門家も社内的な地位が低いため、経営トップと定期的に会うことは考えづらい。つまり経営者が法律や知財に疎く、知財を使いこなすどころではないのが日本の経営の実態だ。

幸いなことに日本企業は第2次大戦後、朝鮮戦争による特需で復興のきっかけをつかみ、その後は欧米先進企業を手本とした。当時の米国の政策により、米企業から技術や知財のライセンスを導入することもできた。最新技術に改良を加え、安かった労働力をフルに生かして良いモノを作り、国内外に売りまくった。一方、1970年代までの米製造業は日本企業に知財をライセンスしたり日本企業とクロスライセンスを結んだりしていたため、日本企業を訴えることもできず、高品質・低価格の日本製品の前に敗退していった。日本企業の経営者は自社の製品開発と販売力を強化しさえすればよく、当時は法律や知財に疎いことが弱点にならなかった。

バブル経済では不動産への投資や財テクが盛んとなり、もともと乏しかった知財への意識はますます失われた。1990 年代初頭のバブル経済崩壊と、その後の金融危機により日本の「失われた 30 年」は始まったが、そもそも経営と知財の連携がなかったことが、日本企業、特に製造業の転落の素地だったと筆者は考えるのだ。いくら技術力が優れていても、それを守り発展させる知財戦略が貧弱ならば、韓国や中国などの新興国に絶好の学習教材を提供していることになってしまう。

2021 年の現在では、米国企業や中国企業のような IT 技術やビッグデータを生かしたプラットフォーム事業への取り組みでも出遅れており、時価総額で大幅に劣後してしまっている。すべては欧米の後追いで、世界や市場を見通し、研究開発費や知財を新たなビジネスに結びつける、経営の「羅針盤」がなかったからにほかならない。

IP ランドスケープ活用こそが日本企業復活のカギ

では経営者と知財部門が遠く、無縁とさえいえる日本企業の現状を変える、新たな「羅針盤」はないのか。ある、と筆者は考える。**それが「IP（知財）ランドスケープ」だ。IP ランドスケープとは、簡単にいうと自社や他社、特定業界の知財を分析し、その結果を経営判断に生かすことをいう。**2010 年ごろから欧州企業が使い始めた言葉とされる。

特許権や商標権、意匠権といった知的財産権（産業財産権）は、企業などが各国の特許庁に出願し、取得する。各国特許庁は情報を一定期間後に公表するため、現在ではインターネットなどで誰もが内容を閲覧できる。例えば特許は出願する技術分野などによって非常に細かく分類され、発明者や引用した先行特許なども記載される。これらをデータベースとして分類・集積し、高度な分析ツールで提供する専門会社も多く存在する。知財情報のみならず他の市場調査、M&A の状況、技術・製品のトレンド、財務分析なども組み合わせて、経営者にわかりやすい判断材料を提供することが IP ランドスケープだといえる。

知財情報の閲覧は、もちろん何十年も昔から行われてきた。ただ、それは企業の研究者や技術者、あるいは特許事務所などが「この発明で特許がとれるか」とか「この分野にはどんな特許が多いのか」といった実務で用いたり、企業の知財部門であれば「新たな発明で特許をとりたいが、同じ分野で他社はどんな特許を出しているか」といった特定事業や特定製品の分野で知財の状況を調べたりといった狭い使い方だった。

現在、注目されるIPランドスケープとは、知財分析を企業のM&A（合併・買収)、スタートアップ企業への出資を含めた事業提携、新規事業分野の探索、事業構造の転換、異業種への参入といった、会社の命運を分けるような経営の意思決定に生かすという広い使い方を指す。このような知財分析の使い方をしている企業は多くなく、日本では2021年4月に特許庁が明らかにした調査によれば、積極的に特許出願をしている企業の中でも、その約1割に過ぎないという。日本企業、特に大企業の経営陣の周りには、法律や知財に詳しいブレーンはいない。知財部門はあっても、その役割は特許や商標の出願や管理など、バックオフィス的な仕事に限定されており、経営陣との距離は遠い。経営陣も、まさか知財部門が自分たちのブレーンになり得るなどとは思っていない。

しかしIPランドスケープというツールを導入すれば、経営陣や事業部門長らが方針や戦略を決定する際に、知財や技術などの面から他社や市場の客観的な情報が得られるのである。それによって経営陣や事業部門長は戦略の正しさを確認したり成功確率を高めたりできる。知財部門は社内下請け的な立場から、M&Aや新事業にかかわる戦略的部門へと地位を引き上げることが可能となる。IPランドスケープこそ疎遠だった経営陣と知財部門を結びつけるキーワードだと筆者は確信する。

IPランドスケープ、ここまで分かる！

IPランドスケープとは、どんなものだろうか。いまだに、その意義に気付いていない経営者も多い。同手法に用いるツール会社の協力を得て国内外の有力企業の「知財力」をIPランドスケープによって比較したところ、**日本勢は特許の数は多いものの、質や管理の面で海外勢に後れを取っていることが分かった**。経営者はIPランドスケープを導入して、まず自社の実態を知る必要がある。

まず、〈図表12-3〉を見てほしい。これはIPランドスケープに使われるドイツ製の「パテントサイト」という分析ツールを用いて、2020年4月の各社の「知財力」を視覚的に示したチャートだ。横軸は各社が保有する特許の件数を、縦軸は各社の特許の質を示す指標「コンペティティブ・インパクト（CI)」の平均値を、円の大きさは総合力を示している。

CIは各特許の技術的価値（他の特許による引用）と、市場（どれだけの国で特許化されているか）などによって算定される。被引用件数を指標にするのは、他の特許が出願時に自らの独自性を主張する際に引用されるほど、価値が高い特許とみなせるためだ。世界の全特許のCIの平均値が「1」とされている。

チャートに載っているキヤノンやトヨタ自動車など日本企業のいくつかは総合力（円）が大きいが、右下に偏っている。これは各社が持つ特許の数が多く、平均的な質は低いことを示している。つまり日本企業の知財総合力は、主に特許の量で達成されている。

一方、米アップルやアルファベット（グーグルの持ち株会社)、スイスのロシュなどは総合力（円）も大きく、その円がチャートの左上に寄っている。日本企業とは逆で、保有する特許数は比較的少ないものの、特許の平均的な質が高いため、総合力を得ているのだ。

「総合力が同程度ならよいではないか」というのは誤りだ。特許は質にかかわらず、同程度の維持コストがかかるからだ。特許を1件出願、登録し、有効な20年間維持するためには平均100万～200万円かかるとされる。

例えば、日立製作所とアップルを比較すると総合力（円の大きさ）は同程度だが、特許の数は日立の7万件超に比べて、アップルは1万5千件程度にとどまる。アップルは特許の平均的な質が高いため、単純計算では、日立の4分の1以下のコストで互角の総合力を達成していることになる。

日本企業で注目すべきはソニー（現ソニーグループ）だ。特許の平均的な質ではアルファベットに匹敵していることが分かる。〈図表12-4〉はソニーとパナソニックの知財総合力（円）の2000～20年の動き（左に行くほど近年）を示している。ソニーは特許の数を減らしつつ質を高め、総合力も保っている。パナソニックも同じ方向を目指したものの、ソニーとの質の差は広がってしまったようだ。

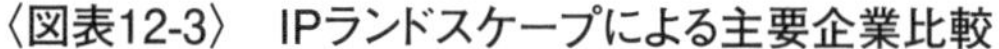

〈図表12-3〉 IPランドスケープによる主要企業比較

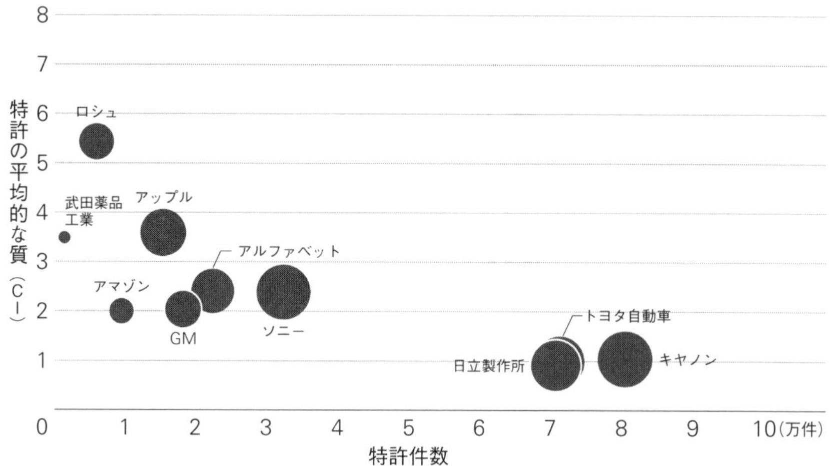

出所：日本経済新聞2020年5月4日付朝刊

〈図表12-4〉 ソニーとパナソニックの知財状況

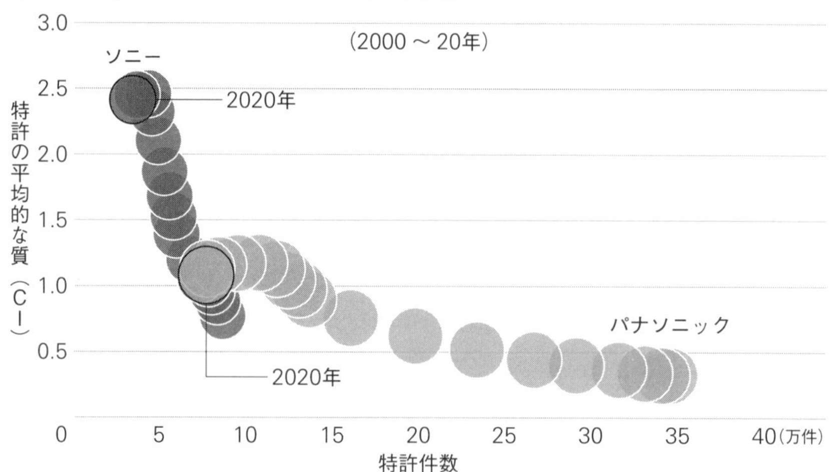

出所：日本経済新聞2020年5月4日付朝刊

パテントサイトは法務情報サービスの米レクシスネクシス子会社、独パテントサイト社の製品だ。CI は同社の独自指標で、特許の質を客観的に判断できるとしている。CI を使って、自社特許の質の向上に努めている日本企業もある。

ホンダは保有する約 5 万件の各特許の権利を翌年も（手数料を払って）維持するか否かの判断を、人工知能（AI）も活用しながら決める作業を 2019 年から始めた。知的財産・標準化統括部の別所弘和統括部長は「特許の存否を決める要素のひとつに CI を採用している」と話す。リコーも 2018 年度からパテントサイトで IP ランドスケープを実施し、経営陣などへの戦略提案に生かしている。知的財産本部の石島尚副本部長は「特許を量と質の 2 軸で表現でき上層部に説明しやすい。予算獲得に役立っている」と話す。

専用ツールを用いた IP ランドスケープを行うと、見えづらかった他社の知財戦略の先読みすら可能になる。独パテントサイト社が数年前、スイスの腕時計大手のスウォッチ・グループの保有特許について分析したところ、驚くべき結果が出たという。

〈図表 12-5〉は、スウォッチの特許を引用した特許を、他社がどれだけ出願したかを時系列に示した古典的なチャートだ。他社に引用される特許は技術的価値が高いとされる。縦軸は特許件数であり、スウォッチの特許は毎年、他社に盛んに引用されていることは分かるが、他社の特徴的な動きは見えてこない。

〈図表 12-6〉は、パテントサイト社が独自に作成したチャートで、縦軸は「スウォッチ特許を引用した特許の知財総合力」だ。1 社だけスウォッチ特許を引用した特許でずば抜けた知財力を積み上げている企業があることが明確に分かる。2015 年に「アップルウオッチ」で腕時計市場に参入したアップルだ。

スウォッチ特許を引用している企業が数ある中で、件数ではなく知財力に着目することで、アップルの動きがこれだけ目立つ。このチャートがあれば、遅くとも 2012 年ごろにはスウォッチは「アップルが何かやっている」と気付き、提携を模索したり特許ライセンス料の支払いを求めるなどして、アップルに対して何か手が打てた可能性がある。

このように IP ランドスケープを実施すると、これまで漫然と眺めていた他

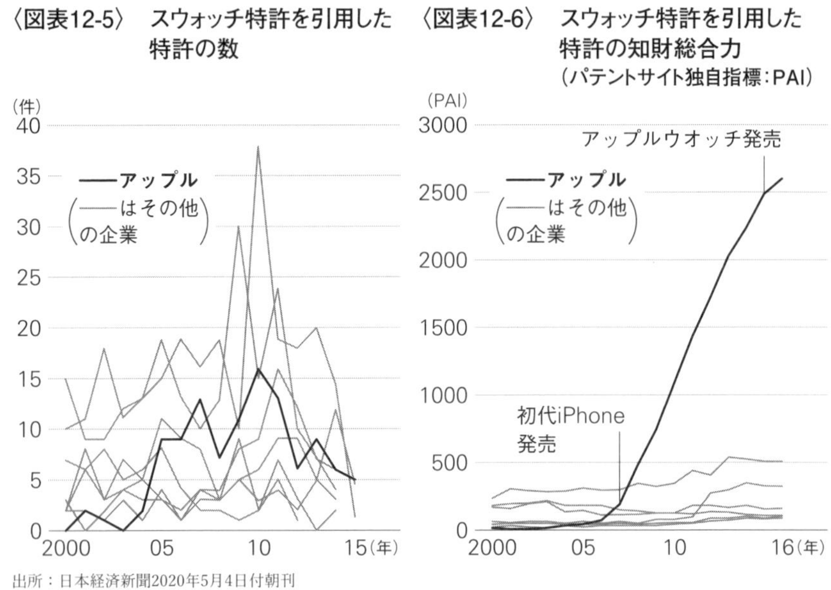

出所：日本経済新聞2020年5月4日付朝刊

社の出願特許に特別な動きや特別な意味が見えてくる可能性がある。他社の動きが見えてくれば、自社がどんな立場にいるのか、何をしなければいけないかを考えるきっかけになる。日本企業も他社の戦略を先読みし自社の戦略に生かすため、IP ランドスケープの導入が不可欠だということが分かるだろう。

IP ランドスケープを実践した日本企業の劇的な変化

IP ランドスケープを実践すると、企業はどのように変わるのか。詳しくは先述の「IP ランドスケープ経営戦略」を参照して頂きたいが、ひとつ事例を挙げたい。それが機器メーカーのナブテスコだ。同社は航空、船舶、鉄道、建設機械、産業用ロボット、風力発電など多種多様な分野で活動し、各分野でのシェアが高いことで知られる。日本における IP ランドスケープ実施の最先進企業だ。

実はナブテスコも 2013 年ごろまでは、他の日本の製造業と同じく特許をできるだけ数多く出願しようというのが知財戦略の基本であり、知財部門の社内的な地位も低かった。それを大きく変えたのが、東芝知財部門の出身で、ソフトウエア会社 ACCSESS の知財部門長を経て、自らの発明を生かした起業経験ももつ菊地修氏の合流だった。

IP ランドスケープの威力を知っていた菊地氏は 2013 年末にナブテスコ知的財産部長に就任した後、知財部のミッション変更を試みた。それまでの知財部は事業を担当するカンパニーの下に位置し、各カンパニーの技術者らが出願する特許を権利化したり経営部門からの問い合わせに応じたりする、いわば「社内の下請け」的な地位に甘んじていた。もちろん社長など経営陣との距離は遠く、お世辞にも戦略部門とはいえなかった。

菊地氏は「IP ランドスケープを駆使すればナブテスコの社業はもっと延びる。IP ランドスケープを経営に組み込むためには、まず経営陣に IP ランドスケープの意義を知ってもらう必要がある」と考え、2014 年にある「賭け」に打って出た。**「新事業の探索、開発テーマの検証」と題した IP ランドスケープを実施し、社長をはじめとする経営陣に大々的に提言したのだ。**

テーマは同社が進出を検討する「洋上風車発電システム」だった。現在、ESG（環境・社会・企業統治）投資先として世界で注目を浴びる分野だ。この洋上風車発電システムに関して、ナブテスコ自身の特許分析はもちろん、顧客である風力発電事業者が運営する発電・送電システム、さらに洋上風車の運搬装置や保守点検などのサービス技術を含めた「洋上風力発電システム全体の市場」を対象として、構成要素ごとに日米欧中韓の 5 カ国における 10 数万件の出願特許すべてを調査した。その上で、洋上風力発電市場における「顧客」「顧客ニーズ」「技術課題」「メーカー」などを分析して、ナブテスコとして新規事業に取り組む場合の参入分野の可能性や妥当性を検証した。

探索の例としては、洋上風力発電システムでは IT による状況監視や人工知能（AI）による故障検知が今後の顧客のニーズと想定された。これらのニーズを実現するため、ナブテスコがどんな関連技術や知財をもち、それをどのように活用できるかを分析するため、パテントマップと呼ばれる模式図を作成した。マップを見渡しつつ、自社の技術・知財を生かせる製品や市場、用途を検索し、新製品、新サービス、新事業を提案した。

さらに成長著しい欧州の洋上風車メーカーの M&A を分析し、欧州メーカーの知財力の変化が市場にどんな影響を与えそうかIPランドスケープを使って分析し、自社の開発テーマを提案した。菊地氏率いるナブテスコ知財部門はこの一連の分析・提案を、すべての経営陣とカンパニー社長が参加するグループ開発会議で発表したのである。ここまでやると社長をはじめとする経営陣も、知財部門が自社の経営判断を支える戦略部門としての潜在力を備えていると認識せざるをえなかった。当時の小谷和朗社長は「こんな（に気づきの多い）社内発表は初めてだ!」と知財部門を絶賛した。

知財部門は多くのカンパニー社長から「(洋上風車発電システムだけでなく）我がカンパニーの製品に関しても同様のIPランドスケープを実施し、顧客ニーズや新事業テーマを探って欲しい」と要請された。菊地氏はこの要請に応え、各カンパニーの主力製品に対するIPランドスケープを実施し、各カンパニー社長に報告した。菊地氏は一連のIPランドスケープで、知財部門に対する社内での評価と期待を一気に高めたのだった。

次に菊地氏は、知財部門が恒常的に全社の経営判断に関与できる仕組みづくりに乗り出した。2015年、同社は年に1〜2回の全社「知財戦略審議」と、3カ月に1回の「知的財産強化委員会」を創設した。知財戦略審議には社長以下の全役員、カンパニー社長らの幹部が勢ぞろいし、知財強化委員会には各事業の部長らが集まり、知財情報を全社横断的に共有することとした。

両会議で議長を務めるのが、菊地氏だった。両会議の成果を現場に行き届かせる定期的な各カンパニー「知財戦略審議」も創設した。**ついにナブテスコでは、知財部門長が知財を生かす経営会議の推進役に就き、経営陣を含めた全社にIPランドスケープによる客観的な分析を落とし込む体制を作り上げたのだ。経営陣と知財部門が遠く離れてしまっている日本企業においては、画期的な知財重視経営の実現といえる。**

その効果は2017年3月、ナブテスコがドイツの自動車部品メーカー、オバロ社を約100億円で買収した際に発揮された。このM&Aの狙いは、モーターと制御装置の一体製品開発能力を獲得することにあった。M&Aの作業は、経営陣と技術本部の限られたメンバーで秘密裏に進めていた。知財部もそのメンバーとして複数の買収候補先の知財力、すなわちどんな技術や特許を保有し、その有効期限やどんな分野で強みを持つのかを、IPランドスケープを使って詳しく調べていた。ナブテスコが保有する知財と併せて、M&Aにどんなシナジー（相乗）効果が期待できるのかも詳しく調べていた。

その結果、オバロ社の知財力は、ナブテスコの弱点であるモーターとソフトウエア設計の両分野を補うばかりでなく、ナブテスコが新規事業として検討していた自動運転分野への進出にも役立つことが判明した。IPランドスケープによって、知財力の観点からオバロ社の買収は理にかなっていることが確認でき、ナブテスコの経営陣はオバロ社の買収を決定した。

ナブテスコの知財部は、買収候補先の名前をM&Aの2年前に経営陣から知らされ、IPランドスケープによる調査を命じられていたのだ。これは以前の社内地位の低い知財部では考えられないことだった。菊地氏の行動によって知財部に対する社内の期待と役割、信頼が高まっていたからこそ、決定までは社内でも限られたメンバーしか知らされなかった買収候補先を明かされ、IPランドスケープに取り組むことができたのだった。

読者の中には、「M&Aに先立って買収候補先の知財力を調べるなんて、当たり前ではないか」と感じる方もいるかもしれない。ところが2015年当時の日本企業においては、当たり前ではなかった。いや、現在でも特許出願に積極的な企業を対象にした調査でさえ、IPランドスケープの実施企業が1割程度にとどまることから考えると、ほとんどの日本企業はM&Aの前に買収先の知財の状況を分析していないと考えられる。

会社のM&Aチームには経営陣、経営企画、財務、法務、該当の事業部門などは含まれるが、知財部門は含まれないことが多い。一般に知財部門がM&Aの相手を知らされるのは買収の決定後であり、慌てて相手の知財の状況を調べたら他社の知財を侵害していたり、自社とのシナジーが乏しいことが判明したりすることも珍しいことではない。これでは日本企業が実施したM&Aの多くが失敗であると指摘されるのも当然だろう。

ナブテスコの株価は、菊地氏が同社を退職した2020年12月末の段階で約4500円となっており、同氏の入社前の2012年秋時点と比べて約3倍の水準だ。**特にオバロ社買収を発表した2017年の後半以降から現在まで、株価が4500円から5000円という過去最高水準で推移していることを考えると、IPランドスケープを生かしたナブテスコの知財重視の経営が、投資家からも高く評価され**

ていることがうかがわれる。このナブテスコのような事例が、まさに筆者の思い描く「知財ガバナンス」の成功事例といえるのだ。

IP ランドスケープ、裾野広がるも経営陣の関心は今ひとつ

筆者は、ナブテスコの IP ランドスケープを中核とする知財重視の経営を取材し、強く感銘を受けたため、2017 年 7 月 17 日付の日本経済新聞朝刊に「知財分析、経営の中枢に 『IP ランドスケープ』注目集まる」と題した記事を掲載した（図表 12-7 参照）。ナブテスコの取り組みと共に、三井物産戦略研究所の知財アナリストである山内明氏（現・知財ランドスケープ代表取締役 CEO）が 2015 年春に自動運転分野の IP ランドスケープを実施し、米グーグルの優位性やトヨタ自動車に何らかの対策が必要と指摘したことなどを紹介した。山内氏の「予言」後である同年 11 月、トヨタが米国シリコンバレーに AI 研究所を設立して自動運転分野の人材確保に動いたことで、IP ランドスケープによる未来予測がかなりの確度をもつことが裏付けられたと記事に書いた。IP ランドスケープの近況、菊地氏や山内氏を紹介してくれたのは、知財取材で長いお付き合いのあった杉光一成・金沢工業大学大学院教授だった。

この記事は IP ランドスケープという言葉を、日本の大手メディアとして初めて取り上げたものだと、後に知財関係者の方々から評価して頂いた。そして実際、いくつかの日本企業の先見性ある経営者や知財部門には影響を与えたようである。例えば、現在では日本を代表する IP ランドスケープ実践企業と知られる旭化成の場合、この記事が掲載されたことがきっかけとなり、IP ランドスケープに全社的に取り組むようになったという。

ブリヂストンも 2018 年ごろから経営陣を含む全社規模で IP ランドスケープに取り組むようになった。3 カ月に 1 回程度、全経営陣の前で IP ランドスケープを披露するようになり、自動車関連業界の競合他社がどんな動きをしているかなどを分かりやすく解説するようになった。同社の荒木充知的財産本部長（現・知的財産部門部門長）は「技術者や知財部門しか分からない用語や複雑な図ではなく、業界や他社の動きを盛り込み、経営陣に関心をもってもらえるように工夫することが大切だ」と当時の取材に語ってくれた。日本でも少しず

〈図表12-7〉

知財分析　経営の中枢に

特許の量・質を見極め
将来の市場動向を提言

従来の日本企業の知財部門（社内特許事務所型）
IPランドスケープを導入した先進企業の知財部門（経営コンサル型）

「ＩＰランドスケープ」注目集まる
M&A戦略に生かす

出所：日本経済新聞2017年7月17日付朝刊

つ IP ランドスケープが普及するものと期待された。

2018 年ごろからは筆者（渋谷）自身にも、大手企業から IP ランドスケープの意義や進め方について社員向けに講演をして欲しいという依頼が届くようになった。依頼してくるのは各社の知財部門が多く、例えば精密機器大手や大手化学メーカーから知財部門の社内研修の一環として講演を依頼された。IP ランドスケープで知財部門の活性化や社内的な地位の向上を目指そうという動きだったと思われ、もちろん喜んで協力させて頂いた。

講演に行ってみると、さすが大企業であり、200 人は超えようかという人々が大会議室に詰めかけている。筆者の講演を聴いて皆、真剣にメモをとってくれる。講演後の質問なども活発だった。嬉しくなって講演を依頼してくれた知財部門の方に「今日の講演に経営陣の方は来ていますか」と聞いてみた。すると、「いや、知財部門の人間ばかりです。経営陣にも声をかけましたが、残念ながら参加してもらえませんでした…」との答えだった。

ここで筆者は気が付いた。確かに IP ランドスケープの重要性を指摘する記事を日経新聞に掲載したことで、先見性のある一部の経営トップは自ら知財部門に問い合わせ、全社的な IP ランドスケープに進んだ例もあった。しかし、それは大企業、上場企業の中ではごく一部の例外的なケースであり、ほとんどの企業でIPランドスケープに注目していたのは、やはり知財部門の方々ばかりなのだった。

知財部門の人々はIPランドスケープに取り組むことが自身の地位向上のチャンスだと認識していた。しかし、これまでの低い社内地位が災いして、なかなか経営陣にIPランドスケープを披露する機会が得られなかったり、せっかく披露しても内容が分かりにくかったために経営陣からコテンパンに叱られたりして、逆に意気消沈してしまった例もあるようだった。

この時期、筆者（渋谷）がIPランドスケープ普及の講演に出かける時には、「同志」を伴うようになっていた。一回り年長であるので同志と紹介するのは気が引けるが、それは先述したナブテスコの知的財産部長、菊地修氏だった。ナブテスコは間違いなく日本で最先端の知財経営企業で、そうではなかった時期に部門トップに就任し、エネルギッシュに改革を主導した菊地氏こそ、IPランドスケープ導入を目指す企業に意識付けと実践的なノウハウを提供できる最適任者と思ったからだった。

しかし元来、おとなしい人物が多いとされる知財部門では菊地氏のようなキャラクターは異例で、同じように行動できる知財部門は少なかった。当時、地方に出張して講演を終えた後、菊地氏と「やっぱり日本の会社は知財部門の地位が低い。知財部門発の改革、IPランドスケープの普及は難しいかもしれない」などとグチをこぼしたこともあった。

電流が走った社外取締役向けの講演会

そんな中で、やはりIPランドスケープの普及をテーマにした、ある講演会に菊地氏と共に臨んだことがあった。確か2019年の5月ごろだったと記憶している。

その直前の2019年3月、筆者はIPランドスケープの意義や手法をまとめた先述の「IPランドスケープ経営戦略」を山内氏ら複数の知財アナリストの方々との共著本として、出版していた。この書籍の中でもIPランドスケープを生かした知財経営の必要性を説いていたが、知財部門発の改革に限界を感じていた時期だった。その講演会への出席者は100人ほどだったと記憶しているが、聴衆は知財部門の人々ではなく、上場企業の社外取締役を中心とした方々だった。大企業で功成り名を遂げた元経営者、公認会計士や弁護士、経営コンサルタントなどが多くを占めていたと思う。

講演会では筆者と菊地氏が、それぞれの立場で日本企業の「失われた30年」からの脱却の必要性や、IPランドスケープを生かした経営改革の重要性を説明した。そして私からは経営陣と知財部門の双方の覚醒が必要だが、経営陣は知財に関心が薄く、知財部門は社内的な地位が低いために、両者の距離を縮めるIPランドスケープの普及は必ずしもうまくいっていない、と申し上げた。

講演が終わってからの質疑応答の中で一人の聴衆の方が手を上げ、こう話した。**「今、講師2人の話を伺っていて、知財を生かした経営の重要性が分かった。しかしながら、確かに日本の経営者は一般的に知財への関心が高いとはいえないし、自然にそうした認識が高まっていくとも思えない。ところで今、最も上場企業の経営者たちにとって影響力のあるルールといえば、それはコーポレートガバナンス・コードである。ならば、この知財を重視しろという経営者へのメッセージも、ガバナンス・コードに盛り込んでしまえばよいと考えるが、どうですか？」**と。その瞬間、私の体には電流のような衝撃が走ったのだった。

確かにその通りだった。著者（渋谷）はこの講演をした2019年の段階で、知財分野への取材経験が約20年間あったと同時に、コンプライアンス（法令順守）やコーポレートガバナンス（企業統治）といった企業法務分野の取材経験も10年以上積んでいた。小泉政権での知財立国宣言から20年たっても日本企業の知財改革は進まなかったのに対して、少し早く（1990年代半ばくらい）から始まっていたガバナンス改革の方は、同じく約20年間の停滞を経て、2015年ごろから急速に進展をみせつつあった。

具体的には上場会社が複数の社外取締役を起用したり、「指名」「報酬」などの委員会を取締役会に設けたりすることが定着しつつあった。このガバナンス分野の改革に弾みをつけたのは、金融庁と東京証券取引所が2015年に策定したコーポレートガバナンス・コード（企業統治指針）の威力であることは、明白だった。知財、ガバナンスの両分野を取材していた著者（渋谷）には、この聴衆の方の指摘は、天からの啓示だったようにも思う。この時、その方のご尊名を確認しなかったことが悔やまれる。

この運命の講演の後、筆者（渋谷）は、「知財活用の重要性をガバナンス・コードに盛り込むこと」を考え始めた。コードの策定者はすでに述べたように、金融庁と東証だった。具体的に言うならば、金融庁の企業開示課が動きを仕切っていた。筆者は同課への取材経験があったが数年ほどご無沙汰していたため、まず当時の企業開示課長にあいさつすることとした。それが恐らく2019年の夏ごろだったと記憶する。そして開示課長に「企業経営におけるIPランドスケープの重要性をご説明する機会」を得たのが2019年秋ごろではなかったかと記憶する。

筆者は、ここぞとばかりに、それまで記事に書いてきた、日本企業「失われた30年」の原因、それを克服するために知財を生かす経営が必要なこと、IPランドスケープの導入が欠かせないこと、日本の経営者は知財に関心がなく知財部門の地位も低いため自然にはIPランドスケープは普及しないこと、IPランドスケープ普及のためにはガバナンス・コードに知財経営を促す内容を盛り込む必要があること、などを企業開示課長に強く提言したのだった。

このときの企業開示課長の反応は、なかなか良好だった。「企業経営の中で無形資産の重要性が増していることは、その通りだと思う」などと感想を漏らした。ただ、「ガバナンス・コードは3年おきに改訂することが決まっていて、次回2021年の改訂に向けての有識者会議の議論は2020年秋ごろに始まる見通しだ。だから、そのころになったら、また改めて本件を提案して欲しい」といったコメントを頂いたと記憶している。

そして2020年夏ごろ、再提案のために金融庁審議官（1年前の企業開示課長）を再び訪ねた。今回も自説を繰り返したところ、意外なことに審議官から「知財をガバナンス・コードに入れることは正直、難しいと思う」と言われたのだった。審議官は「コードは会社の枠組みや株主との関係を定めるプリンシプル（原則）という位置づけだ。一方、知財は具体的な経営手法であり、経営上の競争力を保つためのソリューション（解決策）といえるから、（原則を定める）コードにはなじまない」というのだ。これはショックだった。

確かに審議官が言うことは、その通りではあった。コードを読めば分かるが、そこに書かれているのは「上場会社は株主を平等に扱う」「株主との対話」「適切な情報開示と透明性の確保」「取締役会の責務」といった、上場会社の原則である。コードには、ステークホルダー、株主総会、独立社外取締役、買収防衛策といったガバナンス用語が並ぶ一方、IT（情報技術）や DX（デジタルトランスフォーメーション）といった経営用語はもちろん、ROE（自己資本利益率）といった財務用語ですら敬遠されている。

つまり知財や競争優位性がいかに日本企業の経営にとって重要でも、企業内部の問題、テーマにとどまる限り、ステークホルダー（利害関係者）との関係など企業統治の原則を規律するガバナンス・コードで取り上げることは難しい。なんとしても企業の知財活用を促す内容をガバナンス・コードに盛り込みたいと考える筆者（渋谷）の目の前に、乗り越えるべき高いハードルが立ち塞がったのだった。すでにコード改訂の議論は始まっており、残された時間は十分とは言えなかった。

「ESG マネー引き寄せられる」でハードル突破

こんな厳しい状況を菊地氏と共有したところ、やはり知財の問題をガバナンス・コードに盛り込むことに強い期待を抱いていた同氏は「政府とのコネクションをもつ金沢工業大学の杉光教授にも加わってもらい、働きかけを強めましょう」と提案してくれた。同じ時期、偶然のタイミングではあったが、内閣府の知的財産戦略推進事務局から「企業の知財投資を活発にする方策について意見が聞きたい」という要請も筆者に寄せられていた。

この内閣府の要請に対して筆者は、「内閣府のみの取り組みでは経営者への影響力は限られると思う。実は自分にはガバナンス・コードに知財を盛り込む構想があるが、コードを担当する金融庁のハードルは高い。政府内部で後押ししてもらえないか」と協力を要請したところ、快諾してくれた。こうして筆者（渋谷）は、杉光教授、内閣府知財事務局の助力を得て 2020 年 12 月、金融庁に対する最後の提案・説得を試みることにしたのである。

金融庁は 2020 年秋、ガバナンス・コード改訂に向けた有識者会議を再開していた。会議で取り上げるアジェンダ（議題）に知財を入れてもらうには、知財は「企業統治の原則に関わる重要な論点」だと金融庁に認識してもらう必要があった。そして捲土（けんど）重来に際して、筆者（渋谷）は一計を案じた。それは知財を、今や世界的な潮流となったESG（環境・社会・ガバナンス）投資と関連付けることだった。

日本企業は脱炭素・環境関連分野で世界に先駆けて研究開発に取り組み、多数の知財を蓄積してきた。世界の投資家もESG分野の日本企業の知財に関心を寄せていた。そこで筆者は2021年12月20日ごろ、杉光教授と共に金融庁審議官を訪ね、「ガバナンス・コードによって脱炭素関連など日本企業の知財の状況を投資家に開示すれば、世界からESGマネーを引き寄せることに役立つ」と提案した。この提案を聞いてもらったとき、審議官の知財に対する関心が、それまでより格段に高まった手応えを感じた。

このとき筆者と杉光教授が金融庁に提案したガバナンス・コード改訂案のポイントは、大きく2つあった。ひとつ目は、「上場会社は経営者・取締役会レベルで知財の活用に取り組むべき」ということだった。これまで筆者が何度も繰り返し述べてきたように、経営者と知財部門の距離が離れてしまっているため全社で取り組めなかった知財経営を日本企業に促す狙いがあった。そこではIPランドスケープが大きな役割を果たすことになる。

ふたつ目は、「上場会社は知財に関する情報を開示する」だった。企業が知財の情報を投資家に開示すれば、投資家はその企業に投資するかどうかの大きな判断材料のひとつが得られる。上場会社は研究開発費などを開示しているが、投じられた研究開発費がどんな知財や人財の獲得、ビジネスモデルの成立につながったかは、ほとんど明かではない。知財に関する情報を開示するというアイデアにより、「知財は、企業と投資家を繋ぐコーポレートガバナンスの原則のひとつ」だと金融庁に主張できる点が重要だった。この2つのポイントは一体不可分のものであり、どちらかひとつでは機能が不十分となる可能性があった。

我々の話を聞いてくれた金融庁審議官は、2つの提案を受け入れてくれたようだった。ただ面談の最後に、「有識謝会議メンバーの中に応援団を作ってもらう必要がある」と付け加えた。知財をコード改訂案に盛り込むには、あらかじめ有識者メンバーに賛同者を確保しておくという、「新たなハードル」を我々に課してきたのだった。経済人や学者からなる有識者会議メンバーはいわば公共の代弁者であり、コードに知財に関する内容を盛り込むためには、彼らの賛同と後押しが必要ということだった。

つまり審議官は、親切にも、我々の提案が金融庁として受け入れやすくなるように助け舟を出してくれたのだ。ここで内閣府知財事務局の力を借りることにした。幸い、同事務局自身が運営する他の有識者会議のメンバーに金融庁の会議のメンバーを兼ねている人がいたため、同事務局が総力を挙げて有識者への説明・説得に当たってくれた。運命の2021年2月15日の有識者会議。ここで小林喜光・三菱ケミカルホールディングス会長ら複数のメンバーから「知財の活用と開示の重要性に（もっとコードは）目配りすべき」などの発言が出され、コードに知財が盛り込まれることが決定的となった。

2021年6月11日、金融庁と東京証券取引所が改訂した新たなコーポレートガバナンス・コードが公表された。私と杉光教授が中心となって盛り込んだ知的財産に関しては、次のような内容が盛り込まれた。

〈図表12-8〉　2021年改訂のCGコードにおける知財の内容

▽上場会社は、（略）人的資本や知的財産への投資等についても、自社の経営戦略・経営課題との整合性を意識しつつ分かりやすく具体的に情報を開示・提供すべきである（補充原則3ー1③）　**▽取締役会は、（略）知的財産への投資等の重要性に鑑み 、これらをはじめとする経営資源の配分や、事業ポートフォリオに関する戦略の実行が、企業の持続的な成長に資するよう、実効的に監督を行うべきである**（補充原則4ー2②）

出所：東京証券取引所「コーポレートガバナンス・コード」

ついに挑戦は足かけ3年の2021年春に結実した。チャレンジの過程では素晴らしい出会いがあり、多くの人々から貴重な協力を得られた。ここでは、お世話になった方の一部を紹介することで、感謝の気持ちを伝えたい。IPランドスケープ普及の同志である元ナブテスコ知財部長の菊地修氏、共にコード改訂のために動いてくれた金沢工業大学大学院の杉光一成教授、コード改訂にあたった有識者会議のメンバーの方々、同メンバーへの働きかけをしてくれた内閣府知的財産戦略推進事務局の方々、同じく本書の共同執筆者であるHRガバナンス・リーダーズ社長の内ヶ﨑茂氏、そしてコード策定の黒子として陰に陽にアドバイスしてくれた金融庁の方々である。これら多くの方々の協力があったからこそ、企業に知財活用を促すコード改訂が世界に先駆けて実現したことを記録としてとどめておきたい。

改訂ガバナンス・コードのキーワードは「脱炭素」「多様性」「知財」

ここで、金融庁と東京証券取引所が2021年6月に改訂したコーポレートガバナンス・コードの全体像を見ておこう。まず一言でいうと、改訂コードは上場会社にサステナブル（持続可能）な統治改革を迫るものといえる。キーワードは「脱炭素」「多様性」、そして私が多くの方々の協力を得て、執念をもって盛り込んだ「知的財産」の3つだ。各分野で先行する企業の取り組みをみると、改訂コードが求める新たなガバナンスの姿が見えてくる。

ガバナンス・コードは約80の原則などからなり、上場会社が株主や顧客、従業員らに配慮しつつ、中長期に企業価値を高めることを求める。罰則はないもののコードに従わない場合、理由を説明しなければならない。事実上、上場会社に欧米主要企業並みの統治を促すルールとして機能している。

その証拠に、2015年の策定時にコードが「上場会社は2人以上の独立社外取締役を起用すべき」としたところ、それまで東証1部で2割程度にとどまっていた社外取締役の複数選任が急増し、2020年には9割超に達した。

今回の改訂コードでは、東証が2022年春に導入予定の「プライム市場」に上場する企業に独立社外取締役の割合を全体の3分の1以上にして〝国際標準〟に近づくようにした点が目立つ。だが、より重要なのは、全上場企業にESG（環境・社会・企業統治）投資の対象として評価される「サステナビリティ・ガバナンス」の導入を求めた点だ。

改訂コードには「取締役会は、気候変動などの地球環境問題への配慮、人権の尊重、従業員への配慮などサステナビリティを巡る課題への対応は、重要な経営課題であると認識し、積極的・能動的に取り組むよう検討を深めるべき」との文言が盛り込まれた。

サステナビリティ・ガバナンスの意義、進め方については、本書の他の章で多々、触れられているので、ここでは具体的に上場企業がなすべきサステナビリティ・ガバナンスの先進事例を、「脱炭素」「多様性」「知財」という3つのキーワードに沿って紹介することにとどめたい。

ひとつめは、日本でも認知が高まる脱炭素社会への対応だ。2010年代以降、欧米の機関投資家は地球環境に配慮する企業に投資先を絞る方針を打ち出している。こうした投資家の需要に応えるため、改訂コードは「上場会社は、経営戦略の開示に当たって、自社のサステナビリティについての取り組みを適切に開示すべき」と明示した。

三菱商事は2018年末、主要国金融当局が主導する「気候関連財務情報開示タスクフォース（TCFD）」の提言に基づき、経営への気候変動リスクを踏まえた情報開示を始めた。地球の気温上昇が2度に収まるシナリオに基づきエネルギーなど自社の事業ごとへの影響を分析、開示した。ガバナンス面では同社の意思決定機関である社長室会の諮問機関「サステナビリティ・CSR委員会」の委員長が、環境問題に詳しい外部有識者の助言を受ける。TCFD開示を起案したのは社内のサステナビリティ部門で、外部有識者の後押しもあり実現した。

2つめのキーワードは幹部や中核人材の「多様性」の確保だ。改訂コードは、取締役会や監査役会に性別や国際性、職歴、年齢などの多様性を求めると共に、管理職などに女性や中途採用者の登用を促す。人権問題では、新型コロナ禍などによって打撃を受けている非正規雇用者らへの目配りも大切だ。

リクルートホールディングスは「グループ人権方針」で、派遣社員を含む従業員の人権保護を宣言している。担当するサステナビリティトランスフォーメーション部には、元国連職員の人権コンサルタント、他社の社外取締役を務める非常勤メンバーがいて、外部の視点をもたらしている。取締役会もメンバー6人のうち、社外取締役が2人、女性が1人、外国人が1人と多様性がある。こうした取り組みが投資家からも評価され、年金積立金管理運用独立行政法人（GPIF）が採用・投資する4つの日本株FSG投資指数すべてに選ばれている。

3つ目のポイントが、この章で筆者が繰り返し強調している「知財の活用」

だ。改訂コードは「取締役会は、知財などをはじめとする経営資源の配分や戦略の実行が企業の持続的な成長に資するよう、実効的に監督を行うべきである」とした。経営層に知財で稼いだり、外部に分かりやすく説明したりするよう求めた。ガバナンス・コードに「知財」の文字が入ったのは、今回が始めてだ。

すでに詳しく述べたように、ナブテスコは知財を全社の成長につなげる仕組みを動かしている。最高経営責任者（CEO）ら全役員、カンパニー社長らで基本方針を決める「知財戦略審議」を年1回、カンパニーごとの戦略を深める「カンパニー審議」、全カンパニーの情報を横串で共有する「知財強化委員会」も、それぞれ年2回開催している。知財部門は、前述したIPランドスケープを駆使して、経営陣や各事業部門がM&A（合併・買収）や市場開拓を進めるのに役立つ客観的な情報を提供している。

改訂コードは「脱炭素」「多様性」「知財活用」を切り口に、上場会社に「サステナビリティ・ガバナンス」への脱皮を求めている。キーワードに対応して自社に世界のESGマネーを引き寄せるのか、それとも脱落してグローバル市場から去るのか。経営者の感性と覚悟が問われている。

改訂コード、上場会社に「知財ガバナンス」を求める

いよいよ本章の「本題」である知財ガバナンスに絞って話を進めたい。まず、知財ガバナンスは、本書のテーマである「サステナビリティ・ガバナンス」の一環である。改訂ガバナンス・コードに知財の内容が加わったことで、上場会社は知財ガバナンスの実行を迫られることになった。では知財ガバナンスとはなんだろうか。会社ぐるみで知財を生かした事業を生み出したり開示を進めたりしている事例を通じて、来たるべき知財ガバナンスを展望する。

改定コードに盛り込まれた知財に関する内容は2つ。コードに登場する順番は後になるが、一つめとして、▽取締役会は、（略）知的財産への投資等の重要性に鑑み 、これらをはじめとする経営資源の配分や、事業ポートフォリオに関する戦略の実行が、企業の持続的な成長に資するよう、実効的に監督を行うべきである（補充原則4─2②）──とある。

単純化すると「取締役会は知財の重要性を踏まえて、自社の知財への取り組みをしっかり監督しなければならない」ということになる。「経営陣は自社の知財戦略に責任を負え」と言い換えることもでき、日本企業における知財の位置づけを変える。というのは、繰り返し書いてきたように、これまで多くの日本企業の経営陣は知財に無関心で、会議の話題になることはまれだった。知財部門は特許などの出願や管理が仕事で、経営とは無縁だった。2000代半ばまで世界一の特許出願件数を誇った日本企業の実態は、「知財戦略なき経営」というのが実態だった。それが改訂コードで抜本的に変わることになる。

実例で示そう。コードを先取りした格好で、経営層と知財部門が新しい事業モデルを生み出しているのがブリヂストンだ。ブリヂストンは2020年5月、顧客である日本航空（JAL）が航空機に装着しているタイヤの「すり減り具合」を予測して交換するサービスを始めた。離着陸時の気象や路面状況、タイヤの摩耗状況などのデータをJAL側から受け取り、計画的に交換。JALはタイヤの在庫を減らすことができ、ブリヂストンは顧客を囲い込めるという、ウィンウィンの事業提携だ。

データ事業を始めるに先立ち、準備の先頭に立ったのがブリヂストンの知的財産部門だった。ブリヂストンは2016年ごろから、自社や業界の知財を図解で「見える化」するIPランドスケープを実施し、18年ごろからは経営層に毎月のように発表してきた。「例えばMaaSと呼ばれる次世代移動サービスに関する自動車関連業界の取り組みなどについて、当社の優位性などを分かりやすく説明した」（知的財産部門の荒木充・部門長）

ブリヂストン知的財産部門はIPランドスケープにより、特許など「見える知財」のみならず、タイヤ製造のノウハウ・品質保証・サービス力などの自社の「見えない知財」も把握することに努めた。その分析を、協業に向けたJALへの説明にも用いた。その結果、JALから「これならブリヂストンと一緒にやりたい」と言ってもらうことに成功した。

知財ガバナンスで絶対に欠かすことができないのは、上記のブリヂストンのように経営陣が知財部門と常日ごろから緊密に情報をやり取りする体制だ。知財を他社からの訴訟などに備える「守り」だけでなく「攻め」に生かすためには、経営陣が知財部門から日常的に情報を受け取り、経営判断や事業に生かす心がけが求められる。これこそ、従来の日本企業に足りなかった姿勢だと言える。

ホンダも2017年から、知財部門と経営層の接触が飛躍的に増えた。具体的には経営層が意思決定する月2回のR＆D経営会議などに必ず参加するようになった。従来は不定期に参加していただけだった。この変化のきっかけは、特許などを管理する知財部門が技術を開放する標準化部門と合流したことだった。さらに「担当役員とは毎週のように話す」（知的財産・標準化統括部の別所弘和統括部長）という。

知財部門の「格」が上がった効果は大きい。研究開発部門との一致も進み、有用な特許件数やライセンス収入も増えた。20年までの4年間をその前の4年間と比較すると、特許出願件数が約2割増え、特許など知財ライセンス収入は2倍以上になったという。知財部員のモチベーションも向上し、「従業員意識調査では、ホンダの全本部・統括部の中で1位あるいは2位」（別所氏）だという。

NTTコミュニケーションズもスタートアップへの出資判断の際、IPランドスケープによる評価を経営層に報告している。出資先の知財力が不十分なことを指摘し、協力関係を見直したケースもある。「知財単独ではなく、経営企画部と共同で経営層に提言するようにしたところ、反響が格段に良くなった」と知財担当の松岡和氏は話す。

改定コードで知財に関する2つめの内容は、▽上場会社は、（略）人的資本や知的財産への投資等についても、自社の経営戦略・経営課題との整合性を意識しつつ分かりやすく具体的に情報を 開示・提供すべきである（補充原則3ー1③）――であり、簡単にいえば「企業は投資家にきちんと知財戦略を説明せよ」ということになる。

「知財の力で石炭火力発電所の高効率化・脱炭素化に取り組んでいます」。中国電力は「知的財産報告書2021年」に、三隅発電所（島根県浜田市）が導入した特許技術「石炭の混合方法」を紹介している。ホウ素などの元素の含有量が多い石炭を燃焼させる際、アルカリ土類金属などを多く含む石炭を一定割合で混合することで、排水の浄化と燃料コスト低減を共に実現できるという。

「関連特許を40件取得し、他社から多くの問い合わせを受けた」と話す担当者のインタビューも掲載している。

後述するが、知財報告書は2000年代半ばに任意に策定する企業が現れたものの、定着していないのが実情だ。中国電力の場合、2009年に山下隆社長（現相談役）の旗振りで始めて以来、欠かさず発行し、内容も拡充している。最初は電力自由化に備えて競争優位を広報する狙いだったが、今後は世界からESGマネーを集める強力な武器にもなりそうだ。

知財の重要性の高まりを受け、複数の企業が自社の活用策などを情報交換する研究会の動きも出ている。

知財部門長らで作る勉強会「知財ガバナンス研究会」は2021年4月に発足した。10月12日時点でホンダ、パナソニック、川崎重工業など90社超が参加する。これまでブリヂストンなどが情報提供したほか、IPランドスケープ専門家の講演も行われた。幹事を務めるのは、IPランドスケープの普及やガバナンス・コード改訂などで筆者が連携してきた元ナブテスコ知財部長の菊地修氏（現在はコンサルティング会社のHRガバナンス・リーダーズのフェロー）だ。菊地氏は「特許だけでなくブランドやノウハウも知財。サービスや金融など幅広い業種の参加を期待している」と話す。

知財に関する情報を開示する際の指標のあり方などを検討する「知的財産と投資を考える研究会」も4月に発足した。こちらは、やはりコード改訂の折などにお世話になってきた杉光一成・金沢工業大学虎ノ門大学院（KIT）教授らが幹事を勤める。キヤノンやIHIの知財・情報担当役員、機関投資家や投資信託会社など投資家もメンバーとなり、上場会社が知財に関する情報を開示する際に用いる「指標」などについて議論している。この研究会での議論は「知財ガバナンス」の在り方に大きく関係してくるので、詳しく後述する。

ここまで紹介してきたように、**知財ガバナンスのコンセプトはシンプルだ。知財部門がIPランドスケープなどを用いて知財や市場の客観的な状況を分析し、それを踏まえて経営層が経営、事業戦略を決める。外部に分かりやすく説明し、資金調達につなげる。この当たり前の循環が企業価値を高めることになる。あとは実行あるのみだ。**

知財、投資家との対話手段に　ガバナンス・コード改訂で機運

先述したようにいくつかの研究会も発足し、上場企業が知財をツールとして投資家と対話する機運が出てきた。改訂ガバナンス・コードに「知財への投資などの情報を開示すべきだ」と盛り込まれたためだ。実は過去、知財の開示は経済産業省が何度か試みたが、定着しなかった。成否にかかわるのが、他社と比較できる「指標」の策定だ。

知財に価値がある、ということにいまさら異論を唱える人はいないだろう。2000年代前半、青色発光ダイオード（LED）の特許の対価を求めて開発者が元勤務先を訴え、一審判決で604億円の対価（請求額いっぱいの200億円の支払いを被告企業に命令）が認められた。和解では大幅に下がったが、それでも6億円余りの価値が認められた。

10年代には、米アップルが「スマートフォンのデザインや使い勝手をマネされた」として韓国サムスン電子を世界中で提訴した。サムスン側も「アップルも当社の特許を利用している」などと反論。結局、米国の訴訟でサムスン側が500億円規模の損害賠償を命じられた後、和解した。特許権は法律で守られる知的財産権の代表選手で、コンテンツやソフトウエアを守る著作権、デザインを守る意匠権なども知財権だ。

一方、顧客リストや製造ノウハウといった社外秘の情報、GAFAなどIT（情報技術）企業の成長を支えるビッグデータ、企業が築いてきたブランドなどはそれ自体が知財権というわけではないが、広い意味での知的財産として企業価値の多くを占める。また一定の条件をクリアすれば「営業秘密」として法的保護も受けられる。これら知財の情報の多くは企業内にとどめられている。

そんな企業の潜在力を評価できるよう、知財を開示させる発想が生まれたのは当然だろう。日本では小泉内閣が02年に「知財立国」を宣言した後に最初の試みがあった。経産省が04年に知的財産情報開示指針を作った。企業が任意に「知的財産報告書」を策定し、セグメント別の研究開発投資額、主要な知的財産の種類と用途などを開示するよう促した。

その結果、ブリヂストンや日立製作所、旭化成などが知的財産報告書を策定。一時期は製造業を中心に30社程度まで広がったとみられるが、現在では

〈図表12-9〉「知財」に関する主な開示の取り組み

開示を促す ルール・根拠	主な開示方法	開始時期	提唱団体	開示実績・ 対象
知的財産情報開示 指針	知的財産報告書	2004年ごろ	経産省	大企業 30社程度
知的資産経営の開示 ガイドライン	知的資産経営 報告書	2006年ごろ	経産省	中小企業 300社超
改訂コーポレートガ バナンス・コード	統合報告書など	2022年から	金融庁・東証	全上場企業 (3700社超)

出所：経済産業省、金融庁への取材などを踏まえて筆者作成

数えるほどしか残っていない。その理由を、知財の歴史に詳しい杉光一成・金沢工業大学大学院教授は「当時は知財を金銭に換算したいという要望があったためだろう」と説明する。

当時は、依然として企業の資金調達は借入金が中心。投資家も短期志向が強かった。知財情報を開示することで企業や銀行は「知財を担保にできないか」と考え、投資家は「知財を企業から切り離して流通させられないか」と期待したが、実際には、そんなことはできなかったのだ。

知財は相対的な価値であり、動産や不動産のように単独で金銭に置き換えるのは難しい。例えば青色LEDの知財は、それを生産できる半導体・化学メーカーが保有すれば莫大な利益を生むが、個人発明家や研究機関が保有したままでは価値は小さく、他の業種にとっては、ほとんど無価値となってしまう。

そこで次に経産省は「財産ではなく、資産として開示すれば企業の成長性をアピールできる」と考え、06年ごろから「知的資産経営報告書」の任意の開示を促した。開示の対象は、特許などの知財権、ブランドなどの知財すら超えて、経営理念や組織力、顧客とのネットワークにまで広げて開示せよ、と産業界に呼びかけた。

確かに企業には知財すら超えた知的資産があり、それらによって企業の価値は構成されている。経産省の見識は高かったかもしれないが、問題は知的資産経営報告書を誰が策定し、どんなメリットが得られるか、だった。

策定できるとすれば、それは中小やスタートアップの社長など全社を把握す

る人に限られるだろう。大企業の知財部門が扱える内容をはるかに超えている。理念的な要素も強く、ファンを獲得することはできても、クールな投資家の説得には使いづらい。知的資産経営報告書は300社以上の中小企業が策定したが、上場会社には普及していない。

では今回、金融庁と東京証券取引所がガバナンス・コードを改訂し、「知財などへの投資の情報を開示すべきだ」と盛ったのは期待できるだろうか。少なくとも上場会社や投資家にとって、経産省が呼びかけた任意の開示と比べ、はるかにインパクトがあるのは間違いない（図表12-9参照）。

その理由として、第1に、コードによる要請は「事実上の強制力」がある。東証の上場規則として「従うか説明せよ」との原則を掲げるため、多くの企業はコードに従う傾向が強い。15年の策定時に「上場会社は複数の独立社外取締役を導入すべきだ」としたところ、5年超で9割以上の上場企業が従った。

第2に、情報の開示に「明確なメリット」がある。現在、世界的な潮流としてESG（環境・社会・企業統治）に取り組む企業に巨額の投資マネーが流れ込んでいる。コードに従い、例えば脱炭素分野で研究開発や知財獲得に力を入れていることをアピールすれば、日本企業が世界のESGマネーを取り込むことも夢ではない。

第3に、今回は知財の価値を正しく認識している。コードが上場企業に知財を開示させるのは、知財の定量的なデータと併せて潜在力や長期的な成長のストーリーを語ってもらうためだ。知財を金銭価値ではなく、自社の事業を繁栄させる「ツール」であると正しく位置づけており、これには企業も投資家も賛同できる。

ただ、課題も少なくとも4つある。ひとつ目は、開示の具体的なやり方と範囲だ。どんなコンセプトで、どんな指標を使って、どんな手段で開示すればいいのか。「知財など」といってもその範囲（知財権、知財、知的資産など）はどこまで及ぶのか。コードは示していないため、内閣府と経産省が21年中にそれらを示すガイドラインを作ることにした。

政府は2021年7月13日に「知的財産推進計画2021」を発表。その中で、改訂コードが知財の開示を求めたことを評価し、「開示・発信されるべき内容は、保有している知財の単純なリストなどではなく、企業がどのようなビジネスモ

〈図表12-10〉　ホンダが導入を検討する2つの知財開示指標

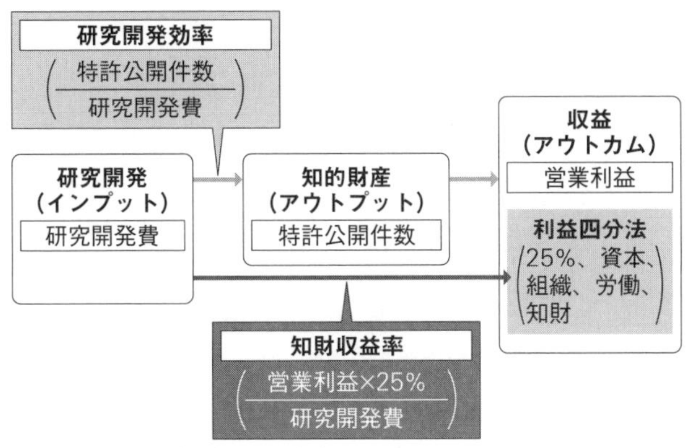

出所：ホンダの社内資料をもとに日経作成

デルで価値提供とマネタイズを実現するのかという戦略的意思の表明である」としている。開示方法は統合報告書などを想定していると示した。

推進計画は「その上で、現有の知財を何のために活用するのか、不足する知財をどのように獲得していくのかを明らかにすることが重要」とも明言する。知財などを開示する際の望ましいやり方、使うべき指標、好ましい事例などを盛り込んだガイドラインを作り、企業が21年度の統合報告書などで開示する際の参考にしてもらう。

ふたつ目が、企業が開示の際にどんな指標を使うかだ。これまでの知財の開示は「日本特許出願○○件、海外特許出願○○件…」などといった単純な保有リストが多かった。ただ特許の数だけでは、競争力につながっているかは分からない。同業他社と質的に比較できる指標がなければ、投資家にとっての意義は小さい。

そこで杉光教授らが中心となって2021年4月、「知的財産と投資を考える研究会」（2021年7月に「研究フォーラム　知的財産と投資」に改称）を立ち上げ、企業や研究者から提案された指標を検証している。例えば「出願件数に占める基本特許（重要特許）の割合」など、特許の「質」を判断できる指標などが候補に上がっているという。

すでに独自指標を使っている例もある。ホンダは毎年度の知財を管理するた

〈図表12-11〉「知財収益率」を算出する際の研究開発費の考え方（自動車メーカーの四輪事業の場合）

年度						
2011年度	2011年度 研究開発投資					
12	エンジニアリング	12年度				
13	エンジニアリング	エンジニアリング	13年度			
14	エンジニアリング	エンジニアリング	エンジニアリング	14年度		
15	$\frac{1}{5}$	エンジニアリング	エンジニアリング	エンジニアリング	15年度	
16	$\frac{1}{5}$	$\frac{1}{5}$	エンジニアリング	エンジニアリング	エンジニアリング	16年度
17	$\frac{1}{5}$	$\frac{1}{5}$	$\frac{1}{5}$	エンジニアリング	エンジニアリング	エンジニアリング
18	$\frac{1}{5}$	$\frac{1}{5}$	$\frac{1}{5}$	$\frac{1}{5}$	エンジニアリング	エンジニアリング
19	$\frac{1}{5}$	$\frac{1}{5}$	$\frac{1}{5}$	$\frac{1}{5}$	$\frac{1}{5}$	エンジニアリング
20		$\frac{1}{5}$	$\frac{1}{5}$	$\frac{1}{5}$	$\frac{1}{5}$	$\frac{1}{5}$

この金額を分母とする

出所：ホンダの社内資料をもとに日経作成

め「知財創出力」「知財活用力」と呼ぶ2つの指数を使う。前者は「特許出願件数を開発費で除した指数」、後者は「知財ライセンス収入を開発費で除した指数」で、二輪、四輪、航空機などセグメント（事業）毎に算出する。社内の開発効率を測るには便利だ。

ただ、同業他社と比較できない問題がある。二輪、航空機などホンダ独自の事業が含まれる上に、他社はセグメント別の開発費や知財ライセンス収入を公表していないからだ。別所弘和知的財産・標準化統括部長は「知財指標も（財務指標と同じように）他社と比較できてこそ意味がある」と話す。

そこでホンダは今、他社と比較できる2つの指標を開発中だ（図表12-10参照）。

ひとつは「研究開発効率」で、特許公開件数を研究開発費で除して算出する。もうひとつは「知財収益率」で、営業利益の4分の1に当たる金額を研究開発費で除して算出する。利益への貢献を、「資本、組織、労働、知財」の均

〈図表12-12〉「研究開発効率」と「知財収益率」で主要自動車メーカーを比較すると…

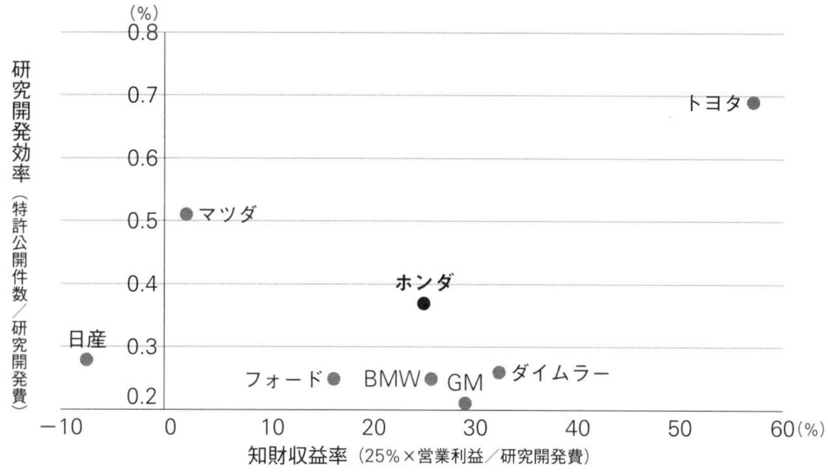

出所：ホンダの社内資料をもとに日経作成。（注）公開年は2020年度、研究開発費は2019年度で算出

等とする利益四分法を根拠としている。

新指標で用いる営業利益や特許公開件数は、各社の年度別の数字が公開されているから簡単だが、各年度の研究開発費を計算するには、自動車メーカーの四輪事業の構造を反映する必要がある。他の業界でも、各事業モデルに則した工夫が求められる。

自動車の場合、製品のライフサイクルは5年だ。製品開発には4年かける。うち研究開発に1年、エンジニアリングに3年。それを次のモデルチェンジまで5年かけて回収する。つまり、ひとつの製品への投資は最初の1年に行われ、発売から5年かけて投資回収が行われるのだ。

したがってホンダの20年度の「知財収益率」を計算するには、「12年度の研究開発費の5分の1＋13年度の研究開発費の5分の1＋14年度の研究開発費の5分の1＋15年度の研究開発費の5分の1＋16年度の研究開発費の5分の1」を分母とし、「20年度の営業利益の4分の1」を分子として算出することになる（図表 12-11 参照）。

別所氏は「新しい指標は公開情報のみで算出でき、同業他社との比較ができるのが利点」と話す。実際に 2 指標を使って他社との比較をしてみた（図表 12-12 参照）。

縦軸に研究開発効率、横軸に知財収益率をとった。トヨタ、ホンダ、独ダイムラーなどはバランスが良いことが分かる。ホンダはこの 2 指標を社内の管理用のみならず、今後の統合報告書の開示にも利用する予定だ。

3 番目の課題は、開示すべき知財の範囲だ。先述したように、上場企業は特許を使う指標や分析には慣れている。ただ、知財は特許だけでなく、著作権など他の知財権、さらにはブランドやデータなどの知財、組織力などの知的資本まで幅広い。特許は定量的に開示しやすいが、特許をあまり持たない金融、サービス業、流通業などは、どうすべきか、まだ解はない。

最後の 4 番目の課題は、情報の受け手である投資家側の活用の仕方だ。財務指標の中に知財に関する項目がないこともあり、知財と聞いてピンとくる投資家は少ない。経営者も投資家から知財に関する質問を受けることが少ないため、自社の知財戦略に疎いままで済まされている。

知財を用いて企業との対話（エンゲージメント）に臨んだ経験をもつ数少ない人物が、アストナリング・アドバイザー代表（元フィデリティ投信ヘッド・オブ・エンゲージメント）の三瓶裕喜氏だ。三瓶氏は 08 年ごろ、ある会社から特許分析データの売り込みを受け、「企業との対話に使えるのでは」と感じたという。12 年ごろには知財戦略に定評のあった、ある大手メーカーとの対話に用いてみた。

三瓶氏は、まずメーカーの研究開発部門の責任者に「御社が業界ナンバーワンと自称している技術について、特許データを用いて独自に調べたところ、事実は違っていた。説明してほしい」と聞いた。研究開発部門の責任者は「そんなはずはない」と猛然と反論し、あまり建設的な対話にはならなかったという。

次に三瓶氏は、同じ話をそのメーカーの社長に聞いてみた。すると社長は「社内で聞いている話と違うが、興味深い。詳しく聴かせてほしい」と身を乗り出してきたのだった。その後、15 年ごろになって、このメーカーはセグメント別の研究開発費を自主的に開示するようになった。これは三瓶氏が社長に要望したことだった。

三瓶氏は「企業の研究開発、知財戦略の成否を判断するには、少なくともセグメント別の研究開発費、粗利益を開示してもらう必要がある。その上で特許データと突き合わせて縦横無尽に分析するのが有効だろう」と話す。「知財の獲得、利益率の向上など長期の研究開発を続ける根拠となる客観的な情報が示されれば、短期的に利益が出ていなくても投資家も辛抱できる。長期に投資したい企業にも利点がある」

このように客観情報である知財をツールに使えば、会社をクールに見ている投資家と、問題意識のある経営者とは建設的な対話ができるはずだ。多くの課題が残されているとはいえ、改訂ガバナンス・コードをきっかけに知財を介した企業と投資家との対話が進み、日本企業の復活と長期的な成長につながることを期待したい。

脱炭素技術、知財分析からみえてくる日本の厳しい現実

知財ガバナンスの活動の一環として、上場会社は自社の知財投資・活用の状況を機関投資家などに開示し、資金調達にいかすということがある。現在、世界的なESG（環境・社会・企業統治）投資の潮流が明らかになっている。だから日本の上場企業が、例えば脱炭素分野で積極的に知財投資・活用をしていることを機関投資家にアピールすれば、ESGマネーを世界中から集めることも可能だと、筆者は考えている。

ところが、脱炭素社会に貢献する特許をIPランドスケープによって分析した結果、総合力上位5カ国のうち日本だけが直近5年で伸び悩んでいることが分かった。米国は特許の質を保ちつつ量を増やし、中国は量を飛躍的に増やした。企業別でも総合力20位までに日本勢はトヨタ自動車など3社が入ったが、直近5年は勢いがない。脱炭素技術をアピールして世界のESGマネーを取り込むことが知財ガバナンスを進める目的のひとつでもあるため、日本企業は脱炭素知財の振興が急務といえる。

このIPランドスケープは、ドイツのパテントサイト社（ボン）が同社ソフ

〈図表12-13〉　脱炭素特許総合力上位5か国の動向

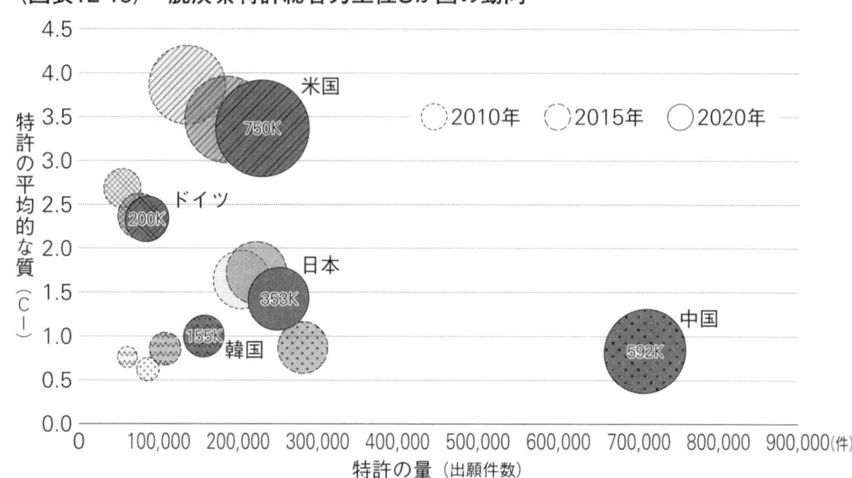

出所：パテントサイト社の資料を元に筆者作成

トと、独自に定めた「ESG関連技術50分野」を用いて実施した。同50分野には「風力発電」「燃料電池」といった気候変動の緩和に直接貢献する技術だけでなく、電気を効率的に管理する「グリッド統合」など間接的に貢献する技術も含まれる。間接的な技術を含む脱炭素特許のIPランドスケープの実施は世界的にも珍しい。

2020年12月時点で、脱炭素特許には世界の156万件超が該当した。〈図表12-13〉は全50分野に含まれる脱炭素特許を日本、米国、中国など「国籍別」に示したものだ。中央上方の最も大きな円が米国、その下の中ぐらいの円が日本、右端の大きな円が中国だ。ドイツ、韓国を含めた、特許総合力の上位5カ国の2010年、2015年、2020の力関係を視覚的に表している。

図の横軸は特許の量（出願数）、縦軸は特許の平均的な質（同社の独自指標であるコンペティティブ・インパクト＝CI）、円の大きさは量と質を掛け合わせた特許の総合力（同じく独自指標の特許総価値＝PAI）を表している。実線の円が2020年、波線の円が2015年、点線の円が2010年の実績だ。

円の分析から以下のことがいえる。米国は脱炭素特許の質と総合力で一貫して1位で、2010年から2020年にかけて量（出願数）も6割増やした。中国は同時期に量を8倍と飛躍的に引き上げ、質も改善し総合力で日本を抜き2位となった。総合力4位のドイツ、同5位の韓国も2010年から2020年にかけて量と総合力を増している。

一方、日本は2010年には量が1位、質が3位、総合力で2位だったが、2020年には総合力が3位に落ち、米中に離された。特に問題なのは、直近の2015年〜2020年に日本は総合力を7%減らし、円が小さくなったことだ。質が上がらず、量の伸びも足りない。同時期に米国は円（総合力）を19%拡大し、中国は2・4倍に、ドイツも15%、韓国も66%それぞれ増やした。**直近5年で日本は「一人負け」の状態だ。**

50分野別〈図表12-14〉で見ても、2020年に日本が総合力で首位となったのは「ハイブリッド車」「電気自動車」「固体電池」の3分野にとどまった。2010年の10分野、2015の7分野から、つるべ落としで減らしている。一方、米国の首位は2010年の40分野から2020年に34分野と減り、中国は2010年のゼロから2020年は13分野で首位に立ち存在感を高めた。

企業別でも日本は楽観視できない。対象となった約35万社中、総合力20以内に2位トヨタ、7位パナソニック、19位ソニー（現ソニーグループ）が入った。〈図表12-15〉の右端の円がトヨタで、特許の量は1位（2万1千件超）だが、特許の平均価値が1・5（全世界の特許の平均が1）で、総合力のトップ20位中で13位の水準にとどまっている。日本企業の特許の質は、高いとはいえないのが現実だ。

なお、特許の質を決めるパテントサイト社の指標、CIは各特許の技術的価値（他の特許による引用）と、市場（どれだけの国で出願・特許化されているか）などで算定される。被引用を指標にするのは、他の特許が出願時に独自性を主張する際に引用されたことで、それだけ元の特許の質が高いとみなすためだ。

他に自動車メーカーは総合力20位までに米フォード（5位）、米ゼネラル・モーターズ（GM、8位）、韓国の現代自動車（13位）が入る。トヨタは脱炭素特許において他メーカーより優位だが、2020年の総合力（円の大きさ）が2015年比で4%増にとどまるのに対して、フォードは2倍、GMは26%増、現代自は2・7倍と急激に追い上げている。

電機・半導体分野をみると、ソニーは総合力（円の大きさ）を2015年比で

〈図表12-14〉 脱炭素特許50分野における総合力上位3か国

	パテントサイト技術フィールド	PAI上位3か国					
		2010			2020		
		1	2	3	1	2	3
1	代替電池技術	米国	日本	韓国	米国	中国	日本
2	自動運転車	日本	米国	ドイツ	米国	日本	中国
3	自動車のバッテリー充電	日本	米国	ドイツ	米国	日本	中国
4	バッテリー管理システム	日本	米国	ドイツ	米国	日本	中国
5	バイオ炭焙焼熱分解	米国	日本	ドイツ	米国	中国	ドイツ
6	バイオ マス/燃料/ガス	米国	ドイツ	日本	中国	米国	ドイツ
7	CO2の回収と貯蔵	米国	日本	ドイツ	米国	中国	日本
8	気候に適応する農業	米国	ドイツ	日本	米国	中国	ドイツ
9	気候に適応するヘルス	米国	日本	ドイツ	米国	中国	ドイツ
10	気候に適応するインフラ	米国	日本	ドイツ	米国	中国	ドイツ
11	気候によい効率燃料の船舶	米国	日本	ドイツ	米国	中国	日本
12	効率的な建物	米国	日本	中国	米国	中国	日本
13	効率的なメタルの製造プロセス	日本	米国	ドイツ	中国	日本	米国
14	効率的な交通管理	米国	日本	ドイツ	米国	中国	日本
15	電気とソーラーによる飛行機	米国	日本	ドイツ	米国	韓国	中国
16	電気自動車	日本	米国	ドイツ	日本	米国	中国
17	エネルギー効率の良い電化製品	米国	日本	ドイツ	米国	中国	日本
18	エネルギーのストレージ	米国	日本	ドイツ	米国	中国	日本
19	排気触媒	日本	米国	ドイツ	米国	日本	ドイツ
20	燃料電池	米国	日本	ドイツ	米国	日本	中国
21	地熱発電	米国	日本	ドイツ	米国	中国	日本
22	セメント製造排出の温暖化ガス削減	米国	日本	ドイツ	中国	米国	日本
23	温暖化ガスの管理システム	米国	日本	ドイツ	米国	中国	日本
24	動物飼料からでる温暖化ガスの削減	米国	ドイツ	中国	米国	中国	日本
25	ガラス、セラミック、砂の製造	米国	日本	ドイツ	米国	中国	日本

出所：パテントサイト社の資料を元に筆者作成

13％増やしたが、パナソニックに至っては逆に13％減らした。同時期に総合力1位の韓国サムスン電機は2倍、3位の米クアルコムは21％増、11位の米アップル70％増、13位の米アルファベット（グーグル持ち株会社）60％増などと大幅に増やしており、日本勢と他国勢の勢いの差は鮮明だ。

世界は脱炭素社会への脱皮が急務で、新型コロナウイルス感染症拡大で減速した世界経済の回復にも脱炭素分野への投資を生かす「グリーンリカバリー」にも期待が集まる。日本も2021年度から5年間で官民合わせて120兆円の研究開発投資の主軸を脱炭素分野に振り向ける考えだが、脱炭素特許の現状は心もとないことが判明した。

	パテントサイト技術フィールド	PAI上位3か国					
		2010			2020		
		1	2	3	1	2	3
26	再生エネルギーから水素製造	米国	日本	ドイツ	中国	米国	日本
27	ハイブリッド車	日本	米国	ドイツ	日本	米国	ドイツ
28	水素製造	米国	日本	ドイツ	米国	日本	中国
29	低硫黄のマリン・ディーゼル	米国	日本	ドイツ	米国	中国	日本
30	磁気浮上式高速鉄道、真空チューブ鉄	米国	日本	ドイツ	米国	中国	日本
31	海洋水力発電	米国	日本	ドイツ	中国	米国	日本
32	代替肉、人口肉	米国	日本	ドイツ	米国	中国	日本
33	Nox 窒素酸化物の削除	日本	米国	ドイツ	米国	日本	ドイツ
34	光電池の変換	米国	日本	ドイツ	米国	中国	日本
35	光電池	米国	日本	ドイツ	中国	米国	ドイツ
36	プラスティック&一般ゴミリサイクル	米国	日本	ドイツ	米国	中国	日本
37	電力とエネルギーの節約	日本	米国	韓国	中国	米国	日本
38	精密農業	米国	ドイツ	日本	米国	中国	ドイツ
39	リサイクリング	米国	日本	ドイツ	中国	米国	日本
40	スマートシティ	米国	日本	中国	中国	米国	韓国
41	スマートファクトリー	米国	日本	ドイツ	米国	中国	韓国
42	スマートグリッド	米国	ドイツ	日本	米国	中国	韓国
43	スマートホーム	米国	日本	ドイツ	米国	中国	韓国
44	太陽熱発電	米国	ドイツ	日本	中国	米国	日本
45	固体電池	日本	米国	ドイツ	日本	米国	韓国
46	サステイナブルな包装パッキング	米国	日本	ドイツ	米国	中国	ドイツ
47	垂直農業	米国	ドイツ	日本	米国	中国	ドイツ
48	廃棄物処理	米国	日本	ドイツ	中国	米国	日本
49	水処理	米国	日本	ドイツ	中国	米国	日本
50	風力発電	米国	ドイツ	日本	中国	米国	ドイツ

原因のひとつとして考えられるのは、2000 年代後半から日本企業に特許出願を減らす動きがあったことだ。かつては世界一の特許出願件数を誇ったが、近年はリストラの一環として「量から質」にかじを切った。しかし脱炭素特許の IP ランドスケープををみる限り、質の向上は進んでおらず、量の拡充も他の上位国と比べて劣後している。

第 2 に、ここで紹介しているような IP ランドスケープに対する日本の政府や企業の認識が不十分であり、この深刻な状況を自覚することができていなかった可能性がある。世界的に期待の高まる脱炭素分野で日本勢の知財力が思ったほど振るわないことを認識していれば、特許出願の集中や支援などの手

〈図表12-15〉 脱炭素特許総合力上位企業の動向

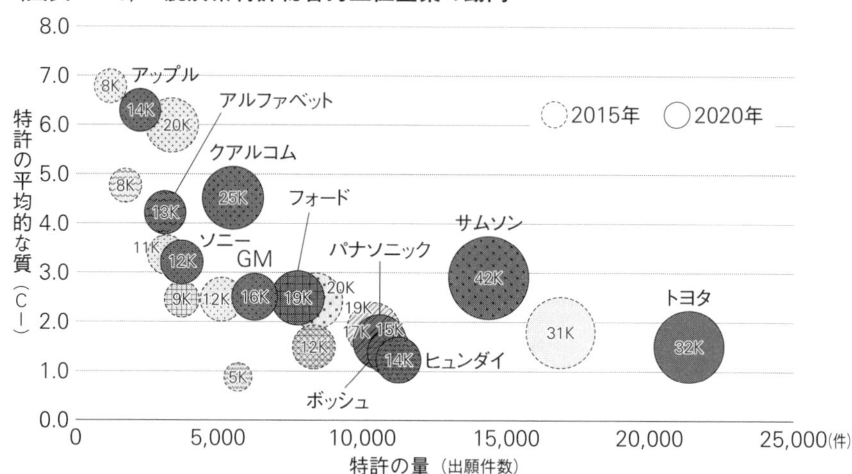

出所：パテントサイト社の資料を元に筆者作成

を早めに打てた可能性がある。

分析を担当したパテントサイト日本法人の大坂裕子氏は「米国は1970年に環境保護庁を設け、環境保護に向けた多額の研究資金を大学などに投じてきた。欧米は理想とする社会をイメージして技術を進める。日本も脱炭素社会の絵を描いた上で技術開発に注力すれば、もっと特許の価値も上がる」と指摘する。世界の投資運用会社の間では、ESG投資先の決定に際して知財分析を利用する動きが出ている。英米に拠点を置く中堅の投資運用会社フェデレイテッド・ハーミーズは「ESG投資では知財情報を重視している。各社の潜在能力や戦略を明確に示すからだ」（投資責任者のイオイン・マレイ氏）としている。

この脱炭素特許に関するIPランドスケープの結果をみても、日本企業が知財などの分析によって、自社と他社の客観的な情勢をつかむことの重要性が分かったと思う。現状を把握した上で、冷静に自社の進むべき方向、長期的な戦略、ビジネスモデルを全社で追求しなければならない。そのためには取締役会、経営陣、知財部門など、全社が一丸となって「知財ガバナンス」を遂行し、その結果生まれた知財投資・活用策を外部に開示して、機関投資家らの理解とESGマネーを集めることが日本企業の生き残りに欠かせない。

知財ガバナンスの具体的な進め方とベスト・プラクティス

ここまで、日本企業が21世紀の世界でも持続的に成長しグローバルな競争力を保つためには、IPランドスケープと知財ガバナンスとを軸とした「知財経営」が死活的に重要であることを長々と述べてきた。では企業、なかでも多様なステークホルダーを抱える上場企業が知財経営に踏み出すには、どのような手順と意識でIPランドスケープと知財ガバナンスを進めていけばよいか、私見を述べたいと思う。手順は以下の通りだ。

①IPランドスケープによって、自社の置かれた客観的な立場、競合他社の客観的な状況を把握する。売上高や利益の推移などにとどまらず、自社の研究開発投資や知財・無形資産の状況を正確につかむ。ここで主役を演じることを期待されるのが知財部門だ。多種多様な情報の中から「真に重要な徴候や傾向」を読み取り、ポイントを経営陣に分かりやすく説明するコミュニケーション能力が求められる。知財部門をもたない企業の場合、経営企画部門や経営者自身が、知財分析専門家の協力を得るなどして取り組むことが必要になる。

②IPランドスケープに基づく客観的な分析を踏まえ、自社が持続的に成長するための中長期（5〜10年程度）の経営戦略とビジネスモデルを立案する。いまや企業の戦略とビジネスモデルを支える柱は知財であるから、知財を確保するための各事業における研究開発投資、知財投資、人財投資の計画も考案する。ここで主役を演じることを期待されるのが各事業部門及び、知財、経営企画、マーケティングなどの関連部門となる。各部門間の対話ツールとしてIPランドスケープを活用することが望ましい。

③経営陣は①と②について、知財部門や各事業部門に丸投げにすることなく、どのような検討を行っているのかを適宜（毎月程度の頻度で）監督、指導する。知財を生かす戦略やビジネスモデルが自社の命運を握るという問題意識を持ち、知財部門や事業部門などの報告に巨視的な検討を加える。知財投資や活用の戦略を策定する過程で、経営陣が実効的に

監督することが、知財ガバナンスの１つ目のポイントである。

④①〜③を実施したのち、経営陣は取締役会や取締役会傘下に設けた「知財・イノベーション委員会」などで十分に議論する。議論には知財やイノベーションに通じた社外取締役が加わり、少なくとも数カ月おきに行うことが望ましい。その目的は、自社のおかれた状況の把握、中長期的な経営戦略や研究開発投資、知財獲得のストーリーが、外部の目で見ても分かりやすく説得力のあるものになっているかを確認するためである。外部者を含めた活発な議論が、知財ガバナンスの２つ目のポイントである。

⑤①〜④を行い、十分な議論と検討を深めた自社の知財投資・活用に関するストーリー（中長期的な経営戦略や研究開発投資、知財獲得のストーリー）を機関投資家などに公表する。知財に関する開示は改訂コーポレートガバナンス・コードによって上場会社に強く求められる。上場会社は東証に 12 月末に提出する「コーポレート・ガバナンスに関する報告書」や決算発表から 3〜4 カ月後をメドに発行する統合報告書などにより開示することはもちろん、決算発表や経営説明会、機関投資家とのエンゲージメントなどの機会でも適宜、説明すべきだ。IP ランドスケープを用いた分かりやすい図解や、他社との比較に役立つ客観的な指標などを用いることなどが望まれる。この外部への知財投資ストーリーの開示が、知財ガバナンスの３つ目のポイントである。

⑥上場会社の知財投資ストーリーの開示を受けて、機関投資家のアナリストなどは、そのストーリーについて活発な質問、素朴な疑問などをぶつけるべきである。その際、アナリストらは知財分析会社などの協力を得て独自に IP ランドスケープを実施し、各企業に鋭い質問を浴びせることができれば理想的である。上場会社の経営陣にとって、機関投資家から浴びせられる質問が、計画を真剣に策定する動機やプレッシャーになるからだ。真剣な討議が成された後、機関投資家は優れたストーリーをもつ企業に対し、適切な ESG 投資を振り向けることになる。知財投資・活用を巡る企業と機関投資家との建設的なやり取りが、知財ガバナンスの４つ目のポイントである。

このような①～⑥のプロセスによって、日本企業にIPランドスケープや知財ガバナンスが普及することで、間違いなく日本企業の知財に関する意識は飛躍的に高まり、知財活用を前提とした新たな経営戦略やビジネスモデルが構築されていき、中長期の持続的な成長が可能になると筆者は確信している。事実、いくつかの先進企業においては、すでに上記のプロセスの一部が実現したり、実現に向けた精力的に取り組みが成されたりしている。それらを紹介しつつ、上記①～⑥のプロセスについて簡単に解説していきたい。

まず①と②であるが、経営陣が自社のおかれた客観的な立場を知ることは、すべての企業における改革の大前提となることはいうまでもない。日本の経営者は、あるいは多くの人間がそうかもしれないが、おうおうにして自分に都合の良い事実だけをみたがる傾向がある。自社の製品や技術、バイタリティに自信をもつのは良いことだが、それが根拠のない過信になってしまっていては、大きな失敗に結びつきかねない。

自社の立場を客観的に表すデータとして売上高や営業利益、業界内でのシェア、株価やROE（自己資本利益率）、ROA（総資産利益率）といった財務指標が典型的だが、これらはすべて過去あるいは今を示す数値に過ぎないことに注意すべきだ。その点、多くの知財データ（特許、意匠、商標などの出願および登録件数）や研究論文、ビッグデータ、研究開発費や優秀な人財の獲得といった無形資産に関する投資は、現時点では利益を生んでいなくても、将来にわたって大きな付加価値を生む可能性がある。

だからIPランドスケープを用いて、彼我の潜在力・可能性を表す知財の状況を分析することが大切になってくる。特定の業界、例えば自社が社運をかけて挑むべき分野や競合相手などについてIPランドスケープを用いてきちんと分析することができれば、②で取り組む、全社規模の経営戦略、自社ならではビジネスモデルの輪郭が見えてくる。

すでに紹介したが、ブリヂストンは2018年ごろから知財部門が数カ月に1回程度、全経営陣に対してIPランドスケープを披露している。2017年にMaaSと呼ばれるデータを活用する次世代移動サービスに関して、自社のみならず、仏ミシュラン、米グッドイヤー、独コンチネンタルといった競合タイヤ会社、独ダイムラーといった自動車メーカーがどのような知財獲得の取り組みをしており、ブリヂストンが強い分野・弱い分野、他社が強い分野を分かりやすく図解したところ、普段は知財に関心をもたない役員たちも身を乗り出して聞き入ったそうだ。

ブリヂストンの知財部門は経営陣に対してMaaS分野における自社や他社の知財獲得の状況について健全な危機感をもたせた上で、ブリヂストンがMaaS事業を進める上で全社に眠る知財の再確認作業に入った。そして特許こそ出願していないものの、特許に匹敵するような他社との差別化を図れる数100規模のノウハウがあることを新たに確認し、営業秘密としてしっかり保護することで、外部に流出しない対策をとったのだという。

知財によってMaaS分野における他社との差別化を図った上で、旅客機のタイヤを納入する日本航空（JAL）向けに新たなサービスを始めることを発表した。JALから旅客機のタイヤに関するすべてのデータを受け取り、タイヤの使用状況などを常に把握する。そして交換が必要になった段階でタイミング良くブリヂストンが交換する。JALは交換用のタイヤを保管する必要がなくなりコスト削減を図れ、ブリヂストンは顧客を囲い込める。このようにIPランドスケープを適切に用いれば、知財部門が主導して経営陣を巻き込み、新たなビジネスモデルを生み出すことも可能なのだ。

③で指摘した、経営陣が知財部門に丸投げにせず、主体的に知財経営に取り組む例としては、旭化成を挙げることが出来る。旭化成の知財部門ではベテランの中村栄氏（現・知的財産部長）が中心となって、2010年以前から知財分析に取り組んでいた。ただ、あくまでも知財部門内における活動であり、全社的な取り組みにはなっていなかった。流れが変わったきっかけは、筆者（渋谷）が2017年7月17日付の日本経済新聞朝刊に「知財分析、経営の中枢に 『IPランドスケープ』注目集まる」と題した記事を掲載したことだったという（図表12-7参照）。

この記事を目にした同社の小堀秀毅社長は「我が社のIPランドスケープはどうなっている?」と知財部門に説明を求め、分析に取り組んでいた中村氏らの存在と意義に対して、一気に全社的な注目が集まった。その後、同社は2018年度に素材、住宅建材、ヘルスケアなどの事業部門に密着して自社が持つ知財の強みと弱みを調べあげた。知財部にはIPランドスケープに専念する知財戦略室を設け、約10人の「アナリスト」が各事業部の担当者と二人三脚でリポートを仕上げていった。

小堀社長自身も2018年5月の経営説明会でIPランドスケープに沿った全社戦略を披露するほど、IPランドスケープにのめり込んだ。さらに2019年度の新中期経営計画には各事業部の戦略にIPランドスケープによる分析の結果が反映されたという。この旭化成の例で分かるように、直感的に知財の重要性や意義を見抜くことができる経営者が存在することこそ、その企業の知財ガバナンスにとって決定的な意味をもつことは確かだ。

④で指摘した、日本企業の知財ガバナンスに外部者が関与している例は少ない。ただ日本にもIPランドスケープをサービスとして提供する事業者があり、アスタミューゼ（東京・千代田)、正林国際特許商標事務所（東京・千代田)、知財ランドスケープ（東京・中央）代表取締役CEOの山内明氏、イーパテント（東京・港）代表の野崎篤志氏のような専門家が存在している。こうした専門家にIPランドスケープを依頼したりコンサルティングを依頼したりする事例は増えていると考えられる。さらに期待されるのが、社外取締役に知財に詳しい人材を起用し、取締役会などで知財ガバナンスに参画してもらう試みだ。

本稿でずっと述べてきているように、日本企業が知財部門出身の取締役を登用している事例は極めて少ない。知財先進企業として知られるキヤノンの長澤健一専務執行役員、ソニーグループの御供俊元常務、富士フイルムHDの柳原直人執行役員などが上り詰めたケースといえるが、いずれも執行側の役員だ。近年のガバナンス改革により、日本企業の取締役の人数は減っており、今後も知財・イノベーションに詳しい社内人材が取締役に任じられる可能性は極めて低いと言っていいだろう。ならば急速に増えている社外取締役の一人として、知財・イノベーション分野に通じた人材を登用すべきだ。そのことが知財ガバナンスを深化させ、日本企業の中長期的な成長に貢献すると考える。

今、取締役会の傘下に「イノベーション委員会（仮称)」を置くアイデアを温めているのがホンダの知的財産部門だ。同社は2021年6月に開いた定時株主総会の決議により、これまでの監査役会設置会社から、指名委員会等設置会社に移行した。会社法の定めにより指名・報酬・監査の3委員会を設け、各委員会の過半数を社外取締役とした。タイミングを見計らって、これら法定の委員会とは別に、知財やイノベーション詳しい専門家を委員に迎えて任意の「イノベーション委員会」を設置し、ホンダのイノベーション活動を監督してもらおうと内部で構想を始めている。同社幹部は「イノベーションはホンダのDNAであり、知財ガバナンスを推し進めるためにも取締役会の傘下に任意のイノベーション委員会を設けることは有意義だと考えている」と話す。

⑤と⑥で述べた、上場会社の知財投資・活用に関する情報開示と機関投資家との対話こそ、ある意味で「知財ガバナンスの本質」といえるかもしれない。というのは、①から④までのプロセスは、一部に社外取締役が関与する可能性があるとはいえ、すべて企業内部における経営戦略、ビジネスモデル構築のプロセスになる。厳密に言えば、コーポレートガバナンスとは次元の異なる、いわば業務プロセスであることは否めない。

しかし⑤⑥では、上場会社が自社のサステナブル経営の一環として自社の知財投資・活用の状況を明らかにし、脱炭素社会に向けてどのような戦略、ビジネスモデルで生き残っていくのかというストーリーを対外的に開示し、それを機関投資家などに評価してもらって世界からESGマネーを集めるというプロセスになる。この過程では、企業が正しく、環境や社会にも優しく、中長期的に稼いでいくことを目指すサステナビリティ・ガバナンスと、知財経営とが結びつく、まさに「知財ガバナンスの真骨頂」といえる。

ただ。ここで2つの課題が浮かんでくる。ひとつ目は、上場会社などが改訂ガバナンス・コードに従って知財投資・活用の状況を開示する場合、どんな定量的なデータを盛り込むべきか、他社との比較にどんな指標を用いるべきか、ストーリーをどのように組み立てたら分かりやすいか、といったひな形などがコードには一切示されていない、ということだ。このため、ともすれば上場企業は「とりあえず自社がもつ特許件数など、最低限の情報だけを示せばコードに適合した、といえるのではないか」などと安易に考えかねない。

そこで政府は、内閣府知的財産戦略推進事務局と経産省が共同して企業関係者や知財専門家、機関投資家などをメンバーとした「知財投資・活用戦略の有効な開示及びガバナンスに関する検討会」を2021年8月に立ち上げた。まずは、上場会社が12月末に東証に提出する「コーポレートガバナンス報告書」

にどのように記載すべきかなどについて2021年9月24日、同検討会の考え方を明らかにした。

上場会社はコーポレートガバナンス報告書で自社がガバナンス・コードの各項目について「実施（comply)」しているか、「実施していない理由を説明(Explain)」するか、選ぶことになっている。同検討会が公表した文書は、「(どちらを選ぶかは）各企業の判断であることは言うまでもない。ただし、本格的な知財・無形資産の開示などに至っていないにもかかわらず、『実施』という判断を行えば、投資家からは不誠実な姿勢とみなされ、かえってネガティブな評価につながる可能性が高く、本年末の時点で多くの上場企業が、実質が伴わないまま、『実施』と判断するような状況となることは、今般の知財・無形資産の投資・活用促進に向けた取り組みの趣旨に照らして好ましいものではないことに留意すべきである」としている。つまり、かみ砕いて言えば、企業が（知財ガバナンスを）安易に「やっている」とアピールしないようクギを刺した恰好だ。

加えて上場企業が2022年に開示する統合報告書などに、どのように知財に関する情報を開示すべきかを示すガイドラインを2021年中に策定する方針だ。内閣府知財事務局によると、このガイドラインでは企業が知財情報を開示する際には、特許の出願件数などを無機的に開示するのではなく、自社がどのような戦略、ビジネスモデルによって他社との差別化を図ろうとするのか、そのために必要となる知財の獲得やマネタイズに向けて何を実施するのか、という有機的なストーリーを明らかにすることを求めるという。また他社との比較などに用いる指標の候補なども、複数示すとみられる。

また企業が開示すべき知財は、特許権や意匠権などの狭い知財権にとどまらず、ブランド、データ、人財など幅広い知財を対象にすべきことも明示するようだ。したがって上場企業としては、総合的で幅広い知財戦略を開示する覚悟と意欲をもつべきである。このような開示で機関投資家らの投資判断に役立ててもらい、ESGマネーなどを外部から集め、中長期の企業価値を高めることにつながるからだ。一方、企業が秘匿しなければならない営業秘密やノウハウについては開示する必要がないことも明示するとみられる。

ふたつ目の課題は、企業側が開示した知財投資・活用戦略を冷静に分析、批判できるアナリストがどの程度、機関投資家側に存在するのか、という問題だ。一般にアナリストは財務指標や担当業界の構造などには非常に詳しいものの、知財分野の知識は持ち合わせていない。そんなアナリストらに知財分野の知識やIPランドスケープについても一定の理解をしてもらい、知財情報を開示した企業に冷静な分析や鋭い指摘ができるようになってもらう必要がある。知財ガバナンスに関する官民の研究・検討会を通じてアナリストらの知見が高まり、アナリスト向けの知財ガバナンス勉強会などが開催されることを期待したい。

知財情報の開示は、真剣に知財活用を目指す企業と投資先企業の中長期的な成長を望む機関投資家との対話を促すツールになり得る。企業と投資家との建設的な対話こそ、「知財ガバナンス」を成功させる大きなカギだ。これは非常に重要なポイントなので、すでに紹介したケースを改めて繰り返しておきたい。著名なアナリストである三瓶裕喜氏（元フィデリティ投信ヘッド・オブ・エンゲージメント）は2008年ごろ、ある企業から特許データの売り込みを受けた。特許分析リポート、今で言うIPランドスケープを投資先の絞り込みなどに使ったらどうか、という提案だった。

三瓶氏は「当時、機関投資家やアナリストの側に知財情報を投資に活用するという発想はほとんどなかった」と振り返る。売り込みを受けたデータ自体も今ひとつだったが、三瓶氏はふと、「特許は客観的なデータだから、投資先企業と競合他社との比較に使えるのではないか。そこで分かったことを投資先とのエンゲージメント（対話）で使ったら面白いかもしれない」と考えた。そして三瓶氏なりの切り口で、その特許分析会社に別途、担当業種である精密機器業界のIPランドスケープを依頼してみた。その分析結果を携え、自分が担当する投資先企業とのエンゲージメントに臨んだのだった。

最初に会ったのは、研究開発部門の役員だった。三瓶氏は「御社が業界で実力ナンバー1だと開示している事業分野について、独自に特許で分析してみた。結果は違っていた。どういうことなのか説明して欲しい」と役員に迫った。その役員は、自社の技術力をけなされたと感じたのか、あるいは自らの担当部門にかかわる開示に非があることを認めたくなかったのか、独自のレトリックを使って、徹底的に反論してきたという。しかし、これはIPランドスケープが示す客観的な事実を軽んじ、自社や自らの担当部門の都合に合わせて解釈を変えようとする姿勢といえる。投資家の疑問に答えられないばかりか、中長期的には自社の競争力や企業価値にもマイナスの影響を及ぼしかねない。

次に三瓶氏は同じ特許分析のデータを使い、同じ会社の社長に対して「御社が実力ナンバー1だと開示している事業分野について、独自に特許分析してみたが、結果は違う。どういうことなのか」と同じ質問を試みたのだった。すると社長は驚いた様子だったが、三瓶氏の質問を否定したりせず、「私が社内から報告を受けている話とは違うが、重要な情報だ。どういうことか、ゆっくりと話を聞かせてください」と身を乗り出してきたという。

この社長は、社内の報告を鵜（う）呑みにしたりせず、投資家が持ち出してきた客観的なIPランドスケープに向き合う姿勢を示したのだった。社内から上がってくる報告が、客観的な情報とは限らない。数年後、この会社は三瓶氏が求めていた「部門別の研究開発費」を開示して同氏の要望にこたえた。機関投資家が知財をツールとした対話を行うことで、企業から敬意を払われると共に、企業に問題意識と危機感をもたせることに成功したのだ。

ここまで述べてきたように、企業の経営陣、社外取締役を含めた取締役会メンバー、知財部門をはじめとする執行部門、そして機関投資家などがIPランドスケープという客観的なツールを用いて、知財ガバナンスのサイクルを回すことができれば、日本企業の研究開発投資やビジネスモデルは以前よりはるかに洗練されるだろう。経営者の思い込みや独善、知財をはじめとした客観的なデータの軽視、的外れな研究開発投資や各事業部門の縦割りといった弊害なども、ある程度、解消されるのではないかと思われる。こうした取り組みをわかりやすく開示し、ESGマネーを集めることもできれば、サステナブルで中長期的な企業の成長につながる。まさに一石二鳥。これこそが、知財ガバナンスの意義なのだ。

「インテリジェンス力」高め、脱炭素社会を生き抜け

今から約80年前の1940年、第2次世界大戦の行方を変えた戦いの1つとして知られる「バトル・オブ・ブリテン」（英国の戦い）が英国南部の上空で展開

された。破竹の進撃を続けていたナチス・ドイツ空軍と母国を守る英国空軍との戦いで、同年8月から9月にかけてクライマックスを迎えていた。攻めるドイツ空軍は3000機以上の爆撃機、急降下爆撃機、戦闘機を擁していたのに対し、守る英国空軍の迎撃戦闘機は1000機足らずだった。

英国の命運は風前の灯火（ともしび）かと思われた。しかし英国空軍はドイツ空軍の攻撃を素早くキャッチし、多いとはいえない戦闘機を効率的に集中投入した。そしてドイツ軍の爆撃機、急降下爆撃機に壊滅的な打撃を与えて、英国上空の制空権を渡すことなく、ドイツ軍を撃退することに成功した。英国が勝利できた理由は、優れた戦闘機の性能、パイロットの不屈の闘志もあったが、英国が戦前から準備していた防空レーダー網と、それを最大限に生かした統合防空システムの存在だった。

英国はドイツの襲来に備えて、戦争の始まる15年も前の1925年から、生身の監視員を100カ所の監視所に配置し、敵機の来襲を発見したら直通電話で各地区の防空報告所に伝える態勢を作り上げていた。各報告所には英国本土の地図が描かれた巨大な作戦テーブルが置いてあった。その上には入手した情報にしたがってプロッターと呼ばれる担当者が敵機を示すマーカーを置き、敵を迎え撃つ味方機のマーカーも置いていく。大テーブルを見下ろすバルコニーに防空部隊の士官が座り、敵軍の動きを適宜、防空司令部に報告する。

司令部は各報告所からの情報を受けて敵編隊の規模や目標を判断し、各地の戦闘機隊を適切なタイミングで発進させる仕組みだ。生身の監視員は雲の多い天候では敵機を発見できないため、1936年ごろから防空システムに当時最新鋭のレーダーが導入された。人による監視も併用された。そして1940年8月にドイツ空軍が来襲した時、欧州大陸に面した英国の南部と東部からやってくる敵機の動向は完全に把握できる状態になっていた。

バトル・オブ・ブリテンで活躍した英国の有名な戦闘機「スーパーマリン・スピットファイア」と同「ホーカー・ハリケーン」は確かに優れた飛行機だったが、ドイツ空軍の主力戦闘機であった「メッサーシュミット Me109E」との対決では分が悪かった。実際、バトル・オブ・ブリテンの最中に撃墜された機体の数は、メッサーシュミット1機に対しスピットファイアとハリケーンは合わせて1･8機であり、ドイツ軍の方が有利だったのだ。

しかし、英国戦闘機はドイツ戦闘機の援護の傘が不十分になったタイミングでドイツの爆撃機を集中攻撃し、多大のダメージを与えたのだった。つまり英国側はレーダーを駆使した情報収集により、やってくるドイツ軍機の規模や種類、その攻撃目標などを合理的な推測を交えて予想し、タイミング良く迎撃機を発進させ戦場上空に集中させることによって、局所的に自軍に有利な状況を作り上げるように努力していた。

もし英国側にレーダーと統合防空システムがなかったら、どうだっただろう。劣勢の英国戦闘機は有利なタイミングで戦場に到着することが出来ず、優勢なドイツ戦闘機との戦闘に巻き込まれてしまい、ドイツ爆撃機を撃退できなかった可能性が高い。気合や幸運だけでは、戦いに勝つことは難しい。その結果、制空権を失った英国本土はドイツ軍に上陸・占領され、その後の世界史が大きく変わっていた可能性もある。

1942年6月に行われた「ミッドウェー海戦」では、やはり情報収集に努力・成功した米国海軍の機動部隊が、当時世界最強の力を誇っていた日本海軍の機動部隊を中部太平洋のミッドウェー島近海で待ち伏せ攻撃し、日本海軍の主力空母4隻を全滅させた。米国海軍の情報部は、戦前から日本軍の暗号解読に成功しており、日本軍がミッドウェーを攻撃してくることを知っていた。戦力は日本側の空母4隻・航空機約300機超に対して、米国側は当初空母2隻・航空機約180機と劣勢だった。しかし修理中の空母1隻を応急処置して無理やり海戦に間に合わせ、空母3隻と基地部隊を併せて航空機約350機と互角の状況を作り出した。事前に日本側の動向をつかんでいたからこその対応だった。

長々と昔の戦争の話を引き合いに出してしまったが、言いたかったことは、戦争のようなシビアな争いにおいても勝敗を決するのは決して陣営の戦力だけではない、ということだ。むしろカギは、彼我の情勢を客観的につかむ「インテリジェンス（情報）力」と、その情報を冷静に受け止め、自陣営が勝つための最善の戦略をたてる「判断力」だと考える。たとえ総合力で不利でも、インテリジェンス力と判断力によって、適切に戦力や人財を配置し、決戦場所を絞ることによって敗北を勝利に変えられることを、歴史は教えている。

これを現在のビジネスの世界に置き換えるなら、インテリジェンス力とは、知財情報をはじめとした各種の客観的な情報を用いるIPランドスケープだと考える。判断力とは、IP ランドスケープによってもたらされた各種の情報を虚心坦懐（たんかい）に受け止め、長期戦略や M&A 戦略、ビジネスモデルの構築、研究開発投資、人材への投資などを、気を緩めることなく進める、知財ガバナンスなのだ。しかし、日本企業の現実はどうだろう。

本章の前半で紹介した企業の時価総額ランキングの推移で、平成元年(1989 年）から平成 30 年（2018 年）までの 30 年間は、「日本企業の知財敗北の 30 年間だった」と振り返ったが、これは令和の時代も続いている。2021 年 8 月、米国の GAFA（アルファベット含めたグーグル、アマゾン・ドット・コム、フェイスブック、アップルの 4 社）の株式時価総額が、日本の全上場企業の時価総額を上回ったとの報道がなされた。知財を中心とした無形資産経営を進めてきた GAFA を中心とする米国企業と、無形資産経営への転換にいまだに踏み切れていない日本企業との「総合力」の差を示す冷厳たる現実である。

そして残念ながら知財を代表する特許出願件数でも、また AI を中心とする先端の学術論文の数や質でも、もはや日本は中国、米国の後じんを拝しているのが冷厳たる事実だ。本章で紹介した脱炭素分野の特許分析においても、日本勢の直近の勢いは米国、中国、韓国などに及ばないのが現実だ。上場企業の平均 ROE（自己資本利益率）の数値も、新型コロナウイルスによる経済的な打撃からの 2021 年前半までの GDP（国内総生産）の回復度合いといった経済指標をみても、日本は米国、欧州、中国などに及ばない。かつて「ジャパン・アズ・ナンバーワン」といわれた日本経済は近年、成長と国際競争力で厳しい状況に立たされていると言わざるを得ない。

しかも現在、世界情勢は大きく変化している。世界は米国と中国のデカップリング（分離)、そして欧州が主導する脱炭素社会への急速な対応という、新たな段階に踏み出した。米国と中国の知財分野の貿易摩擦から始まった対立は、民主主義や人権問題までを対象とした価値観、個人情報保護などのデータ戦略、安全保障まで含めた「新冷戦」となり、両国のはざまに置かれる多くの日本企業の経営と戦略に大きな影響を与えずにはいられない。研究開発においても、最先端分野は米国、先端分野以外の産業・サービスに関しては中国・アジアといった具合に、米中対立が起きるまでの日本企業には世界の有利な場所に拠点を置くという選択肢があった。今後は研究開発においてもデカップリングに動かざるを得ない。

とはいえ、悲観だけする必要も無い。紹介したように1990年代半ばから知財を重視する米国企業が中国・アジア企業を組み込むオープン＆クローズ戦略を進めたことで、日本企業、特に電機・半導体産業に壊滅的な打撃をもたらした。今や同じ構図が日本の「最後の砦」自動車産業にも迫っている。もし米中の蜜月が続いていたなら、部品を含めた日本の自動車産業にも壊滅的な影響が及んだ可能性がある。しかし今や米中のデカップリングは決定的となった。米国をはじめとする民主主義陣営は中国への投資に慎重となる。一方で日本に対しては、世界最大の半導体受託製造会社である台湾積体電路製造（TSMC）が熊本県に工場進出を決めるなど、先端分野の投資が行われる傾向が表れている。日本が再び存在感を示すチャンスととらえることができよう。

世界的な潮流となった脱炭素社会への転換は、欧州が米国や日本から産業競争力の主導権を取り戻そうとする壮大な仕掛けという面もある。例えば欧州はいわゆる「炭素税」を導入し、脱炭素への転換に遅れた域外からの輸入に歯止めをかける動きもある。トヨタ自動車の豊田章男社長は「脱炭素で出遅れれば、（欧州への輸出ができなくなり）日本で自動車を作れなくなってしまう」と警鐘を鳴らす。ただ逆にいえば、真に脱炭素社会に貢献する企業には、世界の投資家、ESGマネーは等しくチャンスをくれる。なぜなら正しく、かつ地球や社会に優しく稼ごうとする企業、つまり「サステナビリティ・ガバナンス」を実践する企業を、世界は必要としているからだ。

今こそ日本企業は、インテリジェント機能であるIPランドスケープを徹底的に実施・活用し、彼我の強み・弱みを虚心坦懐に受け止め、日本企業が勝てる「戦場」をターゲットとして、中長期的な経営戦略、ビジネスモデルを再構築し、勝利を得るために必要な知財と人財を獲得しなければならない。こうしたビジョンとストーリーを分かりやすく開示することで、世界中の機関投資家からESGマネーを集めることができる環境も整いつつある。日本の強みである技術や知財という裏付けによって、日本企業はサステナビリティ・ガバナンスを実現していると世界にアピールすべきだ。それが「知財ガバナンスの意義」だといえる。知財ガバナンスこそ、日本企業が脱炭素社会の中で、再び世界の舞台で活躍するための切り札なのだ。

あとがきに代えて

今、世界中の企業が「サステナブル経営（サステナビリティ経営）」に注目している。本書で何度も説明してきたが、「企業が株主や従業員、取引先、NGO（非政府組織）などの利害関係者に配慮しつつ、環境や社会との調和といった社会的責任も果たしながら持続的に成長する経営」のことを指す。本書の「コーポレートガバナンスの歴史」の項でも紹介したように、世界最初の株式会社とされる17世紀のオランダ東インド会社から今日に至るまで、会社では「経営者による、経営者のための経営」が行われることが多く、その結果、深刻な不祥事を引き起こしたり、会社を破綻させたりすることがあった。

1970年代以降、米国の年金基金や英国の金融関係者らが「株主主権」の復活を唱えたことで「企業は、経営者のためではなく、株主のために運営されるべき」とするコーポレートガバナンス論が盛んになった。そして企業は「経営者の独善・保身ガバナンス」から「株主のためのコーポレートガバナンス（コポガバ)」に移行した。さらに国連が2015年、SDGs（持続可能な開発計画）を打ち出し、企業に地球や社会にも配慮するサステナブル経営を求めたことで、企業は今、株主のみならず従業員、取引先、地球、社会などにも配慮する「サステナビリティ・ガバナンス（サスガバ)」を追求する流れになっている。

時代は「コポガバ」から「サスガバ」に移行するまっただ中だ。このタイミングで川本裕子氏、内ヶ﨑茂氏というガバナンス分野の第一人者と共に、「サスガバ」についての網羅的な提言書を執筆することができたのは、誠に幸運なことであり、この素晴らしい出会いに感謝の気持ちしかない。川本氏は実務をよく知る学者、内ヶ﨑氏はコンサルタントで事業家、そして私はジャーナリストであり、それぞれの持ち場や体験は違う。ただ、私からすると、この3人には共通点があるように思われる。それは3人共が「行動人」だということだ。

川本氏はご存じの通り、大手金融機関、外資系コンサルティング会社を経て2004年から早稲田大学大学院ファイナンス研究科で教鞭をとられていたが、その間、数多くの金融機関や事業会社で社外取締役、社外監査役も務められた。こうした社外役員の経験を通じ、また政府の各種審議会委員の経験などを通じ、日本の企業や社会の問題点を真正面から取り上げ、発言をされてきたのが、川本氏である。日本の組織に対する建設的な改革者であるといえよう。同氏の見解や主張は何者も恐れない真実にあふれ、本書にも同氏の真骨頂が現れている。

内ヶ崎氏も、ソフトな外見にそぐわない硬骨漢である。有斐閣の編集者と早稲田大学大学院でのコーポレートガバナンス研究を経て、2008年に三菱UFJ信託銀行に転じた。同社に入社したのは、上場会社の株主戦略の支援を通じて企業のコーポレートガバナンス改革に関与できることが魅力だったとうかがっている。入社した当日に「企業のコーポレートガバナンス改革を推進するコンサルティングファームを自ら起業する」と決意し、2020年4月に『HRガバナンス・リーダーズ』を創業することで、夢のスタートを現実のものにした。本書で同氏が主張していることは、まさに日本の「サステナビリティ・ガバナンス改革」を自らけん引していくという、決意の表れだと感服している。

私は1990年に日本経済新聞社に入社してから30年間、記事を書き続けてきた。企業への取材を始めた1994年以降、私の問題意識形成に影響を与えたのは日本経済の「失われた30年」だった。高度成長期に幼年・少年・青春期を過ごし、平和と経済発展の恩恵をフルに享受した世代だが、社会人になった途端にバブルがはじけ、急激に日本の存在感と価値観がかすみ始めた。日経平均株価は、私の入社直前に3万8915円という過去最高値を記録して以降、30年以上低迷を続けた。ようやく2021年に3万円台に戻したものの、日本が活力を取り戻したとの実感は、まったくない。「なぜ日本は長期低迷を続けているのか」「どうすれば流れを変えられるのか」という問いが、私の経済ジャーナリストとしての原点だ。

本書の「知財ガバナンス」の項にも記したが、私は2002年に小泉純一郎内閣が打ち出した「知財立国」政策を記者として担当し、期待を寄せた。特許やコンテンツといった日本が得意とする知的財産の創造・保護・活用に改めて力を入れ、高齢社会の到来とモノづくりの限界に直面する日本経済に活力を取り戻そうという発想には、可能性が感じられた。青色発光ダイオードの開発者でノーベル賞受賞の中村修二氏などへの取材を通じて、知財を巡る人間ドラマの面白さにもひき付けられ、記者として知財問題に焦点を当ててきた。ただ、残念ながら日本企業の経営者と知財部門には真の知財活用を担う力が足りない、ということに気付いたのが、2010年代までの私だった。

本書の「知財ガバナンス」の項には、私が「知財」と「ガバナンス」を結びつける行動に踏み切った契機も詳しく記した。いくら知財活用の重要性や企業の知財活用事例を書き続けたところで、知財ガバナンスのない日本企業に復活の兆しは現れなかった。それどころか大企業の知財部門が主導して特許法を改正し、従業員が会社に発明対価を請求する権利を奪ったり、経営不振の大企業で知財部門がリストラされた話が聞こえてきたりするに及び、「日本企業に知財活用を本気で働きかけるならガバナンス面の改革が欠かせない。そのためには記事を書いたり講演したりするだけでなく、政府への働きかけなど自ら行動するしかない」と悟ったのだった。幸運もあって2021年6月に改訂されたコーポレートガバナンス・コードに「知財ガバナンス」の項目を盛り込むことができた。

このように「行動人」であり「改革者」である3人が、縁あって完成させたのが本書「サステナビリティ・ガバナンス改革」であり、三者三様のメッセージが込められている。本書を手に取って頂けた読者には是非、改革に合流して頂きたい。脱炭素社会や人権を重視する社会の実現と、企業の持続的な成長を両立するというプロジェクトに手を貸して頂きたい。日本の「失われた30年」を克服し、活力ある社会を取り戻す事業に、手を携えて取り組んで頂きたい。そんな夢の実現に本書が役立つのであれば、筆者として望外の幸せである。

最後に、本書の執筆にあたって多大の協力・援助を頂いた日経BPの赤木裕介氏、同じく永野裕章氏、また、サステナビリティ・ガバナンスや知財ガバナンスの実現に日々、取り組んでおられるすべての方々に厚く御礼を申し上げます。誠にありがとうございました。

2021年10月　著者を代表して、渋谷高弘

[執筆者紹介]

内ヶ﨑 茂（うちがさき・しげる）

HR ガバナンス・リーダーズ代表取締役社長 CEO

早稲田大学大学院法学研究科修士課程および商学研究科修士課程（MBA）修了。日本で初となるサステナビリティ経営の実現を目指すコンサルティング会社である「HR ガバナンス・リーダーズ」を設立し、日本を代表するグローバル企業のボードアドバイザリーに携わる。金融庁や経産省に提言を行う傍ら、会社としてスチュワードシップ・コードを受け入れ、ICGN、PRI や経団連などにも加盟。企業と投資家を結ぶ存在として日本のガバナンス改革をリードする。書籍・論文・テレビ出演・新聞掲載・講演会等多数。

川本 裕子（かわもと・ゆうこ）

元 早稲田大学ビジネススクール教授（現：人事院総裁）

東京大学社会心理学科卒業。オックスフォード大学開発経済学修士。東京銀行、マッキンゼー＆カンパニー東京支社・パリ勤務を経て、2004 年早稲田大学ファイナンス研究科教授、2016 年早稲田大学大学院経営管理研究科（ビジネススクール）教授に就任。2021 年 6 月から現職。

渋谷 高弘（しぶや・たかひろ）

日本経済新聞社 東京本社編集局 編集委員

早稲田大学法学部卒業、一橋大学大学院国際企業戦略研究科修了。情報通信、電機、企業法務などの担当記者を経て現職。2002 年〜05 年、「発明対価 200 億円判決」で話題となった青色発光ダイオード（LED）特許訴訟を追跡取材。知的財産分野の取材経験は 20 年以上に及ぶ。『IP ランドスケープ経営戦略』（共著、日本経済新聞出版）など著書多数。

【6 章から 11 章　執筆協力】

神山 直樹（こうやま・なおき）

HR ガバナンス・リーダーズ　パートナー

京都大学大学院人間・環境学研究科博士後期課程修了、博士（人間・環境学）。製薬会社において、創薬研究、研究企画、経営企画、広報・IR 業務に従事後、HR ガバナンス・リーダーズに参画。

水谷 晶（みずたに・あきら）

HR ガバナンス・リーダーズ　シニアマネージャー

慶應義塾大学経済学部卒業。大手 IT 企業、J-REIT 運用会社の SR・コーポレートマネジメント業務、大手資産運用会社のスチュワードシップ・株式リサーチ・運用企画業務に従事後、HR ガバナンス・リーダーズに参画。

中川 和哉（なかがわ・かずや）

HR ガバナンス・リーダーズ　マネージャー

慶應義塾大学経済学部卒業。インターネット系金融機関の IR・広報、三菱 UFJ モルガン・スタンレー証券における機関投資家向けの株式ストラテジストを経て、HR ガバナンス・リーダーズに参画。

サステナビリティ・ガバナンス改革

2021年12月 6日　　1版1刷
2024年 2月14日　　　3刷

著　者　内ヶ﨑 茂・川本 裕子・渋谷 高弘

発行者　國分 正哉
発　行　株式会社日経BP
日本経済新聞出版
発　売　株式会社日経BPマーケティング
〒105-8308　東京都港区虎ノ門4-3-12
ブックデザイン　竹内雄二
本文DTP　マーリンクレイン
印刷・製本　三松堂
ISBN 978-4-532-13522-5